Gonglu Gongcheng Jianshe Xiangmu Dangan Guanli Lilun yu Fangfa

公路工程建设项目档案管理理论与方法

吉 伟 刘朝晖 郑 直 编著

人民交通出版社股份有限公司
China Communications Press Co.,Ltd.

内 容 提 要

本书是编者多年在公路工程建设项目档案管理工作中的经验积累,在撰写过程中吸取了工程技术人员和档案学人士的宝贵经验和成果,也包含了编者对公路工程建设项目档案管理的感悟、认识和实践中积累的经验总结。本书阐释了公路工程建设项目档案管理的基本理论及文件材料形成、收集、整理、组卷、归档等的方法,并提供了部分案例供大家参考。

本书可供公路工程建设管理人员学习使用,也可供大专院校工程管理专业师生借鉴参考。

图书在版编目(CIP)数据

公路工程建设项目档案管理理论与方法 / 吉伟编著
. —北京:人民交通出版社股份有限公司,2017.12
ISBN 978-7-114-14646-6

Ⅰ.①公…　Ⅱ.①吉…　Ⅲ.①道路工程 – 工程施工 –
项目管理 – 档案管理　Ⅳ.①G275.3

中国版本图书馆 CIP 数据核字(2018)第 067227 号

书　　名:公路工程建设项目档案管理理论与方法
编 著 者:吉 伟　刘朝晖　郑 直
责任编辑:冀爱芳　岑 瑜
责任校对:刘 芹
责任印制:刘高彤
出版发行:人民交通出版社股份有限公司
地　　址:(100011)北京市朝阳区安定门外外馆斜街 3 号
网　　址:http://www.ccpress.com.cn
销售电话:(010)59757973
总 经 销:人民交通出版社股份有限公司发行部
经　　销:各地新华书店
印　　刷:北京虎彩文化传播有限公司
开　　本:787×1092　1/16
印　　张:17.75
字　　数:454 千
版　　次:2017 年 12 月　第 1 版
印　　次:2023 年 7 月　第 3 次印刷
书　　号:ISBN 978-7-114-14646-6
定　　价:98.00 元

(有印刷、装订质量问题的图书由本公司负责调换)

前　言

为使公路工程建设项目文件材料的形成、收集、整理、组卷、归档及信息化等各项管理工作顺利开展与实施,确保项目档案准确、完整、系统、安全和有效利用,同时为适应公路工程建设项目档案工作的新形势、新条件、新观念、新要求,依据《中华人民共和国档案法》《科学技术档案案卷构成的一般要求》(GB/T 11822—2008)、《国家重大建设项目文件归档要求与档案整理规范》(DA/T 28—2002)、《公路工程竣(交)工验收办法实施细则》(交公路发〔2010〕65号)、《关于印发公路建设项目文件材料立卷归档管理办法的通知》(交办发〔2010〕382号)等法律、法规和规范要求,结合公路工程建设项目的实际,我们编写了《公路工程建设项目档案管理理论与方法》一书。

本书是编者多年从事公路工程建设项目档案管理工作的经验积累,也是编者多年工作的心得,阐释了公路工程建设项目档案管理的基本理论及文件材料的形成、收集、整理、组卷、归档等方法,并提供了部分案例供大家参考。本书的撰写吸收了工程技术和档案学专业人士的宝贵经验和成果,包含了编者对公路工程建设项目档案管理的感悟、认识和对实践中经验的总结。希望本书的出版能有助于公路工程建设项目档案管理水平的提高,为我国公路工程建设项目档案管理工作的健康与可持续发展做出贡献。

在本书的编写过程中,得到了江苏省档案局原副局长欧阳旭明,南京大学信息管理学院教授、博士生导师吴建华的业务指导,在此深表感谢!

由于编者水平、学识和时间所限,书中内容难免存在疏漏和不妥之处,敬请读者批评与指正。

编　者
2017 年 12 月 30 日

目　　录

第1篇　概述

第1章　公路工程建设项目档案基本知识

1.1　公路工程建设项目档案

公路工程建设项目档案,是指自公路建设项目立项起,至竣工验收过程中所形成的具有保存及查考利用价值的,经过规范整理、归档的各种形式和载体的文件材料。这是本书对公路工程建设项目档案做出的定义,这个定义包含以下几层含义:

(1)从时间上讲,是指从工程项目的提出到工程项目竣工验收这个时间段内所形成的文件材料。一般情况下,项目档案的第一份文件应该是项目建议书(或预可性研究报告),最后一份文件应该是竣工验收报告。而公路工程建设项目通过竣工验收后,对其进行养护、运营等活动所形成的文件材料则不属于工程建设项目档案。

(2)与项目有关的、具有保存及查考利用价值的文件材料才归档,与项目无关或与项目有关但没有保存、查考利用价值的文件材料不归档。项目建设单位在建设过程中经常会收到上级行政主管部门的普发性文件材料。其中,与项目没有直接关系的文件材料可不归档;有些与项目有关、但无查考利用价值的文件材料(如建设单位下发的关于举办各项目经理部乒乓球比赛的通知等),相关参建单位可不归档。

(3)归档的所有文件材料应经过规范系统整理。没有经过规范系统整理、无序的文件材料不能称之为档案。

(4)归档的项目文件材料应包含各种载体,如纸质档案、声像档案、电子档案、实物档案等。

在公路工程建设全过程中会形成大量具有保存、查考利用价值的各种载体形式的文件材料。这些文件材料经过规范系统整理后形成工程档案被长期保存,作为国家信息资源的一部分,对社会经济、政治的建设与发展发挥重要作用。

公路工程建设项目档案是对公路工程建设全过程的真实反映,它以自身真实、准确、完整、系统的特色再现了整个公路工程建设项目实际情况和全部特征,是一个公路工程建设项目建设完成后除工程实体以外的另外一个重要体现形式。

公路工程建设项目档案凝结着广大建设者的心血与汗水,同时它又是广大建设者智慧的结晶,记载着工程建设的优秀成果,是证明优质精品工程的有力证据,是获得各类奖项不可缺少的重要凭证,是进行工程管理、稽查、审计、监督、验收和运营维护、改造等必不可少的依据。部分档案还可以作为参建单位编制其他项目招投标文件的证明材料。

工程档案中的招投标合同、资金管理、廉政等文件材料是廉政文化建设的重要组成部分,在廉政文化建设中发挥着积极的作用。

1.2　公路工程建设项目档案管理的法规依据

与公路工程建设项目档案管理有关的法律、标准及规范是进行公路工程建设项目档案管理的依据,分为法律、标准及规范两大类。

(1)公路工程建设项目档案管理所依据的法律主要有《中华人民共和国档案法》《中华人民共和国档案法实施办法》。

(2)公路工程建设项目档案管理所依据的标准及规范。

标准主要包括国家标准、行业标准和国际标准。规范性文件主要是指国家有关主管部门制发的,要求有关组织机构贯彻执行的方针、政策及管理文件。公路工程建设项目档案管理所依据的标准及规范主要有(涉及的标准规范,注明日期的版本适用本书,凡不注明日期的,其最新版本包括所有的修改单,适用于本书):

《照片档案管理规范》(GB/T 11821);

《科学技术档案案卷构成的一般要求》(GB/T 11822—2008);

《电子文件归档与电子档案管理规范》(GB/T 18894—2016);

《公路工程质量检验评定标准》(JTG F80/1—2017)

《档案工作基本术语》(DA/T 1);

《档号编制规则》(DA/T 13);

《磁性载体档案管理与保护规范》(DA/T 15);

《国家重大建设项目文件归档要求与档案整理规范》(DA/T 28);

《纸质档案数字化技术规范》(DA/T 31—2017);

《档案馆建筑设计规范》(JGJ 25—2010);

《国家档案局国家发展和改革委员会关于印发〈重大建设项目档案验收办法〉的通知》(档发〔2006〕2 号);

《国家档案局国家发展和改革委员会关于印发〈建设项目电子文件归档和电子档案管理暂行办法〉的通知》(档发〔2016〕11 号);

交通运输部《交通档案管理办法》(交办发〔2005〕431 号);

交通运输部《交通建设项目档案专项验收办法》(交办发〔2007〕436 号);

交通运输部《公路工程竣(交)工验收办法实施细则》(交公路发〔2010〕65 号);

交通运输部《关于印发公路建设项目文件材料立卷归档管理办法的通知》(交办发〔2010〕382 号)。

第2章 公路工程建设项目质量保证资料及检验评定(土建工程)

公路工程建设项目质量保证资料是项目档案重要组成部分,需具有真实、准确、齐全、完整、系统等特点,应包括下列内容:①施工准备阶段文件材料,包括开工报告、施工组织设计、施工技术方案、导线点及水准的复测、设备进场、进度计划、图纸会审、技术交底、工地试验室备案等;②所用原材料、半成品和成品质量证明文件、检验结果及进场报审;③材料配合比、拌和加工控制检验和试验数据及报审;④地基处理、隐蔽工程施工记录和桥梁、隧道等施工监控文件材料;⑤质量控制指标的试验记录和质量检验汇总图表等;⑥施工过程中遇到的非正常情况记录及其对工程质量影响分析评价资料,施工过程中如发生质量事故,经处理补救后达到设计要求的认可证明文件等。

为做好公路工程建设项目质量保证资料的归档工作,必须要对公路工程质量检验评定的意义、标准、实施步骤等有所认识,了解公路工程质量检验评定的一般规定、工程质量检验和工程质量评定等内容。为便于读者学习,本书提供了土建工程单元划分与质量评定的一些基本方法供大家参考。

2.1 工程质量单元划分和编号

进行工程质量单元划分一是为了便于对公路建设项目工程质量进行监控和管理,二是为了质量检验评定的需要。通常情况下,将公路工程建设项目划分成三级:单位工程、分部工程和分项工程。

单位工程、分部工程和分项工程应在施工准备阶段按《公路工程质量检验评定标准 第一册 土建工程》(JTG F80/1—2017)(以下简称《标准》(JTG F80/1—2017))附录A进行划分,本书提供了表2-1和表2-2供大家参考,并做如下说明:

(1)表(2-1)为一般建设项目的工程划分,表2-2为特大斜拉桥、特大悬索桥工程划分;房屋建筑、机电的工程质量单元划分建议按其专业工程质量检验评定标准执行。

(2)单元编号可参照表2-1、表2-2的方式编制,拟写时只将编号中的"n"根据实际情况拟写为"0、1、2、3……",其他字符不做改动。以路基桥梁标段的单位工程为例,路基工程单位工程的编号可为"1",路面可为"2",没有施工路面的,编号"2"可空缺。在编写桥梁分部工程编号时,尽量与结构部位的编号一致,例:分部工程"0#台基础及下部构造"的编号可为"a0"、"1#墩基础及下部构造"的编号可为"a1",依次类推;分部工程"第一联上部构造预制和安装"的编号可为"b1"、"第二联上部构造现场浇筑"的编号可为"c2"、"第三联上部构造预制和安装"的编号可为"b3",由于第二联为现浇,建议"b2"的编号空缺。某一分项工程的编号建议使用"标段号 – 单位工程编号 – 分部工程编号 – 分项工程编号"的方式,项目建设

一般建设项目的工程划分 表 2-1

编号	单位工程	编号	分部工程	编号	分项工程
n	路基工程(每10km或每标段)	an	路基土石方工程*(1~3km路段)	n	土方路基*,填石路基*,软土地基处治*,土工合成材料处治层等*
		bn	排水工程(1~3km路段)	n	管节预制,混凝土排水管施工,检查(雨水)井砌筑*,土沟,浆砌水沟*,盲沟,跌水,急流槽*,水簸箕,排水泵站沉井、沉淀池等
		cn	小桥及符合小桥标准的通道,人行天桥,渡槽(每座)	n	钢筋加工及安装,砌体,混凝土扩大基础,钻孔灌注桩,混凝土墩、台,墩、台安装,台背填土,就地浇筑梁、板,预制安装梁、板,就地浇筑拱圈,混凝土桥面板桥面防水层,支座垫石和挡块,支座安装,伸缩装置安装,栏杆安装,混凝土护栏,桥头搭板,砌体坡面护坡,混凝土构件表面防护,桥梁总体等
		dn	涵洞、通道(1~3km路段)	n	钢筋加工及安装,涵台,管节预制,管座及涵管安装,波形钢管涵安装,盖板预制,盖板安装,箱涵浇筑,拱涵浇(砌)筑,倒虹吸竖井、集水井砌筑,一字墙和八字墙,涵洞填土,顶进施工的涵洞,砌体坡面防护,涵洞总体等
		en	防护支挡工程(1~3km路段)	n	砌体挡土墙*,墙背填土,边坡锚固防护,土钉支护,砌体坡面防护,石笼防护,导流工程等
		fn	大型挡土墙*、组合挡土墙*(每处)	n	钢筋加工及安装,砌体挡土墙,悬臂式挡土墙,扶壁式挡土墙,锚杆、锚定板和加筋土挡土墙,墙背填土等
n	路面工程(每10km或每路段)	an	路面工程(1~3km路段)*	n	垫层,底基层,基层*,面层*,路缘石,路肩等
n	桥梁工程(每座或每合同段)	an	基础及下部构造*(1~3墩台)	n	钢筋加工安装,预应力筋加工和张拉,预应力管道压浆,混凝土扩大基础,钻孔灌注桩,挖孔桩,沉入桩,灌注桩桩底压浆,地下连续墙,沉井,沉井、钢围堰的混凝土封底,承台等大体积混凝土结构,砌体,混凝土墩、台,墩台身安装,支座垫石和挡块,拱桥组合桥台,台背填土等
		bn	上部构造预制和安装*(1~3跨)	n	钢筋加工及安装,预应力筋加工和张拉,预应力管道压浆,预制安装梁、板,悬索施工梁,顶推施工梁,转体施工梁,拱圈节段预制,拱的安装,转体施工拱,中下承式拱吊杆和柔性系杆,刚性系杆,钢梁制作,钢梁安装,钢梁防护等
		cn	上部构造现场浇筑*(1~3跨)	n	钢筋加工及安装,预应力筋的加工和张拉*,预应力管道压浆,就地浇筑梁、板,悬臂施工梁,就地浇筑拱圈,劲性骨架混凝土拱,钢管混凝土拱,中下承式拱吊杆和柔性系杆,刚性系杆等
		dn	桥面系、附属工程及桥梁总体	n	钢筋加工及安装,混凝土桥面板桥面防水层,钢桥面板上防水黏结层,混凝土桥面板桥面铺装,钢桥面板上沥青混凝土铺装,支座安装,伸缩装置安装,人行道铺设,栏杆安装,混凝土护栏,钢桥上钢护栏安装,桥头搭板,混凝土小型构件预制,砌体坡面护坡,混凝土构件表面防护,桥梁总体等
		en	防护工程	n	砌体坡面防护,护岸,导流工程等
		fn	引道工程	n	见路基工程、路面工程的分项工程

编号	单位工程	编号	分部工程	编号	分项工程
n	隧道工程(每座或每合同段)	an	总体及装饰装修(每座或每合同段)	n	隧道总体*、装饰装修工程
		bn	洞口工程(每个洞口)	n	洞口边仰坡防护,洞门和翼墙的浇(砌)筑、截水沟、洞口排水沟、明洞浇筑、明洞防水层、明洞回填
		cn	洞身开挖(100延米)	n	洞身开挖*
		dn	洞身衬砌(100延米)	n	喷射混凝土、锚杆、钢筋网、钢架、仰拱、仰拱回填、衬砌钢筋、混凝土衬砌*、超前锚杆、超前小导管、管棚
		en	防排水(100延米)	n	防水层、止水带、排水
		fn	路面(1~3km路段)	n	基层*,面层*
		gn	辅助通道(100延米)	n	洞身开挖、喷射混凝土、锚杆、钢筋网、钢架、仰拱、仰拱回填、衬砌钢筋、混凝土衬砌*、超前锚杆、超前小导管、管棚、防水层、止水带、排水
n	绿化工程(每合同段)	an	分隔带绿地、边坡绿地、护坡道绿地、碎落台绿地、平台绿地(每2km路段)互通式立体交叉区与环岛绿地、管理养护设施区绿地、服务设施区绿地、取、弃土场绿地(每处)	n	绿地整理,树木栽植,草坪、草本地被及花卉种植,喷播绿化
n	声屏障工程(每合同段合同段)	an	声屏障工程(每处)	n	砌块体声屏障,金属结构声屏障,复合结构声屏障
n	交通安全设施(每20km或每标段)	an	标志*、标线、突起路标、轮廓标(5~10km路段)	n	标志*,标线,突起路标,轮廓标
		bn	护栏(5~10km路段)	n	波形梁护栏,缆索护栏,混凝土护栏,中央分隔带开口护栏
		cn	防眩设施、隔离栅、防落物网(5~10km路段)	n	防眩板,防眩网,隔离栅,防落物网等
		dn	里程碑和百米桩(5km路段)	n	里程碑,百米桩
		en	避险车道(每处)	n	避险车道
n	交通机电工程	an	其分部、分项工程划分见《公路工程质量检验评定标准 第二册 机电工程》		
n	附属设施	an	管理中心、服务区、房屋建筑、收费站、养护工区等设施	n	按其专业工程质量检验评定标准评定

特大斜拉桥、特大悬索桥工程划分 表 2-2

编号	单位工程	编号	分部工程	编号	分项工程
T1	塔及辅助、过渡墩(每个)	an	塔基础	n	钢筋加工及安装,混凝土扩大基础,钻孔灌注桩,灌注桩桩底压浆,沉井、钢围堰的混凝土封底等
		bn	塔承台	n	钢筋加工及安装,双壁钢围堰,沉井、钢围堰的混凝土封底,承台等大体积混凝土结构等
		cn	索塔	n	钢筋加工及安装,预应力筋加工和张拉,预应力管道压浆,混凝土索塔,索塔钢锚箱节段制作,索塔钢锚箱节段安装,支座垫石和挡块等
		dn	辅助墩	n	钢筋加工及安装,预应力筋加工和张拉,预应力管道压浆,钻孔灌注桩,灌注桩桩底压浆,承台等大体积混凝土结构,沉井、钢围堰的混凝土封底,混凝土墩、台,墩台身安装,支座垫石和挡块等
		en	过渡墩	n	
T2	锚碇(每个)	an	锚碇基础*	n	钢筋加工及安装,混凝土扩大基础,钻孔灌注桩,灌注桩桩底压浆,地下连续墙,沉井,沉井、钢围堰的混凝土封底等
		bn	锚体*	n	钢筋加工及安装,锚碇锚固体系制作,锚碇锚固体系安装,锚碇混凝土块体,预应力锚索的张拉与压浆,隧道锚的洞身开挖,隧道锚的混凝土塞体等
T3	上部钢结构制作与防护	an	主缆	n	索股和锚头的制作与防护*,主缆防护
		bn	索鞍	n	索鞍制作,索鞍防护
		cn	索夹	n	索夹制作,索夹防护
		dn	吊索	n	吊索和锚头制作与防护
		en	加劲梁*	n	钢梁制作,钢梁防护,自锚式悬索桥主缆索股的锚固系统制作等
T4	上部结构浇筑与安装	an	加劲梁悬浇*	n	混凝土斜拉桥主墩上梁段的浇筑*,混凝土斜拉桥梁的悬臂施工,组合梁斜拉桥的混凝土板等
		bn	安装*	n	索鞍安装,主缆架设,索夹和吊索安装,悬索桥钢加劲梁安装,自锚式悬索桥主缆索股的锚固系统安装,自锚式悬索桥吊索张拉和体系转换,钢斜拉桥钢梁段的拼装,组合梁斜拉桥工字梁段的悬臂拼装,混凝土斜拉桥梁的悬臂施工等
T5	桥面系、附属工程及桥梁总体		桥面系	n	钢筋加工及安装,混凝土桥面板桥面防水层或钢桥面板上防水黏结层,混凝土桥面板桥面铺装或钢桥面板上沥青混凝土铺装
			附属工程及桥梁总体	n	支座安装,伸缩装置安装,人行道铺设,栏杆安装,混凝土护栏,钢桥上钢护栏安装,混凝土构件表面防护,桥头搭板,桥梁总体等

单位最好能对各参建单位的单元划分及编号做出统一规定。

（3）隧道工程、绿化工程、声屏障工程、交通安全设施、交通机电工程均可以一个标段为1个单位工程。

（4）隧道工程将总体与装饰装修合并，明洞并入洞口工程，洞身衬砌包括支护（超前支护和初期支护）及二次衬砌，可参照表2-1。

2.2　工程质量检验

（1）通过对分项工程检查项目的检测，计算每个检查项目的合格率，判定工程质量合格与否，然后按照分部工程、单位工程和合同段逐级对公路工程质量进行评定。

（2）分项工程质量检验，应按《标准》（JTG F80/1—2017）中分项工程所列基本要求逐条进行认真检查。经检查不符合基本要求规定时，不能进行工程质量的检验和评定，应及时组织进行返工。以下是本书提供的分项工程质量检验的办法，供大家参考：

《标准》（JTG F80/1—2017）中分项工程所列检查项目的路基路面压实度、验收弯沉值、路面结构厚度、水泥混凝土抗压和弯拉强度、半刚性基层材料抗压强度等是关键项目，采用数理统计方法进行评定。其中路基路面压实度、路面结构厚度两项，合格后还要计算测点合格率，具体方法详见《标准》（JTG F80/1—2017）附录 B 和附录 H，其中：

$$检查项目合格率（\%）= \frac{合格的点（组）数}{该检查项目的全部检查点（组）数} \times 100$$

检查项目合格判定应符合《标准》（JTG F80/1—2017）相关规定。

进行工程质量检验应全面检查工程外观质量状况，按照《标准》（JTG F80/1—2017）中分项工程外观质量评定标准进行评定。

应有施工原始记录、试验检测数据、质量检验结果等质量保证资料。

（3）评定表格的应用。进行分项工程的质量评定时，仅将检查项目的测定值和评定结果填入相应表中，原始记录和检测报告可不附在各表后面。分项工程质量评定完成后，再进行分部工程、单位工程的质量评定。

在填写检测结果时，应注意：如合格标准是设计值，则填写实测值；如合格标准是偏差值，则应填写实测偏差值。

2.3　工程质量评定

根据工程质量检验结果，按《标准》（JTG F80/1—2017）规定分别对分项工程、分部工程、单位工程、合同段和建设项目的质量等级进行评定。工程质量等级分为合格与不合格。

2.4　工程质量评定程序

分项工程质量检验评定分初评、复评两个阶段。

初评（施工单位自评）：施工单位在每个分项工程完工后，应及时组织内部技术负责人对其质量进行全面检查，按基本要求、实测项目、外观缺陷和质量保证资料等四项内容进行评定。

复评(监理复评):监理单位结合施工过程的监理情况和独立抽检结果,按上述四项内容进行复评。其中,实测项目计分的检测点(组)过少时(检测频率符合规定),可将抽检结果与经监理确认的施工单位自检结果合并进行项目的评定。

分部工程、单位工程、合同段和建设项目的质量评定由驻地办、总监办(或监理组)根据分项工程质量评定结果逐级进行评定。

2.5 分项工程评定中有关问题的说明

在进行工程质量评定时,经常会遇到一些疑难问题,下面对部分项目工程质量评定的方法加以说明,供大家参考。

1. 土方路基和石方路基的评定

路基土石方分项工程,以路基顶层面(最上一层)的检测结果为依据进行质量评定,其他各层的中间检验文件材料应齐全,作为该分项工程的质量保证资料进行检查,并按档案管理的规定进行组卷归档。由于边坡检查项目比较滞后,在分项工程质量评定时,可暂不进行该项目检查,待以后边坡交工时,再将检查结果补入该分项工程的评定材料中。

2. 路面平整度的检验与评定

路面底基层和路面基层平整度用3m直尺检测,取每尺与路面的最大间隙为平整度的指标,以不超过规定值为合格;路面面层用连续式平整度仪检测,每100输出的标准偏差为平整度指标,以不超过规定值为合格。

3. 超高段路面排水设施

超高段路面排水设施由集水沟、集水井和横向排水管道等组成。集水沟和横向排水管道的检验评定按《标准》"管道基础及管节安装"进行,集水井按"检查(雨水)井砌筑"进行,可将实测项目表中"砂浆强度"改为"混凝土强度"。

4. 桥台锥坡

桥台锥坡是指台前护坡及连接路基的两侧锥坡,以桥台两端台尾桩号为依据与路基护坡分界,评定结果并入桥梁工程中。

5. 符合小桥标准通道的检验与评定

符合小桥标准的通道可作为分部工程可归入小桥分部工程,每道作为一个子分部,按照小桥的检验评定标准方法执行。

6. 桥梁现浇护栏和安全带的检验评定

桥梁现浇水泥混凝土护栏和安全带按《标准》(JTG F80/1—2017)中的"混凝土防撞护栏"进行评定。桥面左侧的波形梁护栏、防眩板并入交通安全设施单元中评定。

7. 桥面铺装的评定

桥面水泥混凝土铺装按《标准》(JTG F80/1—2017)规定进行检验与评定,评定结果并入桥梁工程中。沥青混凝土铺装按主线沥青路面面层质量要求进行检验与评定,对于大、中、小桥,该部分检测结果与沥青面层一起评定,评定结果并入路面工程中;对于特大桥梁,应作为单独评定单元,评定结果并入桥梁工程中。

第2篇　相关理论

第3章　文件生命周期理论

生命周期是"个体从出生到死亡所经历的各个时期"。文件从其形成到最后销毁或作为档案永久保存,也经历了一个完整的生命运动过程。研究文件发展、变化过程及规律的理论称为文件生命周期理论。文件生命周期理论主要研究文件属性与人的主体行为之间的关系,揭示文件运动过程所经历的各个阶段的各种变化及其所具有的诸多特点与规律。

3.1　文件生命周期理论三大流派

"文件生命周期"这一概念首先是由西方学者提出,对其的理论研究发端于对文件及文件中心的解释。西方档案学者从思考文件中的理论基础起步,逐步形成系统的文件生命周期理论。该理论目前主要有三大流派:英美流派、拉丁语族流派、传统中国流派。

3.1.1　英美流派文件生命周期理论

英美流派特别强调文件管理,他们中既有讲"三阶段"论者,又有讲"四阶段"论者。美国詹姆斯·B·罗兹按照文件的管理程序将文件运动过程划分为文件的形成、文件的使用与维护、文件的鉴定和选择、文件的档案管理四个阶段。

文件的形成阶段,包括格式的设计和管理、信函的制备和管理、报告和指令的管理、管理信息系统的建立、现代技术在上述过程中的应用。

文件的使用和维护阶段,包括立卷和检索系统的建立、案卷管理、邮电和电信管理、自动化和复制技术在上述过程中的应用。

文件的鉴定和选择阶段,包括对文件系统的识别与著录、对留存文件与处置文件目录的编制、文件的鉴定、文件的处置、永久价值文件向档案馆的移交。

文件的档案管理阶段,包括库房的设计与装备、档案修复与保护、存取政策的制定、档案和档案信息的传播。

上述四个阶段中,文件的形成、文件的使用与维护、文件的鉴定和选择阶段属于文件管理阶段(见图3-1)。

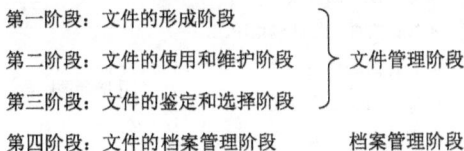

第一阶段:文件的形成阶段　⎫
第二阶段:文件的使用和维护阶段　⎬　文件管理阶段
第三阶段:文件的鉴定和选择阶段　⎭
第四阶段:文件的档案管理阶段　　档案管理阶段

图3-1　詹姆斯·B·罗兹的"四阶段"论

英国档案学家迈克尔·库克在《档案管理》一书中,把档案前的"文件管理阶段"细分为三小段:

文件的系统设计(制作文件的管理)阶段,包括格式设计、文件封面设计、情报内容摘要、统计报告等;

文件的服务阶段,包括信件的收发,立卷系统和实践,文件流通、登记和组织等;

失去现行作用的文件处理阶段,包括文件保管、处理过程、选择与参考、处置过程、向档案馆移交等。

上述三个小阶段加上档案管理阶段,就是两大段四小段了(见图3-2)。此种划分方法的创新之处在于将"失去现行作用的文件处理"即进馆前的鉴定与处置单独列为一个阶段。迈克尔·库克的理论即发端于艾利斯和马布斯的"三阶段论"、谢伦伯格的双重价值论,同时又对其有所深化,从而最终形成了文件生命周期理论的英美流派。

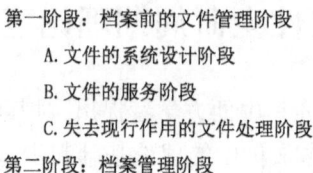

第一阶段:档案前的文件管理阶段

  A. 文件的系统设计阶段

  B. 文件的服务阶段

  C. 失去现行作用的文件处理阶段

第二阶段:档案管理阶段

图3-2 迈克尔·库克的"两大段四小段"论

英美流派认为,严格鉴定与稳妥处置进馆前的文件是确保档案质量的根本手段。他们高度重视文件管理的作用,把文件管理阶段划得很长,一直延伸到文件的半现行阶段结束之时、进档案馆永久保存之前;他们强调文件管理对档案管理的深刻影响,重视二者之间的紧密联系;系统研究文件管理理论,这是英美流派的主要特色与突出贡献。

3.1.2　拉丁语族流派文件生命周期理论

拉丁语族流派以阿根廷档案学者曼努埃尔·巴斯克斯和一些法国档案学者为代表。他们认为,文件一旦形成或收到,其"有机整体"或"总和"就是档案。巴斯克斯提出了文件生命周期的"三阶段"和"四阶段"论。

"三阶段"论,即文件的生命周期包括文件的办理形成阶段、文件的行政利用阶段和文件的历史阶段三个阶段。第一阶段又分为计划期与办文期(周转期)两个时期。文件一经签署、颁布,或外来文件正式签收,该阶段即告结束。第二阶段又分为文件的现行期与文件的安全保管期两个时期。第一阶段又称为文件的前档案阶段,第二、三阶段又称为文件的档案阶段(见图3-3)。

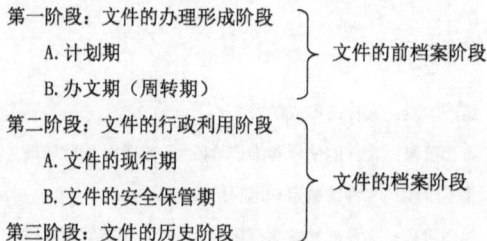

第一阶段:文件的办理形成阶段

  A. 计划期   } 文件的前档案阶段

  B. 办文期(周转期)

第二阶段:文件的行政利用阶段

  A. 文件的现行期   } 文件的档案阶段

  B. 文件的安全保管期

第三阶段:文件的历史阶段

图3-3 曼努埃尔·巴斯克斯的文件生命周期"三阶段"论

巴斯克斯还把第二阶段的两个时期提升为两个独立的阶段,这就是他的"四阶段"论,即文件的生命周期包括文件的办理形成阶段、文件的现行阶段、文件的安全保管阶段和文件的历史阶段四个阶段。

拉丁语族流派较深入地阐述了文件的现行性、现行期和中间档案的概念,把现行性的演变作为划分文件生命周期各阶段、各时期"精确期限"的重要依据。巴斯克斯认为:"现行性就是一份文件为了完成或达到其为之形成的目标而具有的法律或行政的效力或力量。现行期则是指文件被用作指挥、命令、批准、允许和传递信息的工具的时期,或者从一般意义上说,是为完成其内容规定的任务或达到其为之而形成的目标而发挥作用的阶段",他们认为档案是文件的有机整体,即这些文件还处于行政活动或办理程序中的形成或收到阶段。中间档案就是处于安全保存期的或其现行性非常长而利用率又比较低的文件的有机整体。"中间档案"相当于中国的档案室档案,处于休眠期。

3.1.3　传统中国流派文件生命周期理论

传统中国流派的文件生命周期理论是中国档案学界的主流学派。按照中国档案工作的习惯和现行规定,"归档"后即进入暂时保管阶段后的文件便被称为档案。我们把类似的论述称为文件生命周期理论传统中国流派或"归档"转化派,其代表人物为陈兆祦先生。他在 1987 年第 2 期《档案学通讯》撰文《再论档案的定义——兼论文件的定义和运动周期问题》中提及的"四阶段"论,将文件生命周期大致划分为制作(生产)、现实使用、暂时保管、永久保存四个阶段。

文件的第一阶段,只是文件的制作行为。文件的正式形成是以签署或类似赋予其法律效力的这种手续为标志的。

文件的第二阶段,其最大特征就是文件作为社会活动的工具,正起着交流思想、表达意志、传递信息、解决问题的现行作用。此时的文件应保存在使用者或形成者的身边。

文件的第三阶段,标志着文件结束现行期进入非现行作用阶段。非现行期不但包括第三阶段,还包括第四阶段。文件的第三阶段是第二阶段与第四阶段之间的过渡阶段。在过渡阶段,文件在本机关或其形成者手中的使用越来越少,其价值(第一价值)越来越小,而其对其他机关和利用者的价值(第二价值)越来越大。在第三阶段的开始和结束,文件都须经过鉴定。鉴定决定了文件的两种命运——销毁或永久保存,从而阻止了大量价值不大的文件涌入档案馆。第三阶段的文件管理是优化馆网和馆藏建设的一种重要手段。

文件的第四阶段,也就是文件的档案馆保存阶段,这一阶段的文件,其成分可以限定为:"非现行作用的、具有永久保管价值的文件"。

从"'归档'后即进入暂时保管阶段的文件便被称为档案"来看,传统中国流派与拉丁语族流派的"文件一旦形成或收到,其'有机整体'或'总和'就是档案"的观点是基本一致的。同时,传统中国流派又将第四阶段划分为档案馆保存阶段,那么前面三个阶段可以看作是"文件管理阶段",这又与欧美流派基本一致。

3.2　文件生命周期理论的基本内容

虽然各个流派对文件生命周期划分的阶段各不相同,但他们在理论的理解上却又存在共识。其共识构成了文件生命周期理论的基本内容。

第一，文件从其形成到销毁或永久保存，是一个完整的过程。这个过程就是文件的生命周期。

生命周期理论中的文件是广义的文件，强调现行文件和历史档案都只是文件运动过程中的某一特定阶段的代称，都是文件的组成部分。文件运动如同人的生命运动一样，从其产生到归宿是一个完整的过程。首先，文件由形成者产生、保管和频繁利用；其次，由于文件对形成者有偶尔作用或潜在历史价值，所以被送到机关内部档案室或机关外的文件中心保存一定时期；最后，当文件的现行业务价值完全丧失后，具有档案价值的文件被移交到档案馆永久保存，其他的则被销毁。这三个阶段是连续统一的。

第二，根据文件的价值属性，文件生命周期可划分为几个不同的运动阶段。

首先，文件运动具有阶段性特征，文件在从形成到永久保存或销毁的整体运动过程中并非一成不变，而是呈现明显的阶段性变化；其次，引起文件阶段性变化的根本原因是文件价值形态的规律性变化。通过文件运动阶段性的划分可以准确地揭示和反映文件运动过程中的不同运动状态。文件的运动状态是由文件所呈现的价值决定的。处在不同运动阶段的文件具有不同的价值形态，因而需要采取不同的保管原则和方法。在文件运动的整个过程中，正是由于文件的价值形态不断地发生有规律的变化，才能形成分明的运动阶段。

第三，在每个运动阶段，文件特定的价值属性，与文件的管理方式、存放场所之间存在着一种固有的内在联系。

首先，文件在每个阶段的特定价值形态对应于不同的服务对象、保存场所和管理方式。第一价值决定了文件必然以形成机关为首要服务对象。为满足其频繁的利用需求，文件宜保存在机关内部。随着第一价值逐渐衰减，半现行文件残留的第一价值使得机关希望能有一种保管机构，这种机构既能满足机关自身的需求，又能检验文件是否具有第二价值。档案室就是这种过渡性机构。最后，第一价值丧失且没有第二价值的文件被销毁，而显现第二价值的文件将作为档案进入档案馆，转而为社会服务，在更大的范围发挥其作用。

其次，各阶段文件的服务对象、保管场所和管理方式等方面的变化只是文件运动不同阶段的外在表现，只有价值形态的变化才是其内在的决定因素。现行文件与档案的根本区别在于现行文件是记述和传达现行信息的工具，而档案是一种历史记录，它们的这种区别就是由价值形态的变化决定的。因此，文件生命周期理论通过揭示各阶段文件的价值形态与服务对象、保存场所、管理形式的对应关系，找到了文件在连续运动过程中发生阶段性变化的根本原因，从而为文件的阶段划分提供了科学依据。

3.3 文件生命周期理论在公路工程建设项目档案管理中的应用

文件生命周期理论的形成、发展及其运用，主要针对的是在管理活动中形成的文书档案，但其对科技生产活动中包括工程建设活动中形成的科技档案同样也是适用的，而且公路工程建设项目文件与档案的运动过程也符合文件生命周期理论的特点与规律。

3.3.1 符合文件生命周期理论各个阶段的特点与规律

按照中国档案学界的主流学派的观点，我们将公路工程建设项目文件生命周期划分为制作(生产)、现实使用、暂时保管、永久保存四个阶段。

(1)公路工程建设项目文件的制作(生产)阶段。

文件的制作(生产)阶段,也就是我们通常所说的文件的形成阶段。在文件的形成阶段,首先要确保文件的准确有效,确保文件的质量符合相关要求。每一个公路工程建设项目都会对其所形成文件的质量提出要求。

项目文件的正式形成则是以签署或以类似手续赋予其法律效力为标志的。例如,一份合同文件经双发签字盖章后,一份设计图纸经设计单位签字、盖章后,一份《建筑材料报验单》及某一工序的《中间检验申请单》(或《检验申请批复单》)等经施工、监理单位签字、盖章后,就标志着其具有法律效力了,也标志着其生命周期第一阶段的结束。

文件的形成是项目档案工作的起点,因为具有法律效力,所以在其生命周期第一阶段(形成过程中)应将保证文件的准确性放在首要位置。如果所形成的文件不准确、无效,就无法被有效利用,也就无法进入文件生命周期的第二阶段,档案管理工作也即失去意义。

(2)公路工程建设项目文件的现实使用阶段。

项目文件制作(生产)完成后,即通常所说的文件形成后,将进入文件生命周期的第二阶段——文件的现实使用阶段。公路工程建设项目的文件在第二阶段主要起到传递信息、解决问题的现行作用,文件的第一价值将得到充分的体现。如项目建设单位在建设过程中所制发的关于质量、进度、费用、安全等方面的各项规章制度、通报等也起到了相应的规范、约束作用。

第二阶段的服务对象是整个建设项目。由于项目建设过程中会经常使用文件,所以此时的文件保存在使用者或形成者的身边。

(3)公路工程建设项目文件的暂时保管阶段。

公路工程建设项目文件办理并阶段性使用完毕后,标志着文件结束现行期,进入非现行作用阶段。在这个阶段,文件的第一价值逐渐变小,但没有完全失去。如部分施工过程中的中间质量检验文件将作为质量检查、变更申报、支付申请、审计决算的凭证。

一般情况下,公路工程项目建设单位均会依据相关规范、标准对各参建单位应归档文件的范围提出明确的要求;各参建单位则依据归档范围对文件进行鉴定,从而决定哪些文件应最终移交档案馆。各参建单位对办理完毕的文件及时进行收集、整理、组卷,并统一存放于各自专门设置的档案室,并于项目交工验收阶段,将其统一保存于建设单位档案室。

公路工程建设项目文件在第三阶段,其服务对象还是以建设项目本身为主,还是由建设单位负责保管。我们发现,公路工程建设项目文件在其生命周期的前三个阶段,就是欧美派所谓的"档案前文件的管理阶段"。

(4)公路工程建设项目文件的永久保存阶段。

公路工程建设项目文件经过系统收集、整理、组卷、归档,并通过项目专项档案竣工验收后,由建设单位统一移交给管养单位档案室或档案馆。此时,项目档案进入永久保存阶段,并将在更大的范围为社会服务。

由于公路工程建设项目档案是指从项目的提出到项目竣工验收这个时间段内所形成的文件,因此,当项目档案在竣工验收后移交管养单位档案室或档案馆时即标志着建设项目的结束。

3.3.2　公路工程建设项目档案的全程管理

公路工程建设项目文件从其形成到永久保存或销毁,是一个完整的过程。为了确保建设项目文件的真实、完整、系统、安全及有效利用,应对其实施全过程管理。在建设项目立项、设计、招投标阶段,就应建立健全档案管理组织网络。制定各项规章制度,为建设项目档案全过程管理提供强有力的组织保障与制度保障;在项目施工及监理阶段应对相关人员进行全过程的业务培训及检查考核,并尽可能地实施同步信息化管理,为项目档案全过程管理提供技术保障;在项目交工验收阶段应及时组织档案的验收,在交工验收后至竣工验收阶段,应组织专门力量负责缺陷责任期的档案管理工作,为项目竣工验收奠定良好的基础。在竣工验收后,应做好档案的移交工作;使用电子文件管理系统的项目,应着重在文档一体化方面进行全过程管理。

3.3.3　公路工程建设项目文件的阶段性管理

我们将公路工程建设项目文件生命周期划分为制作(生产)、现实使用、暂时保管、永久保存四个阶段。各个运动阶段的文件具有不同的价值形态,其管理方式及侧重点也不同。

(1)在工程建设项目文件的制作(生产)阶段,档案管理的工作重点主要是确保文件的真实有效性及文件的完整性。

随着电子文件的广泛应用,为了使文件制作阶段的成果可直接为后续阶段的管理所利用,应对档案管理进行前端控制。由于电子文件具有易逝性、易变性,具有信息及其载体的易分离性以及电子环境和应用程序的依赖性等特点,为了保证电子文件的真实、准确、有效,档案管理工作应提前介入电子文件管理系统的设计中,包括管理系统的架构设计、文件的归档范围及归档方式的制定、文档管理流程的制订等。对于电子文件来说,其前端控制的意义远远超过了纸质文件。

没有通过管理系统形成的纸质文件,应采取必要的措施,确保文件的制发与接收程序的规范,确保所形成的文件数据真实有效、准确完整、图物相符,确保声像文件图像、画面清晰可辨。

(2)在公路工程建设项目文件的现实使用阶段,其服务对象是整个建设项目。公路工程建设项目文件数量众多,应实施预立卷管理。电子文件管理系统中形成的电子文件经技术处理后应直接进入档案管理系统,并及时打印成纸质文件保存;没有使用电子文件管理系统所形成的纸质文件,应尽可能利用档案管理软件实施同步整理、组卷。纸质文件与电子文件的预立卷工作要同步实施。应将整理、组卷完成的实体案卷统一集中存放于各自的临时档案室内,做到档案软件系统与实体档案管理一一对应,以方便利用和查阅。

(3)公路工程建设项目文件的暂时保管阶段。公路工程建设项目时间跨度较长,在项目竣工验收前,项目文件基本上处于暂时保管阶段。由于项目文件数量较多,各单位在开工之初就应配置临时档案室,存放本单位应归档的项目文件,并安排专人负责。

交工验收前,各单位应将整理、组卷的档案移交建设单位统一保管;建设单位的档案管理人员应对各单位的档案逐一审查并系统编排档号,并确保档案的安全。进入缺陷责任期后,项目审计人员会大量地调阅档案。在此期间,务必做好档案借阅、借出的审批、登记工作。对归还的档案做好登记工作;对逾期未归还的,应及时催收,确保档案的完整性。

(4)公路工程建设项目文件的永久保存阶段。公路工程建设项目文件在竣工验收后应移交给管养单位档案室或档案馆,对其的管理工作也主要由管养单位实施。管理工作的主要任务:一是确保档案的安全,包括纸质档案与电子档案的实体安全及信息安全。二是做好档案的开发利用工作,充分发挥项目档案应有的作用。其作用主要是为建设项目的运营、维护、改建等各项活动服务,即还是在为建设项目本身发挥现实的指导作用。

第4章 档案的价值理论

什么是档案价值,这是档案界一直在讨论和研究的问题。一般认为,档案价值是指档案对国家、社会组织或个人的有用性,是主体(档案用户及其利用需求)与客体(档案)之间的关系范畴。在社会活动中,档案价值关系的具体表现就是档案的作用。

档案价值是主客体的统一。档案价值是客体与主体之间的特定关系,是客体(档案)属性与主体(人)需要的统一。"价值"或"有价值"意味着被指称的一些事物是能满足人类需要的客体;当一个客体能满足人类需要时,它就是"有价值的"。档案价值不是一种实体概念,而是一种关系概念,它表示档案客体与主体之间的一种特定关系:客体(档案及其属性)是档案价值的物质基础;主体对其的利用需要则是档案价值得以实现的必要条件。因此,档案价值是客体属性与主体需要之间的统一。

4.1 档案价值理论的基本内容

4.1.1 档案价值的来源

对档案价值归属的研究,档案界基本形成了档案的客体价值观、档案的主体价值观、档案的主客体价值观、档案的劳动价值观四种主要理论观点。

(1)档案的客体价值观也称内在价值观,认为档案的价值是档案本身所固有的、内在的,与人的利用需求无关。档案的客体价值观主要有两种观点:一种是内容观,认为档案价值存在或来源于档案本身所包含的信息;另一种是来源观,强调档案价值来源于其形成机构的内在联系,强调档案的价值是由档案形成机构的职能而不是档案本身的内容决定的。档案客体价值观的片面性在于忽视了"社会实践活动产生的人的需求"这一档案价值得以实现的必要条件。

(2)档案的主体价值观又称利用决定论,认为档案的价值是由档案的利用者及其需求决定的,主体的需求决定了档案价值的大小。主体需求大,档案的价值就大;反之就小,甚至没有价值。利用决定论希望关注用户的需求来增强社会公众的档案意识,具有一定的积极意义,但其忽略了"档案价值自身具有客观性"这一档案价值得以实现的物质基础,同样存在片面性。

(3)档案的主客体价值观认为档案价值是档案这一客体对主体的意义,是档案客体与主体对档案需要之间的一种特定关系。档案价值的大小是指档案的存在、属性及其变化是否满足主体生存与发展的需要及满足程度。这种观点融合了"档案的客体价值观、档案的主体价值观"并有所发展,认为档案的内在价值是档案价值得以实现的基础,因"社会实践活动而产生的人的需求"是档案价值得以实现的必要条件,两者是统一的。目前,这种观点已被大部分人接受和认可。

(4)档案的劳动价值观也称劳动决定论,认为档案的价值就是凝结在档案中的人类的劳动,其作用大小决定于形成档案过程中消耗的劳动量。这种观点存在明显的机械性,已逐步被档案界否定。

4.1.2 档案价值的形态

档案价值形态,是指档案价值的具体表现形式,是档案的具体价值。档案的价值就是通过档案的具体形式表现出来的。档案的价值丰富多彩,从不同角度来分析,档案价值具有不同的表现形式。

(1)档案的利用价值与保存价值。

档案的利用价值与保存价值是一对具有内在联系的价值形态。一般来说,档案的利用价值决定了其保存价值。档案只要有利用价值,就有保存价值。但档案的保存价值有时又不完全取决于其利用价值。确定档案的保存价值时,需要考虑保存所需要的费用。如果有一定价值档案的保存费用超过其利用价值,该档案也就失去了保存价值。

档案的利用价值,是对具体档案的具体有用性而言的,是指某一档案对具体利用者的特定的意义或作用。从宏观上讲,档案的价值是一定的。从微观上讲,档案的价值会受到各种条件、因素的制约和影响。在一段时间内有价值,而在另一段时间内没有价值;对一部分人有价值,而对另外一部分人没有价值。所以,档案的价值是由多种类、多层次的利用价值形态组成和体现的。

档案的保存价值,是指档案是否具有保存意义。档案的保存价值是与档案的鉴定密切相关的一种价值形态。档案的鉴定其实就是决定档案是否具有保存价值及具体的保存期限。档案的保存价值也就是指档案具有利用价值的时间限度,其外在体现就是档案的保管期限。

(2)档案的第一价值和第二价值。

档案的第一价值和第二价值由谢伦伯格首先提出,他是从利用者与档案的关系来分析的。档案的第一价值,是指档案对其形成者所具有的价值,即档案的原始价值。档案的第二价值,是指档案对除形成者以外的其他利用者所具有的价值,即档案的从属价值。在我国,档案一般在档案室实现第一价值,在档案馆实现第二价值。

划分及认清不同档案的第一价值和第二价值,有助于把握档案发挥作用的规律,做到既为形成单位服务,又为广大利用者服务,从而充分发挥档案应有的作用。

(3)档案的现实价值与长远价值。

档案的现实价值与长远价值是从时间上划分的。档案的现实价值也称现行价值,即对档案形成单位、其他单位的社会实践活动具有现实的利用价值。档案的长远价值,是指某些档案的时效性可以扩展到未来,具有长远的保存、利用价值。简单地说,档案今天被利用就是档案现实价值的实现,未来被利用就是档案长远价值的实现。

(4)档案的证据价值与情报价值。

档案的证据价值与情报价值是由谢伦伯格在论述"公共文件的第二价值"时提出的。

证据价值,是指文件脱离现行期后,作为形成机关组织结构、职能、工作程序和结果凭证的有用性。谢伦伯格认为影响档案证据价值的因素有三个:一是每个机关在所属机构的行政等级地位;二是每个机关的性质和职能;三是每个机关的活动性质。总之,判定档案证据价值主要是根据机关的地位、职能和活动。越是上级机关或职能重要的部门,其档案的凭证作用就越大;反之,其凭证作用就越小。

档案的情报价值是指文件中由于含有对各种研究有用的情报资料而具有的价值。评价这一价值,着重应考虑文件潜在的历史价值,主要从学术研究的角度出发。

4.1.3 档案价值的实现规律

档案价值的实现,是指主体利用档案客体、客体作用于主体的运动过程,包含档案潜在价值向现实价值的转化过程及档案客体的主体化过程。档案价值的实现,有其自身的规律,主要有时间的双影响规律、社会性递增规律、环境或条件制约规律三种。

(1)时间的双影响规律。

档案价值及其实现与时间密切相关。档案价值、价值的实现随时间的变化及影响基本呈现两种相反的规律:一种是随着时间的推移档案价值呈现递增性规律,档案实现其价值具有长期性,也就是时间越长,其价值越大;第二种是随着时间的推移档案价值呈现递减性规律,档案价值实现具有一定的时效性,也就是时间越长,其价值越小。从本质上讲,档案价值的递增和递减是统一的、不矛盾的,正是这种价值递增和递减才真正反映了档案价值的运动规律。

档案工作者应掌握时间双影响规律并运用于实际工作。一是根据时间递增规律,适时做好档案的第一价值向第二价值转化工作,即把本单位、本机构利用率不高但又具有参考价值和永久保存价值的档案及时移交档案馆,以利于社会利用。二是根据时间递减规律,重视档案信息领域中存在的老化、过时问题,积极开发信息资源,充分发挥档案应有的作用。

(2)社会性递增规律。

随着社会的发展,档案由主要为政治服务逐步转向为经济、文化服务,由主要为统治集团服务逐步转向为广大人民群众服务,档案价值的社会性日益增长。档案价值的社会递增性是以档案的机密性递减为基础的。档案机密程度的逐步递减,是一种规律性趋势。档案的机密性缩小,其社会性则相应地增强。

档案工作者应准确把握社会性递增规律,科学、准确地处理好档案价值与保守档案机密之间的关系,既要防止无须保密的倾向,又要反对档案机密性永远不变的观点,不断研究档案内容,适时合理地调整档案密级,逐步扩大开放范围,以在更大程度上实现档案的价值。

(3)环境或条件制约规律。

档案价值的实现,还受到一定的环境和条件的制约和影响。影响档案价值实现的环境因素主要有社会政治环境、社会经济环境和科学技术环境、社会文化环境等。对档案价值实现环境的研究,有助于避免和排除不利于档案价值实现的环境和条件影响,为档案价值的实现创造良好的内部环境和外部环境。

4.2 档案价值鉴定理论

档案价值鉴定理论是各国档案工作者和档案学者依据在实践中长期积累的鉴定经验,是对档案价值规律、鉴定原则和标准理论进行的科学总结,对档案鉴定实践具有普遍的指导意义。鉴定理论的形成与发展主要经历了四个阶段。

4.2.1　传统的鉴定理论（20世纪50年代以前）

传统鉴定理论主要包括年龄鉴定论、行政官员决定论、职能鉴定论。

年龄鉴定论是由德国档案学家迈斯奈尔提出的，其核心内容是"高龄档案应当受到尊重"。年龄鉴定论的问世，把档案价值鉴定提升到了理论的高度。

行政官员决定论的代表人物是英国档案学家詹金逊，其核心思想是"档案管理人员不宜参与文件的鉴定和销毁，鉴定应由行政官员自身决定"。这种理论肯定了形成者在档案鉴定中的作用，有其合理的一面，但把档案管理人员排除在外，难以维护文件的证据性，使得形成者有了"作弊"的机会，同时也不利于保证档案的总体质量，对档案的历史文化价值也容易把握不准。

职能鉴定论是由波兰档案学家卡林斯基在借鉴迈斯奈尔理论的基础上提出的。其主要内容为：文件的形成机关地位越高、职能越重要，档案文件的价值相应就越大。这一理论虽有一定的科学性和普遍性，但不分析具体文件的内在价值，具有明显的局限性和片面性。

4.2.2　双重价值鉴定理论（20世纪50～80年代）

以谢伦伯格为代表的档案学者在否定行政官员决定论思想的基础上，进一步发展了职能鉴定论的思想，提出了"双重价值鉴定理论"。根据文件的第一价值和第二价值，认为形成机关的行政官员对鉴定第一价值负主要责任；档案部门及其工作人员主要负责鉴定第二价值。主张从文件的自身属性与利用者需求关系的角度来判断档案文件的价值。其贡献在于：一是确认了档案价值是档案客体满足利用者主体需求的关系，揭示了价值的实质；二是把档案价值根据不同的需求主体区分为两种形态，使认识更加深入。

4.2.3　新职能鉴定理论（20世纪80年代至今）

新职能鉴定理论包括社会分析与智能鉴定论、宏观鉴定战略。

社会分析与智能鉴定论由德国档案学者汉斯·布姆斯提出，其核心观点是：以文件形成者的职能来体现文件的社会价值。主张档案应体现文件产生时期的社会价值，但这种价值最好不是直接通过研究社会公众舆论来确定，而是间接通过了解重要文件的形成者的职能来判断。具体来说，就是职能活动、工作的重要性，决定了文件的重要性。

宏观鉴定战略理论由加拿大档案学者特里·库克提出，其基本思想是：档案应体现文件形成的相互联系；档案价值取决于社会结构，通过社会职能得以实现，同样也是通过文件形成机关的职能进行鉴定。

新职能鉴定理论反映了现代社会呈现一体化的宏观趋势。但是要将其具体化为可操作的鉴定标准还存在很大的难度。

4.2.4　电子文件双重鉴定模式（20世纪90年代至今）

电子文件对传统档案价值鉴定理论带来冲击，如何对电子文件进行鉴定是各国档案学界研究的热点之一。法国档案学者哈罗尔德·瑙格勒于1984年首次提出"电子文件双重鉴定"的思想，认为"机读文件的鉴定包括文件所含信息的鉴定（内容鉴定）和文件技术状况的鉴定

（技术分析）"。

电子文件双重鉴定由内容鉴定和技术鉴定两部分组成。

4.3 档案价值理论在公路工程建设项目档案管理活动中的应用

4.3.1 公路工程建设项目档案的价值与其现实性有着密切的联系

文件的生命周期理论、价值理论主要是针对管理活动中形成的文书档案。同文件的生命周期理论一样，文件的价值理论也基本适用于公路工程建设项目档案。

公路工程建设项目档案价值由主体（从事公路工程项目建设、维护及其他与之相关活动的人），客体（公路工程建设项目档案），社会实践活动（公路工程项目建设、维护及其他与之相关的活动）三部分组成。三者是一个统一的有机体，公路工程建设项目档案本身的价值是客观存在的，但如果没有公路工程项目建设、维护及其他与之相关的社会实践活动，人们就不会对档案产生需求，档案的价值就无法实现。这是档案价值的主客体价值观在现实中的体现。

公路工程建设项目档案是整个项目建设活动全过程的真实记录，其本身具有原始的记录性质，其档案及其所记载的信息，都是客观的、真实的。同样，公路工程项目建设、维护及其他与之相关活动及因此而产生对档案的需求也是客观存在的，这是其客观性的表现。

公路工程建设项目档案是公路工程建设项目的合法性及质量、进度、费用控制等的真实记录，具有凭证作用，是其他文献（图书、情报等）所无法替代的。另外，在一般情况下，公路工程建设项目档案只有一份原件，这是其独特性的表现。

公路工程建设项目档案种类繁多，因此，其价值也具有多维性。如一份征地拆迁合同文件对被拆迁户来说具有个别价值，对建设方来说具有集体价值；一个公路工程建设项目档案被其他建设项目参考、利用，就会产生经济价值、科学价值，被科研、统计分析等活动利用，就会产生文化价值；而国防公路的档案毫无疑问会产生军事价值。

公路工程建设项目档案价值同样具有相对性。不同类型档案的价值是不同的。如施工图纸与施工过程中的质量控制文件是两种类型的档案，其价值是不同的。

公路工程建设项目档案价值、价值的实现随时间的变化及影响基本呈现两种相反的规律：一种是时间越长，其价值越大。如建于二十世纪六七十年代的南京长江大桥的工程档案，在我国工程档案中属于"高龄档案"，随着时间的推移，其文化价值、政治价值、科技价值、经济价值等逐步显现——在 2016 年开工的南京长江大桥的维修改造过程中，建设各方在项目规划、设计、施工、文物保护等活动中调阅了大量的档案，作为科学决策依据。另一种是时间越长，其价值越小，如一个项目的计量支付文件，随着时间的推移，其作用就会越来越小。

4.3.2 档案价值及其变化是公路工程建设项目档案管理活动的重要依据

公路工程建设项目档案的第一价值主要是为建设项目自身服务。在项目建设期间，建设单位所制订、采取的各项档案管理办法和措施等都是为了实现一个管理目标，即项目档案的准确、完整、系统，确保其第一价值的实现。如果所形成的档案不准确、不完整、不系统，就不能为建设项目服务,其第一价值就无法实现,更谈不上第二价值。公路工程建设项目档案在项目竣工验收前,一般统一存放于建设单位的档案室,其第一价值主要由建设单位实现。

建设单位在项目通过竣工验收后向管养单位移交档案(一般不移交档案馆),将项目档案存放于管养单位的档案室(或企业内部档案馆)。管养单位在项目维护运营、改造等过程中会频繁使用建设项目档案,此时的档案还是在为工程本身服务,其发挥的主要是现实使用价值的作用,这是工程建设项目档案所特有的。因此,管养单位应围绕"档案的安全、利用"这一目标实施相关的管理活动,充分发挥档案应有的作用。

4.3.3　不同的管理主体对公路工程建设项目档案价值的考量有很大的区别

同一份档案对不同的管理主体所呈现的价值考量是不同的。如一份在施工过程中形成的某分项工程质量控制文件,对施工单位和建设单位而言,其价值是有区别的。对施工单位来说,其主要价值是对施工单位按质、按量、按时完成该分项工程施工的证明,同时还可作为阶段性支付工程款的凭证;对建设单位来说,是反映其对建设项目质量实施全过程进行控制的真实凭证之一。

再如项目可行性研究报告、项目用地、环境评价、施工许可等项目前期文件,对于建设单位来说,是项目合法性、科学性的重要凭证;对设计单位来说,是进行项目设计的基础性文件。

4.3.4　公路工程建设项目档案的鉴定

在公路工程项目建设期间,档案的鉴定工作主要是划分归档范围及确定保管期限。交通运输部、国家档案局及部分项目所在地的相关行政管理部门、项目建设单位等对归档范围及保管期限都有明确细致的规定。因此,档案管理人员只需采用直观鉴定法就可以完成档案的鉴定工作,即对照相关规定"按表作业"。

项目竣工后,其鉴定工作主要由管养单位档案部门承担。他们会在某些档案达到原来划定的保管期限时,根据项目档案与项目实体同存(只要工程项目实体本身存在、其档案就应保存)的原则,结合实际情况对其进行重新鉴定,决定哪些档案需要继续保存,哪些档案可以销毁。

第3篇　管理务实

第5章　公路工程建设项目文件材料的质量

"文件材料的准确、完整、系统"是评价公路工程建设项目档案管理水平的三个主要因素，其中"文件材料的准确"一项尤为重要。如果所形成的文件材料本身是不准确的，那么"完整"也就无从谈起。不"准确"的文件材料，再怎么"系统"，其意义也不大。

所谓准确，是指项目文件材料的内容能真实反映公路工程建设项目的实际情况，且数据准确可靠、图物相符、签字手续完备；项目文件材料的内容及其深度符合国家现行有关工程勘察、设计、施工、监理等标准的规定；项目文件材料中的图表和文字说明，使用国家法定计量单位和符号。

所谓完整，一是指反映公路工程建设全过程、应归档的各种载体的文件材料齐全；二是指项目文件材料所记载的内容完整。

所谓系统，是指按项目文件材料的形成规律，保持各部分的有机联系，分类科学，组卷合理，整理规范，便于查找利用。

为确保项目文件材料的质量，在项目文件材料形成过程中，应执行"谁形成，谁负责"的原则。各参建单位要采取相应措施，确保所形成的文件材料的数据准确可靠，图物相符，签字手续完备。

5.1　纸质文件材料形成的质量

(1)在制作文件材料时应选用优质纸张，一般为不低于70g的白色书写纸，应尽量使用原生纸，不要使用再生纸；文件材料打印时应使用激光打印机(不能使用喷墨或针式打印机)打印或使用铅印表格，这样文件材料的字迹、线条才会清晰耐久；文件材料应书写工整，应使用不褪色的黑色或蓝黑墨水书写、绘制，不能使用红墨水、纯蓝墨水、复写纸、铅笔、圆珠笔、彩色水笔等易褪色、易磨损、易洇的书写材料；所使用的施工、监理用表的格式应规范、统一。

(2)项目文件材料的文字和表格要布局合理、美观，各层次题头的字体和字号要有所区别且搭配适当，字号一般不做具体规定。项目文件材料应采用标准规格的纸张制作，文字材料为A4或A3号纸，图纸为A3、A2、A1、A0号纸。制作时要注意页边与文字间隙，装订边不小于25mm、翻口边不小于20mm、距上边不小于25mm、距下边不小于20mm。一般情况下，"竖页纸"左方为装订线，"横页纸"上方为装订线，应注意预留装订边。

(3)对于破损的、小于A4的文件材料应予以托裱。例如，水泥、电(光)缆等建筑材料合格证小于A4的，应将原合格证(小于A4)托裱在A4纸上后归档，托裱时应预留装订边。凡发现批语、签注意见写在文件装订线上的，应予以粘贴补宽。

(4)对于不易保存的文件材料应复制，并将复制件附在原件后一并组卷归档。如电传文件(激光打印的除外)，利用复写纸、铅笔、圆珠笔书写的文件，及针式打印或喷墨打印的文件材料,等等,应复制并与原件一并组卷归档,放置顺序为原件在前、复印件在后。在收集整理项目文件材料时,如发现建筑材料产品质量证明文件、商品混凝土合格证等文件材料为针式打印或电传文件的,以及发现征地拆迁文件中原始文件材料使用复写纸或圆珠笔书写的,均应参照此方式进行处理。

(5)关于原件的说明。

项目文件应收集原件归档(特殊文件材料除外)。其中,项目立项审批等前期文件材料,原件保存在项目主管单位的,项目档案中可用复印件归档,并在备考表中注明原件的存放处。

供货商提供的建筑材料产品质量证明文件的材料为复印件的,可在复印件上加盖销售单位印章并注明原件存放处后归档。

不同事件使用同一份文件材料时,原件可归入最早发生、桩号小的、左侧的案卷中,而后发生的、桩号大的、右侧的案卷中可不再归入该文件材料(可不复印),并在备考表中加以说明并注明原件所在的案卷档号。例如,

将原件归入最早发生的案卷中。开工报告中的《施工放样报验单》及其附件、《建筑材料报验单》及其附件应原件归档。在整理该工序中间检验文件材料、《建筑材料报验单》及其附件时,已经归入开工报告的文件材料可不再归入;桩基首件工程中间检验文件材料的原件应归在桩基《首件工程认可申请单》及其附件的案卷中,在整理桩基中间检验文件材料时,首件的中间检验文件材料可不再归入。

将原件归入桩号小的案卷中。几个路基填筑施工段落合用一份《施工放样报验单》及其附件时,应将该《施工放样报验单》及其附件原件归入这几个施工段落中桩号小的路基填筑案卷中,在整理其他路基填筑施工段落文件材料时,可不再归入该《施工放样报验单》及其附件。

将原件归入左侧的案卷中。桥梁同一墩台左、右侧立柱或承台合用一份《施工放样报验单》及其附件或《混凝土抗压强度试验报告》时,应将《施工测量报验单》及其附件或《混凝土抗压强度试验报告》原件归入该墩台左侧立柱或承台的案卷中,在整理该墩台右侧立柱或承台文件材料时,可不再归入该《施工放样报验单》及其附件或《混凝土抗压强度试验报告》。

(6)文件材料的签名与杠改。

项目文件材料中所有的签名都应是本人签名或授权代签名,代签名应是代理人的本人名字,不得由他人代替签名;应按照要求在表格中签名,不能一人完成所有签名。

各方人员应慎重行使个人签字权。要手签全名,视实际情况也可加盖个人注册签章,但不能以复印代替。

使用电子签名、电子印章时,该电子签名、电子印章应经过规范论证后方可使用。

原始记录文件材料应避免更改,必须更改的,应在旁边签名。更改时使用杠改的方法,即用斜线画去要更改的文字或数据(被更改的原内容应清晰可辨),在旁边书写更改后的文字或数据。不得使用涂改液、橡皮等其他方式。

(7)文件材料的形成应与工程实际施工同步。

各种施工原始记录应在施工现场与工序施工同步进行,在每道工序完成后24h内交监理人员签字,并及时移交档案管理人员存档。每道工序完成后,施工单位应及时填报《现场

质量报告单》《中间检验申请单》（或《检验申请批复单》），并报监理工程师检查；监理工程师收到《现场质量报告单》《中间检验申请单》（或《检验申请批复单》）后，应在24h内给予书面批复。

各监理单位应在施工单位每期计量支付前对其相关文件材料进行审核，做到"文件材料不齐全不计量支付"。

5.2　竣工图的质量

竣工图是对工程完工后实际情况的反映，编制和完善竣工图对整个项目档案具有至关重要的作用。在竣工图的编制、整理、组卷过程中，应注意下列事项：

（1）竣工图应准确、完整、规范、清晰、修改到位，能真实反映工程竣工时的实际情况。

（2）竣工图一般由施工单位编制、监理单位审核，施工单位在本合同段变更文件批复后应及时完成编制工作。

（3）各种类型的竣工图比例应与设计图对应，竣工图说明文字，及图、表的排版位置应兼顾美观与协调。一般构造物应绘制结构立面图、侧面图（或剖面图）和平面图。

（4）原设计施工图没有变更的，由竣工图编制单位在原设计施工图上直接加盖竣工图章并签字，作为竣工图，无须重新绘制。竣工图章具体格式可参见附件之图1。

（5）一般性的图纸变更及符合更改要求（图纸变更面积不超过10%）的变更，也可直接在原设计施工图上更改，加盖竣工图章并签字，并在图上标注相应的变更通知或其他变更依据文件的编号，无须重新绘制。更改方法一般采用杠改法、叉改法、补（绘）图法、注改法（加写说明法）等。

杠改法：是指在原设计施工图上将需要取消或修改的数字、文字、符号等内容用一横杠画掉（不是涂抹掉）表示取消，在适当位置补绘修改后的内容，并用带箭头的引出线标注修改依据的方法。一般适用于尺寸、数字、设施点的编号和型号，门窗型号，设备型号，灯具型号和数量，钢筋型号和数量，管线和测量点的编号，坐标及高程值，注解说明的数字、文字、符号的取消或改变。

叉改法：是指在原设计施工图上将应除去的内容，打叉表示取消，在实际位置绘出修改后的内容，并用带箭头的引出线标注修改依据的方法。一般适用于线段、图形、图标的取消或改变，如剖面线、尺寸线、图表、大样图、设施、设备、门窗、灯具、管线、钢筋等的取消或改变。

补（绘）图法：是指在原设计施工图上将增加、补充、遗漏的内容按实际位置绘出，或将增加或需要修改的内容在本图上绘大样图表示，并用带箭头的引出线标注修改依据的方法。一般用于设计新增加的内容、设计时遗漏的内容、设计时暂时空缺的内容等。

注改法（加写说明法）：是指在原设计施工图上用文字表述图纸的修改和补充。一般用于原设计施工图上说明类型的文字修改，修改依据的简化标注，用作图法修改后仍需要必要文字说明才能完全表达清楚，绘改后的修改图须适当加注必要的说明等情况。

在编制竣工图时所使用的原设计施工图，应确保其真实有效，即原设计施工图上的签署、盖章等手续必须齐全完备；应尽量使用新图，不能将原设计施工图复印后再编制竣工图。

（6）涉及结构形式、工艺、平面布置等重大改变及图面变更面积超过10%的情况时，需要重新绘制竣工图。重新绘制竣工图应使用原图编号,前面应加注"竣"字,并在"变更令及其他变更批准文件编号"栏内标注相应的变更通知或变更依据文件的编号。重新绘制竣工图,要使用统一的竣工图框,其格式一般由建设单位制订。重新绘制竣工图图框格式,可参见附件之图2。竣工图框各项内容填写方法为:

①"建设单位名称",填写"建设单位全称或规范的简称";

②"××竣工图",填写项目名称、单位和分部工程名称,后加"竣工图"三个字;

③"图名",填写本张竣工图的名称;

④"制图",由制图人员签名;

⑤"校核",由校核人员签名;

⑥"技术负责人",由施工单位项目总工签名;

⑦"监理负责人",由总监或监理组长签名;

⑧"编制日期",填写竣工图编制完成日期;

⑨"图表号",填写原施工图图号,并在前面加"(竣)"字;

⑩"监理单位",填写监理单位名称(中标单位全称);

⑪"变更令及其他变更批准文件编号",填写相应文件的文件编号或变更令号;

⑫"施工单位"填写施工单位名称(中标单位全称)。

(7)原设计施工图发生更改或因设计变更需要重新出图的,竣工图编制单位还须填写《设计变更文件与竣工图档号对应一览表》,格式可参见附件之图3。具体填写方法为:

①"序号",从1开始依次标注;

②"变更内容",填写变更的主要内容,可对该变更文件的主要变更信息进行适当的提炼和概括;

③"文号",填写变更文件的文号;

④"对应竣工图号",填写与该变更文件相对应的竣工图图号;

⑤"所在案卷号",分别填写该变更文件、竣工图纸所在案卷的档号。

(8)重复使用的标准图、通用图可不编入竣工图中,但需要在图纸目录中列出图号,指明该图所在位置并在竣工图说明中注明。

(9)各竣工图编制单位应编制竣工图说明,加上编制单位落款并加盖公章,与相应的竣工图一起组卷。竣工图说明一般采用A4或A3的纸,主要包括以下内容:

①主要建设内容、完成的工程量;

②执行的规范标准;

③主要施工方案;

④采用的新技术、新工艺、新材料;

⑤对特殊问题的处理;

⑥施工图的版本、变更情况以及修改完善情况;

⑦工程施工起止时间。

(10)所有竣工图应由编制单位逐张加盖竣工图章并签字。重新绘制的竣工图且在图签栏按规定完成签署的可不加盖竣工图章。竣工图章中的内容填写应齐全、清晰、不得代签。竣工图章可由建设单位统一刻制,使用时要用不易褪色的红色印泥盖在标题栏附近的空白处。

竣工图章各项内容的填写方法为：

①"编制单位"，填写施工单位名称（中标单位全称）；

②"编制人"，由施工单位编制人员签名；

③"技术负责人"，由施工单位项目总工签名；

④"监理单位名称"，填写监理单位名称（中标单位全称）；

⑤"监理负责人"，由总监或监理组长签名；

⑥"编制日期"，填写竣工图编制完成日期。

(11)图纸可按 A4 或 A3 规格折叠。

5.3　声像文件材料的质量

建设项目声像文件材料是项目文件材料的重要组成部分，是反映建设项目工程现场原地物、地貌和工程施工主要过程及建成后的建（构）筑物的直观记录。采用数码相机拍摄的，在拍摄时应使用 500 万像素及以上的数码相机，照片分辨率应设置为 1 200 × 1 600 像素以上，拍摄时要对"日期时间显示"功能进行设置。数码照片应刻录在不可擦洗的光盘上，光盘应附有目录，目录应填写档号、案卷题名、照片编号、照片标题（与电子文件的文件名相同）等。

在填写照片文件的文字说明时，应以一组有密切联系的照片为单位。如某次活动只收集了一张照片，则要以单张照片为单位填写文字说明。文字说明要求简明、准确，一般不超过 200 字。其内容包括事由、时间、地点、人物、背景、摄影者六要素（照片档案册内目录格式可参见附件之图 4）。文字说明填写方法如下。

事由：填写照片所反映事件、事物的情由。

时间：填写照片拍摄的时间（用阿拉伯数字表示）。

地点：填写被拍摄物所在的具体地点。

人物：填写照片所反映的主要人物的姓名、单位和身份。重要人物应注明其在照片中的所在位置，一般采用"左一"、"右二"等方式标注。

背景：填写对揭示照片主题具有一定作用的背景信息。

摄影者：填写照片的拍摄人。

录像文件材料应图像清晰、解说正确。录像材料规格要采用专业带，录像档案带盒上应标有简要说明。内容包括工程名称、拍摄时间、放映时长、录制人、审核人及批准人等。

5.4　电子文件的质量

随着科学技术的发展，公路工程建设项目中的电子文件将越来越多。电子文件在归档时，应满足下列基本要求。

(1)归档的建设项目电子文件应采用表5-1 所列开放式文件格式或通用格式进行存储，专用软件产生的非通用格式的电子文件应转换成通用格式。

建设项目电子文件存储格式表 表 5-1

文 件 类 别	格 式	文 件 类 别	格 式
文本(表格)文件	XML,TXT	影像文件	MPEG2,MPEG4,AVI
图像文件	TIFF,JPEG	声音文件	MP3,WAV
图形文件	TIFF,DWG,PDF,SVG		

（2）归档的建设项目电子文件材料在其形成过程中包含元数据的,应予保留,以保证文件的完整性和有效性。元数据应符合现行行业标准《建设电子档案元数据标准》(CJJ/T 187)的规定。

（3）归档的项目电子文件材料应采用电子签名等手段,所载内容应真实、可靠。

（4）归档的项目电子文件材料的内容应与其纸质文件材料一致。

（5）电子文件归档包括在线归档、离线归档。离线归档文件的格式应具备格式开放、不绑定软硬件、显示一致、可转换、易于利用等性能。电子档案离线备份,应一次性写入光盘、硬磁盘等离线存储介质。存储的载体应经过检测,应无病毒、无数据读写故障。

第6章 公路工程建设项目文件材料的收集和整理

公路工程建设项目文件材料产生于项目建设的全过程,其形成、积累、收集、整理等业务工作是工程建设项目档案工作的基础性、专业性和实质性工作,是检验公路工程建设项目工作质量与水平的重点和核心内容。因此,项目文件材料的形成、积累、收集、整理等业务工作应列入项目建设计划和有关部门及人员的职责范围、工作标准或岗位责任内,并采取相应的检查、考核措施,以确保项目档案的准确、完整、系统和安全。

6.1 公路工程建设项目文件材料的收集

6.1.1 收集范围

对一个公路工程建设项目来说,其项目文件材料收集范围应包括从项目的提出到竣工验收过程中形成的、具有查考利用价值的各种载体形式的文件材料。

项目所在地相关行政管理部门或项目建设单位,对公路工程建设项目文件材料归档范围专门做出明确规定的,按照其规定执行。例如,江苏省公路工程建设项目文件材料的归档范围应按照《江苏省高速公路建设项目档案管理标准(修订版)》(DB32/T 1086—2008)的规定执行;新疆维吾尔自治区公路工程建设项目文件材料的归档范围应按照《关于印发〈自治区公路建设项目档案管理办法〉的通知》(新交发〔2015〕36号)的规定执行;宁夏回族自治区公路工程建设项目文件材料的归档范围应按照《宁夏回族自治区公路工程竣工档案编制办法》的规定执行。

项目所在地相关行政管理部门或项目建设单位对公路工程建设项目文件材料归档范围没有做出专门具体规定的,则按照交通运输部、国家档案局相关规范、标准执行。

交通运输部《关于印发公路建设项目文件材料立卷归档管理办法的通知》(交办发〔2010〕382号文)在其附件1《公路工程建设项目文件材料收集归档范围》中规定应归档的文件材料为立项审批、设计审批、工程准备、施工、交(竣)工验收、工程招标及合同、资金管理、其他八大类,并用列表形式对每类做出细化阐述,共涉及93种文件材料。

交通运输部《关于印发公路工程竣交工验收办法实施细则的通知》(交公路发〔2010〕65号文)在其附件2《公路工程项目文件归档范围》中规定应归档的文件材料为综合、决算和审计、监理、施工、科研新技术五大类,并用文字形式对每类做出细化阐述,共涉及130种文件材料。

国家档案局《国家重大工程建设项目文件归档要求与档案整理规范》(DA/T 28—2002)在其附录A《国家重大档案建设项目文件归档范围和保管期限表》中对归档范围做了规定,包括可行性研究、任务书,设计基础,设计,项目管理,施工,监理,工艺设备,科研项目,涉外,生产技术准备,试生产,财务,器材管理,竣工验收12大类、164种文件材料。

公路工程建设项目中较少涉及工艺设备、生产技术准备、试生产、器材管理等文件材料,其收集归档范围一般执行交通运输部的规定。

有一点值得注意:上述三个标准、规范只是规定了文件材料的归档范围,没有规定具体的分类、编号办法。因此,项目所在地上级行政管理部门没有对分类、编号办法做出规定的,在对具体项目的文件材料进行分类、编号时,建议采用"基本按照项目进程,以主题分类法为主、适当运用职能分类法"的方法。

6.1.2　收集时间

项目文件材料的收集、整理、组卷等工作应与项目的立项准备、建设进度和交(竣)工验收同步进行。为便于项目文件材料的整理、组卷,各参建单位应在平时收集过程中,按档案分类要求将文件材料放入相应的卷盒内,进行预立卷。

各参建单位在工程交工验收之前,向建设单位提交已按要求整理好的已完成项目的文件材料;各参建单位在工程竣工验收之前,向建设单位提交已按要求整理好的全部项目文件材料。

6.1.3　照片、视频文件材料的收集

在项目建设过程中,各参建单位均要安排专人负责照片、视频文件的收集,可参考表 6-1对具体的收集范围及数量做出规定。

各单位照片、视频的收集范围及数量　　　　　　表 6-1

单位	收集范围	典型照片收集数量(张)	视频(min)
建设单位	工程建设过程中的有关庆典和重要领导的现场指导	每次留存 2~3	10~15
	重要工程协调、安全生产等会议活动	每次会议留存主题照片 1~2	5
	现场检查指导过程中反映监理是否尽责到位的情况	每次检查留存 2~3	5~10
	违章、违规等现场典型案例	每个案例留存 2~3	10
监理单位	旁站点	每个留存 2~3	5
	巡视,定期检查	每次留存 1~2	5
	材料设备检验及其重要试件、每次见证取样	每次留存 1~2	5
	重要设备	每件留存整体照片 1	3
	隐蔽工程验收	每次留存 1~2	2~3
	违章、违规等现场典型案例	每个案例留存 2~3	5~10
施工单位	日常施工管理	每个作业点留存安全文明施工总体布置情况照片 1	2
	定期安全检查中的事件、安全员日检过程中的案例	每个留存 1~2	2~5
	事故的处理	每个留存 2~3	5~10
	材料设备检验及其重要试件,每次见证取样	每次留存 1~2	2~5
	重要设备	每次开箱照片不少于 3,每件留存整体照片 1	2~5
	施工缺陷(如有)	留存 1~3	5~10
	隐蔽工程验收	每次留存照片 1~2	2~5

表 6-1 中所收集的照片、视频的电子文件材料应系统整理并刻成光盘归档。同时,应从中选择一定数量的优质照片冲洗归档,对视频文件材料可进行适当编辑,制作成专题片归档。

6.2　公路工程建设项目文件材料的整理组卷

公路工程建设项目文件材料在归档前,应由文件材料形成单位按要求进行整理、组卷。组卷应遵循文件材料的自然形成规律和成套性原则,科学分类,合理组卷,以方便查找和利用。为确保档案整理规范,在各类文件材料整理、组卷时可建立首卷示范制度。公路工程建设项目文件材料中有外文的,应将外文资料的题名、卷内章节目录译成中文。译文稿(经翻译人、审校人签署)应与原文一起归档。本章节提供了各类文件材料整理、组卷的基本方法,具体的整理、组卷方法可参见本书第 12 章。

6.2.1　综合管理类文件材料

综合管理类文件材料主要由项目前期、用地、征地拆迁、施工许可、开工审批、招投标、工程建设过程中的管理等文件材料组成,该类文件材料一般由建设单位收集、汇总,根据文件材料形成的阶段、性质、内容进行分类整理,并按问题、时间等要素组卷。

6.2.2　工程设计类文件材料

工程设计类文件材料一般由设计单位汇总,由建设单位按照原装订形式进行整理、组卷。大于 A3 的图纸应折叠为 A4 和 A3 尺寸,每卷折叠后的厚度通常不超过 50mm,如果一卷设计图纸折叠后厚度超过 50mm 的,可做适当分卷处理;卷内文件材料按照原图纸顺序排列。

6.2.3　工程施工类文件材料

工程施工类文件材料由施工单位负责整理、组卷。

(1)开工报告、技术交底、试验室备案、建筑材料报验等文件材料。

开工报告及附件以合同段或单位工程、分部工程为单位整理、组卷,卷内文件按《工程开工申请表》"附件"栏所列内容的顺序排列。其中,《施工放样报验单》及其附件、《建筑材料报验单》及其附件按照本书中"5.1 之(5)"的要求归档;使用正式公文形式进行开工申请报批的,应将批复与申请、请示一起组卷。

图纸审查记录、技术交底记录分别以合同段、单位工程或分部工程为单位进行整理、组卷,卷内文件材料按时间顺序排列。

施工、监理单位的试验室备案文件材料以合同段、总监办(或监理组)为单位进行整理、组卷,顺序为备案通知书、证书在前,申请文件材料在后。

《首件工程认可申请单》及其附件以单位工程或分部工程为单位进行整理、组卷,卷内文件按照《首件工程认可申请单》"附件"栏所列内容的顺序排列。其中的《中间检验申请单》(或《检验申请批复单》)及其附件按照本书中"5.1 之(5)"的要求归档。使用正式公文形式进行首件工程报验的,应将批复与申请、请示一起组卷。

《建筑材料报验单》及其附件按照材料的类型以单位工程或分部工程为单位分别进行整

理、组卷;产品合格证及质量证明文件、使用说明、施工单位试验检测报告、监理抽检试验检测报告等依次附在相应的《建筑材料报验单》后面;卷内文件材料按时间顺序排列。

各种标准试验报告(混凝土配合比、标准击实试验等)以单位工程或分部工程为单位结合试验的类型进行整理、组卷,卷内文件材料按时间顺序排列。

(2)路基工程中间质量检验文件材料。

①软土地基工程以施工段落为单位进行整理、组卷,卷内文件材料按工艺流程排列,案卷按桩号顺序排列;

②路基土石方工程以施工段落为单位进行整理、组卷,卷内文件材料按结构层次自下而上逐层排列,案卷按桩号顺序排列;

③路基排水及防护工程以施工段落为单位进行整理、组卷,卷内文件材料按桩号结合工艺流程排列,案卷按桩号顺序排列;

④涵洞及通道工程以道(处)为单位进行整理、组卷,卷内文件材料按工艺流程排列,案卷按桩号顺序排列;

⑤台背回填以道(处)为单位进行整理、组卷,卷内文件材料按层次自下而上逐层排列,案卷按桩号顺序排列;

⑥大型挡土墙、导流工程以处为单位进行整理、组卷,卷内文件材料按工艺流程排列,案卷按桩号顺序排列。

(3)路面工程中间质量检验文件材料。

路面底基层、基层、下封层、面层、路缘石、路肩等以施工段落为单位分别进行整理、组卷,卷内文件材料按桩号结合工艺流程排列,案卷按桩号顺序排列。

(4)桥梁工程中间质量检验文件材料。

每座桥梁均单独进行整理、组卷,卷内文件材料按桥梁部位、构件的编号结合工艺流程排列,案卷按桩号、构件编号顺序排列。文件内容涉及如下几个方面:

①基础及下部构造,包括明挖基础或桩基、承台或系梁、墩柱、盖梁(台帽)、台身、锥坡等;

②上部构造,包括箱(板)梁预制、现场浇筑、箱(板)梁安装、斜拉索、悬索、钢梁等;

③桥梁总体及其附属工程,包括支座安装、桥面铺装、混凝土护栏、伸缩缝、桥头搭板等。

(5)隧道工程中间质量检验文件材料。

隧道工程中间质量检验文件材料以分部、分项工程为单位进行整理、组卷,卷内文件材料按分项工程、桩号结合工艺流程排列,内容包括明洞、洞口工程、洞身开挖、围护结构、洞身衬砌、管片预制、盾构掘进与管片拼装、防排水、隧道路面、装饰等,案卷按桩号顺序排列。

(6)标线、标志、防撞护栏、隔离栅、绿化工程中间质量检验文件材料以分部、分项工程为单位进行整理、组卷,卷内文件材料按桩号结合工艺流程排列,案卷按桩号顺序排列。

(7)房建工程中间质量检验文件材料。

房建工程以站点、单位工程(单体)、分部工程为单位进行整理、组卷。

单位工程质量验收记录以单位工程为单位进行整理、组卷。

桩基工程以站点、分部工程为单位进行整理、组卷;地基与基础、主体结构、装饰、屋面工程等以分部工程为单位进行整理、组卷;建筑给排水及采暖工程以分部工程为单位进行整理、组卷;建筑电气、通风与空调、建筑保温节能、钢结构、建筑幕墙、智能建筑、电梯等以分部工程为单位进行整理、组卷;二次装修、场区道路、污水处理、景观等以分部工程为单位进行整理、组卷。

房建工程卷内文件材料可按项目所在地住建部门的规定排列顺序。

(8)机电及其他附属工程中间质量检验文件材料以分部工程为单位进行整理、组卷,卷内文件按工艺流程顺序排列。

(9)施工单位管理性文件材料。

施工日志以合同段或单位、分部工程为单位进行整理、组卷,卷内文件材料按时间顺序排列。

施工单位关于质量、安全、进度、费用、环保等的管理性文件材料,按照问题、时间以合同段为单位进行整理、组卷。

施工单位与项目法人(建设单位)、监理单位的往来性文件材料(一对一),按照问题、时间以合同段为单位进行整理、组卷。

(10)单位、分部、分项工程质量检验评定表单独组卷的,以单位、分部、分项工程为单位进行整理、组卷,卷内文件材料应按分项、分部、单位工程的编号依次排列,组卷完成的质量评定案卷应归入相应的单位、分部工程。质量评定表与中间质量检验文件材料一起组卷的,分项、分部等工程质量评定表应归入相应分项、分部等工程中间质量控制文件材料的案卷中。

6.2.4　工程监理类文件材料

工程监理类文件材料由监理单位整理、组卷。

监理概述、监理大纲、监理实施细则等按问题、时间以总监办(或监理组)为单位进行整理、组卷。

施工单位的工程质量单元划分申报表及附件由监理单位以总监办(或监理组)为单位进行整理、组卷,卷内文件材料按总监办(或监理组)所监理合同段的编号依次排列。

监理日记(日志)以总监办(或监理组)为单位进行整理、组卷,卷内文件材料按时间顺序排列。

监理月报以总监办(或监理组)为单位进行整理、组卷,卷内文件材料按时间顺序排列。

合同管理、计划进度管理、工程技术管理、工程质量控制、安全保护控制等文件材料根据问题类型分类后再按文件编号(如无编号按时间顺序)顺序排列。

会议纪要以总监办(或监理组)为单位结合会议的类型进行整理、组卷,卷内文件材料按时间顺序排列。

监理旁站记录以所监理的合同段或单位工程为单位进行整理、组卷,卷内文件材料按桩号、部位或时间顺序排列。

监理平行抽检及试验文件材料加盖"监理抽检"章后移交施工单位组卷归档的,由施工单位归入其相应的各自检文件材料后面;监理平行抽检及试验文件材料不移交施工单位的,由监理单位参照6.2.3所介绍的方式进行整理、组卷。

6.2.5　竣工图表类文件材料

竣工图由施工单位按单位、分部工程为单位进行整理、组卷,卷内文件材料按图号顺序排列。竣工图编制说明应放在首位。

设计变更文件材料由建设单位或施工、监理单位以合同段为单位进行整理、组卷,卷内文件材料按文件编号依次排列。

6.2.6　资金管理类文件材料

计量支付文件材料以合同段和期数为单位组卷,由施工单位或监理单位负责整理、组卷。竣工决算文件材料由建设单位负责汇总,按问题、时间等要素进行整理、组卷。

6.2.7　交(竣)工验收类文件材料

交(竣)工验收类文件材料由建设单位负责汇总,按问题、时间等要素进行整理、组卷。

6.2.8　科研类文件材料

科研类文件材料由建设单位负责汇总,按问题、时间等要素进行整理、组卷。

6.2.9　特殊载体类文件材料

特殊载体类文件材料由建设单位、监理单位、施工单位分别负责汇总,按问题、时间等要素进行整理、组卷。

6.2.10　卷内文件材料的排列

管理性文件材料按建设程序、问题、时间或重要程度排列。

设备文件材料按依据性材料、设备开箱验收、随机文字及图样材料、设备安装调试和运行维修材料等顺序排列。

竣工图按图号排列。

卷内文件材料的排列顺序:一般批复在前,请示在后;结论性文件在前,依据性文件在后;正文在前,附件在后;印本在前,定(草)稿在后;原件在前,复印件在后;图文混合材料文字在前,图样在后。

6.3　案卷的编目

案卷是由互相联系的若干文件材料组成的一种档案保管单位。项目建设各方在完成收集、整理工作后,应及时进行案卷编目工作。案卷编目工作包括对案卷封面、卷内目录、卷内备考表的编制,脊背的填写,以及案卷的装订。

6.3.1　案卷封面的编制

案卷封面的内容包括立卷单位、起止日期、保管期限、密级、案卷题名、档号等。案卷封面格式可参见附件之图5。

立卷单位:立卷单位是指文件材料组卷单位,一般应填写立卷单位的全称,字数过多的可填写规范的简称。立卷单位与责任者不是一个概念。责任者是指文件材料的形成者;立卷单位是指文件材料的整理、组卷单位,不一定是文件材料的形成者。如由建设单位整理、组卷的设计图纸,其责任者为设计单位,立卷单位为项目建设单位。

起止日期:起止日期是指卷内文件材料形成的最早日期与最迟日期。日期填写格式采用 8 位阿拉伯数字标注。如某案卷中时间最早的文件材料形成日期为 2017 年 3 月 28 日,时间最迟的文件材料形成日期为 2017 年 5 月 18 日,起止日期应填写 20170328—20170518。

保管期限:保管期限应填写项目所在地上级行政管理部门或建设单位划定的保管期限,分为 10 年、30 年和永久三种。当同一案卷内有不同保管期限的文件材料时,以高年限为本案卷的保管期限。如一个案卷中的文件材料有 10 年、30 年两种保管期限,则该案卷的保管期限应填写 30 年。

密级:密级应依据国家保密部门、项目所在地上级行政管理部门或建设单位的有关保密规定标明案卷密级。当同一案卷内有不同密级的文件材料时,以高密级为本案卷的密级。无法确定其密级时,可不填写。

案卷题名:案卷题名应能简明、准确地揭示卷内文件材料的内容。综合管理类、工程交(竣)工验收类、资金管理类、工程科研类等案卷题名,应包括卷内文件材料的主要责任者(或项目名称)、内容特征、文种(或技术文件名称等);工程设计类应在拟写原图纸案卷题名的基础上,增加该卷图纸的主要内容;工程施工类、工程监理类、竣工图表类等案卷题名,应包括工程(项目、单位、分部、分项工程)名称、内容特征、技术文件名称等。

项目名称要与原立项、设计(包括代号)相符。案卷题名不能重复,出现一事多卷时,其题名应用标段、部位、工序或时间予以区别。各类案卷题名的具体拟写方法可参见本书第 12 章。

档号:档号一般由项目代号、档案分类号和案卷流水号组成。项目代号、档案分类号中间通常用“.”隔开;档案分类号和案卷流水号中间通常用“—”隔开。档号可使用铅笔填写。

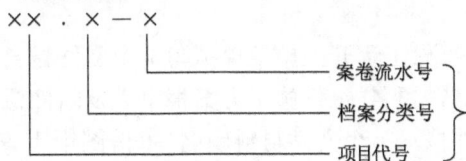

档号示例:

案卷流水号
档案分类号
项目代号

档号中有“全宗号”的,一般将“全宗号”置于“项目代号”前面。

为了方便检索利用,建议在编写档号时尽量只使用阿拉伯数字,也可视实际情况适当使用英文字母。

项目代号:项目所在地上级行政管理部门对项目代号有统一规定的(一般为阿拉伯数字),按其规定填写。项目所在地上级行政管理部门对项目代号没有统一规定的,项目建设单位可取用项目简称的汉语拼音首位字母(如海安至启东高速公路建设项目,其项目代号可设置为 HQ),也可用阿拉伯数字表示项目代号。

档案分类号:档案分类号一般由建设单位根据相关规定制定,建议只用阿拉伯数字表述,中间尽量不要夹杂英文字母、罗马字、汉字等。

案卷流水号:由建设单位根据相关规定制定案卷流水号的编写方法。一般用阿拉伯数字从“001”起依次编写案卷流水号;同一档案分类号中案卷数量超过 1 000 卷的,可从“0001”开始;案卷流水号不设虚位号的,从"1"开始。

6.3.2 卷内目录的编制

卷内目录内容应拟写详细,不能出现两个相同的文件材料题名,并要标明页号,以方便查找;卷内目录排列在案卷封面之后、卷内文件材料的首页之前。卷内目录格式可参见附件之图6。

卷内目录采用计算机打印,其具体编制方法如下。

序号:填写项目文件材料排列的顺序号,用阿拉伯数字从"1"起依次标注。

文件编号:填写项目文件材料的文号、图纸的图号或设备代号。原始文件材料没有编号的,可不填写文件编号。

责任者:填写项目文件材料的直接形成部门或主要责任者,可采取通用的标准简称。项目建设单位应对各单位责任者的标准简称做出统一规定。如"中铁大桥局集团有限公司",其责任者可简称为"中铁大桥局"。文件材料由两个单位共同形成,责任者应同时填写两个单位的标准简称。如某一工序的《中间检验申请单》(或《检验申请批复单》)及其附件的责任者应同时填写施工与监理两个单位的标准简称。

文件材料题名:应拟写项目文件材料标题的全称。没有标题或标题不能说明文件材料内容的,应自拟标题,自拟部分用"[ ]"予以注明。文件材料题名以每份文件材料为单位来拟写。

综合管理类、工程交(竣)工验收类文件材料:正文与附件拟写1个文件材料题名,原件与复制件拟写1个文件材料题名,转发文与被转发文可拟写1个文件材料题名,正文与发文稿纸可拟写1个文件材料题名,来文与复文(请示与批复、报告与批示、来函与复函)可拟写1个文件材料题名。

设计类文件材料:可每册拟写1个文件材料题名,也可将原目录进行概括,拟写多个文件材料题名。

工程施工类文件材料:每份工程开工申请单拟写1个文件材料题名,每份施工组织设计报审表及附件拟写1个文件材料题名,每份施工方案报审表及附件拟写1个文件材料题名,每份工程进度计划申报表及附件拟写1个文件材料题名,每份图纸审查记录拟写1个文件材料题名,每份技术交底记录拟写1个文件材料题名,每份材料、构配件、设备进场报验单及附件拟写1个文件材料题名,每份工程检验认可书、工程报验单(或《中间交工证书》)拟写1个文件材料题名,每份施工放样报验单及附件拟写1个文件材料题名,每份中间检验申请单(或《检验申请批复单》)及附件拟写1个文件材料题名,每份单位、分部、分项工程质量验收记录表分别拟写1个文件材料题名,每份单位、分部、分项工程质量评定表分别拟写1个文件材料题名,每本施工日志拟写1个文件材料题名,每份施工单位与项目法人(建设单位)、监理单位的往来性文件(一对一的函、通知、指令及回复等)拟写1个文件材料题名,等等。

工程监理类文件材料:每份监理计划拟写1个文件材料题名,每份监理大纲拟写1个文件材料题名,每份监理实施细则拟写1个文件材料题名,每次会议纪要拟写1个文件材料题名,每份监理月报拟写1个文件材料题名,每本监理日志(日记)拟写1个文件材料题名,每个监理通知(指令)及回复(一对多)分别拟写1个文件材料题名,等等。

竣工图表类文件材料:竣工图编制说明拟写1个文件材料题名,每个图号的图纸拟写1个文件材料题名。

日期:是指项目文件材料形成的最后日期;日期填写格式采用8位阿拉伯数字标注。如该文件材料形成的日期为2017年9月28日,则填写20170928。

页号:卷内文件材料有书写内容的页面均应编写页号,纸张反面没有书写内容的不编写页号,纸张反面有书写内容的要编写页号。每卷文件材料均从"1"起编写页号,各卷之间页号互不连续。单面书写的文件材料在右下角编写页号;双面书写的文件材料,正面在右下角、反面在左下角编写页号;页号标注的位置以距纸张左(右)边距、下边距为10~20 mm为宜。建议使用2B铅笔编写页号,不建议使用打码机。案卷封面、卷内目录、卷内备考表均不编写页号。

页号的标注方式一般有两种方式:一种是填写每份文件材料在案卷中首页上标注的页号,每卷最后一份文件材料的页号应填写其在案卷中的起止页号,中间用"–"隔开;另一种是每一份文件材料的页号均填写其在案卷中的起止页号,中间用"–"隔开。建设单位应根据项目所在的档案行政管理部门的规定,确定页号的标注方式。所归档文件材料属符合档案保管要求的成本成册资料,也须重新编写页号,在原成本成册资料的首页前加卷内目录,末页后加卷内备考表。

备注:备注填写该文件材料需要说明的问题。如一份施工质量中间检验文件中包含监理抽检的,在"备注"栏中填写"含监理抽检";一份分项工程质量评定表中包含监理复评的,在"备注"栏中填写"含监理复评"。

各类文件材料《卷内目录》的具体拟写方法可参见本书第12章。

6.3.3　卷内备考表的编制

卷内备考表排列在卷内文件材料的尾页之后。卷内备考表格式可参见附件之图7。

卷内备考表中应注明卷内文件材料的件数、页数及图纸、照片的张数,复印件归入档案的原因和原件的存放地,以及在组卷和使用过程中需要说明的问题。

立卷人即立卷责任人,检查人即案卷检查人。应统一手签立卷人、检查人的全名,不能以打印或盖章代替手签名。

6.3.4　卷盒脊背的填写

卷盒脊背填写盒内案卷的档号,一盒装有多个案卷时,填写盒内案卷的起止档号,可使用铅笔填写。如一个档案盒中装了三个案卷,其档号分别为:××.3.1.1.1–001,××.3.1.1.1–002,××.3.1.1.1–003,则卷盒脊背"档号"栏的填写方式为:

档　号
××.3.1.1.1–001
××.3.1.1.1–002
××.3.1.1.1–003

也可填写为:

档　号
××.3.1.1.1
-001~003

或

档　号
××.3.1.1.1-001
-002
-003

6.3.5　案卷的装订

装订案卷时,注意各组成部分的排列顺序,依次为案卷封面—卷内目录—卷内文件材料—卷内备考表。

(1)案卷装订方法。

案卷内不同尺寸项目文件材料要统一折叠成 A4 或 A3 大小的幅面。装订时应去掉金属物,装订边和下边取齐,采用三孔一线装订在文件左侧中部,一般为距订口边 8 mm,装订长度为 160 mm,接头在背后中孔。案卷的组合厚度应根据具体情况灵活掌握,通常不应超过 20 mm。

大于 A3 的图纸可不装订。可按要求折叠成 A4 或 A3 规格,在每张图纸加盖档号章并填写"档号""序号"后直接装入档案盒。档号章格式可参见附件之图 8。

(2)卷盒、案卷封面等的规格与材料。

卷盒的规格:外表尺寸为 310 mm(长)×220 mm(宽)×40 mm 或 50 mm 或 60 mm(厚),用无酸牛皮纸制作。

案卷封面的规格:尺寸为 A4,一般采用无酸牛皮纸制作,也可用 120 g 以上的白色书写纸。

卷内目录、卷内备考表、案卷目录等的规格:尺寸为 A4,一般用 70 g 以上白色书写纸。

第7章 公路工程建设项目文件材料的归档与移交

7.1 公路工程建设项目文件的归档

归档,同义词为存档,是指将处理完毕且具有保存价值的文件材料经系统整理后交档案室(馆)保存备案(备查)的过程。

公路工程建设项目文件材料的归档。一方面,是指项目建设单位各职能部门,在某项职能完成后,及时将经整理、编目后的项目文件材料向项目建设单位的档案管理部门归档;另一方面,是指勘察、设计单位在任务完成后,施工、监理单位在各单项或单位工程完工后,及时将经整理、编目后的项目文件材料按合同协议规定的要求,移交项目建设单位的档案管理部门归档。

为了确保归档文件材料的准确性,文件材料质量应符合本书第5章的基本要求。

为了确保归档文件材料的完整性和系统性,项目所有档案应按要求编制文件级目录和案卷目录,包括纸质目录和电子目录。案卷目录格式可参见附件之图9。

建设单位各职能部门以及勘察、设计、施工、监理等单位向建设单位档案管理部门移交档案时,应填写移交清单(一般一式两份)。建设单位档案管理部门审核无误后,双方应签字、盖章。

归档的项目文件材料一般由1套原始件构成,待项目竣工验收后移交给有关管养单位保管。需1套以上项目档案的,由项目建设单位根据需要予以明确,并在合同中注明。

电子文件归档包括在线式归档和离线式归档两种方式。随着大数据时代的来临,离线归档方式越来越被人们所重视。

7.2 公路工程建设项目档案的移交

建设单位应按合同、协议和规定的要求,在项目通过竣工验收后3个月内向管养单位及其他有关单位移交档案。

移交档案时,应填写档案移交清单,明确档案移交的内容、案卷数、图纸份数、电子档案的格式等。移交清单一般一式两份,经建设单位与接收单位审核、签字、盖章后,方可交接。

第8章 公路工程建设项目档案的保管与利用

8.1 档案工作用房

建设单位在项目建设规划前期,应与管养单位一起将档案库房建设列入建设计划中。办公室、阅档室、陈列室和档案库房应有序分隔,其中档案库房应符合《档案馆建筑设计规范》的基本要求。

在项目建设过程中,各参建单位应设置临时档案室,面积一般应不小于 $15m^2$,且不能与其他科室合用。室内应配有档案柜(架)、计算机等相应的办公设施。

8.2 设 施 设 备

永久档案用房的设施配置包括档案柜架、档案盒、保护设备、技术设备等。

档案柜架:档案柜架是存放档案的载体,应牢固耐用,具有防火、防盗、防尘、防有害生物的作用。

档案盒:各类档案盒的规格、式样和质量应符合《科学技术档案案卷构成的一般要求》(GB/T 11822)、《照片档案管理规范》(GB/T 11821)的要求。

保护设备:档案库房应根据"八防"的要求配置相应的设施设备,如温湿度监控设备、灭火器材、防光窗帘、防盗门窗、除尘器、消磁柜、除湿机、空气净化器等。

技术设备档案库房应配备满足档案整理工作需要的装订机、打印机等设备;配备满足档案利用需要的数码照相机、摄像机、复印机、应急电源灯等设备;配备满足信息化管理需要的计算机、服务器、扫描仪、光盘刻录机等设备。此外,还可根据需要配备 CAD 绘图仪、工程图纸复印机等设备。

在项目建设过程中,各参建单位的临时档案室内应根据实际情况配置一定数量的档案柜(架)、临时档案盒(纸质、塑料的均可)、灭火器材、防盗门窗、空调等必要的设施。

8.3 档 案 保 管

档案保管工作是档案管理的日常业务工作,是关系档案能否发挥作用的重要因素。永久性档案保管的基本要求为:

(1)档案存放应依据档案载体选择合适的档案柜、架,排架方法要科学、便于查找,重要档案的数据应异地备份。

(2)底图除修改、送晒外,不得外借。修改后的底图入库,应认真检查其修改、补充等情况。底图存放以平放为宜,不宜折叠。

(3)应定期进行库藏档案的清理、核对工作,做到账、物相符;对破损或载体变质的档案,应及时进行修补和复制。库藏档案因移交、作废、遗失等原因需要注销账卡时,应查明原因,保存依据。

在项目建设过程中,各参建单位应安排专人负责档案的安全,具体要求可参照相关要求执行。

8.4 安全保障措施

(1)档案保管人员应遵循的守则。

①档案工作人员应严守党和国家机密,认真执行安全保密法规制度和纪律,杜绝泄密、失密现象,确保档案材料安全。

②库房是存放档案的要地,非档案管理人员未经许可,不得入内。

③任何人不得私自将档案带出档案库房,不得随意复印。档案工作人员不得私自摘抄和向外传播档案内容。

④档案接收、查阅应认真办理登记手续。归还档案时应验收注销,到期未归还档案应及时催还,经办人员调动应办理交接手续。

⑤档案的存放按分类、密级和保管期限分别保管,珍贵档案应专门保管。

⑥每天定时做一次库房温湿度记录,每年进行一次综合分析,以便掌握温湿度变化规律,并根据气候变化,及时进行调节。

⑦库房内严禁吸烟,不准存放易燃易爆物品,定期检查消防器材、电路和电器设备,及时消除隐患。

⑧应定期打扫,保持库房内整齐、清洁无尘;定期对库藏档案的保存情况进行检查,发现问题及时报告,确保档案的安全。

⑨每天下班前,对库房的门、窗、水、电及空调、除湿机进行检查;工作时间取出的档案材料,下班前应放回原处。

⑩需要销毁的档案材料,在经过造册审批后,由两人以上共同监销。日常办公废纸、重复件应销毁,不得随意处理。

(2)工程档案在数字化扫描时应做好移交接收工作,处理中的文件应有专门存放文件柜,文件处理完成后应及时归库。

上述措施为永久性档案库房管理人员应遵循的守则。在项目建设过程中,各单位的档案管理人员也应参照执行。

8.5 档 案 利 用

档案的开发利用是实现档案价值的有效途径。

档案管理部门要加强档案检索系统的建设,开发档案信息资源,及时、有效地提供档案利用服务。档案利用服务的方式主要有档案查阅服务、档案出借服务、档案展览与陈列服务、档案复制服务、档案证明服务、档案咨询服务、网络推送服务等。

应正确处理好信息公开与保密的关系。涉及保密规定和知识产权等档案的利用须经有关领导审批。

可采用直接查阅、电话调阅、网上查阅等方式满足对原件、复制件、缩微件和电子档案的利用。利用档案应按规定进行登记。

应对档案信息进行分类汇总、综合整理、分析研究等,形成专题汇编、专题材料、分析报告等,以充分发挥档案的作用。

第9章 公路工程建设项目档案的管理工作

在公路工程建设项目档案管理过程中,建设单位应建立健全档案工作管理网络及各项管理制度,对项目档案工作实施"统一领导、分级管理",为项目档案的管理工作提供强有力的组织保障与制度保障。

公路工程建设项目参建单位众多,档案管理工作主要由建设单位、监理单位、施工单位等实施,在项目开工阶段,就应明确其各自的档案管理职责。

9.1 公路工程建设项目档案管理的基本职责

在工程建设过程中,各参建单位应认真贯彻执行国家有关档案工作的法律、法规和方针政策,建立健全本单位项目文件材料收集、编制、归档工作的规章制度;应建立与任务相适应的工作机构,配备专(兼)职人员,且保持稳定;应把项目文件材料的收集、编制、归档纳入工程建设计划、纳入有关部门和工程技术人员的岗位职责。

各单位应按照各自的分工,及时、完整、准确、系统地收集项目实施过程中形成的应归档的全部文件材料。应在交工验收前,完成已完工程文件材料的整理归档工作。应在竣工验收前,完成所有项目文件材料的整理归档工作,并做好项目竣工档案验收的各项准备工作。

各单位应严把文件材料的质量关,确保文件材料的质量符合有关要求。所形成的文件材料应数据准确、真实,签署完备。

各单位应配备符合项目档案管理要求的档案软、硬件设施设备,设置临时档案室,确保工程建设项目文件材料的实体与信息安全。

9.2 公路工程建设项目建设单位的职责

全面负责组织、协调、审查和指导设计、施工、监理等所有参建单位项目文件材料的形成、收集、整理、归档工作,制订并发布项目档案管理制度、实施细则、通知、指令等,对各单位的档案管理工作进行监管、考核。同时按规定接受上级行业主管部门和档案行政管理部门的管理和监督。

项目建设过程中,在所签订的所有涉及勘察、设计、施工、监理、检测、科研和咨询等的合同、协议书中,应明确项目档案管理的具体要求。

做好项目交(竣)工档案专项验收的各项准备工作。

在竣工验收结束后三个月内,向管养单位及有关档案管理部门移交项目档案。

9.3 监理单位的职责

及时发布与项目档案管理有关的通知、指令,协助项目建设单位对所监理标段的档案进行管理。

对所监理标段的文件材料进行审查,对已签字确认文件材料的完整性、准确性、规范性负责,及时闭合、完善监理和施工单位之间的往来文件材料。

按时、按质完成对所监理标段竣工图的审核、签署工作。

及时完成监理工作中形成的文件材料的整理归档工作,并及时向项目建设单位移交档案。

9.4 施工单位的职责

按时完成相关文件材料的收集、整理、立卷和报送工作,并按规范要求自检,以确保文件材料的质量。

凡实行总承包的,由各分包单位负责其分包项目全部文件材料的收集,交由总承包单位进行汇总,总承包单位对分包单位的文件材料进行审核把关,整理、组卷后向建设单位档案管理部门移交。

按时按质完成对本合同段竣工图的编制工作。

及时完成施工过程中形成的文件材料的整理归档工作,并及时向项目建设单位移交档案。

第10章 公路工程建设项目档案的信息化管理

随着我国信息化建设的迅猛发展,工程建设项目档案实施信息化管理已是大势所趋,其也是目前评价一个建设项目档案管理水平的基本要素之一。在项目档案管理过程中,应积极运用计算机等现代技术手段,配备工程档案管理系统软件进行案卷及卷内文件信息的著录、检索。

10.1 电子档案管理系统应具备的基本功能

电子档案管理系统应具备以下主要功能:

(1)电子档案管理配置功能,包括分类方案管理、档号规则管理、保管期限表管理、元数据方案管理、门类定义等功能。

(2)电子档案管理功能,包括电子档案及其元数据的采集、登记、分类、编目、命名、存储、利用、统计、鉴定、销毁、移交、备份、报表管理等功能。

(3)电子档案的安全管理功能,包括身份认证、权限管理、跟踪审计、生成固化信息等功能。

(4)系统管理功能,包括系统参数管理、用户及资源管理、系统功能配置、操作权限分配、事件报告等功能。

(5)各类纸质档案管理功能,包括对电子档案和纸质档案同步编目、排序、编制档号等功能。

(6)纸质档案数字化以及纸质档案数字副本管理功能。

10.2 公路工程建设项目档案管理软件应具备的主要功能

公路工程建设项目档案管理系统软件一般包含系统管理、流程配置、文件计划、工程文件管理、工程档案管理、电子原文管理等主要功能模块(示例见图10-1)。

(1)系统管理模块,一般包含基础数据设置、数据备份、数据恢复等功能。其中基础数据设置子模块应将档案管理的各项主要技术参数指标编入软件(如文件分类、档案分类、著录项设置、提示项设置、定义档号规则、组卷规则、案卷参数设置、文件题名组成规则等),使之成为系统必备的基本功能。

①文件分类,包含项目应收集、归档的全部文件,并对全部文件进行统一分类、编号(示例见图10-2)。

②档案分类,是指在文件分类的基础上,对项目档案进行分类、编号(示例见图10-3)。

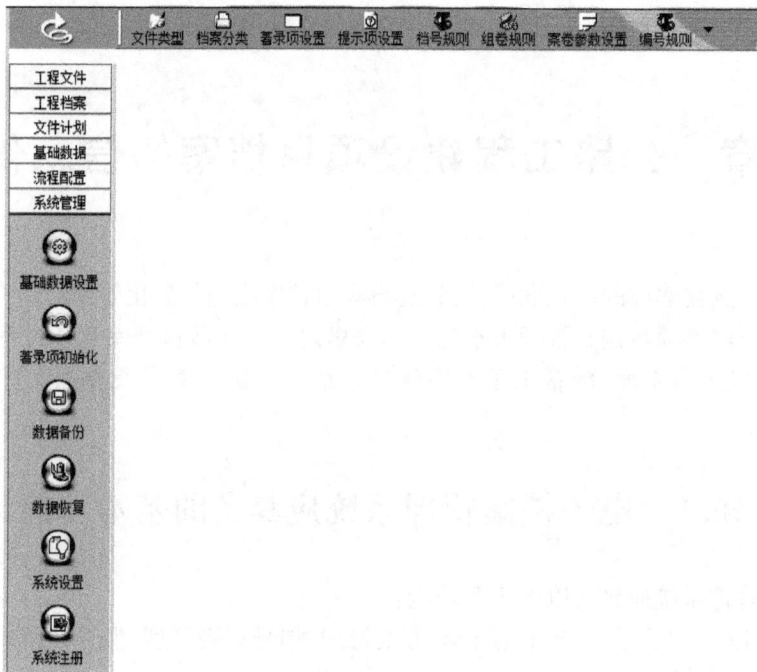

图 10-1　主要功能模块

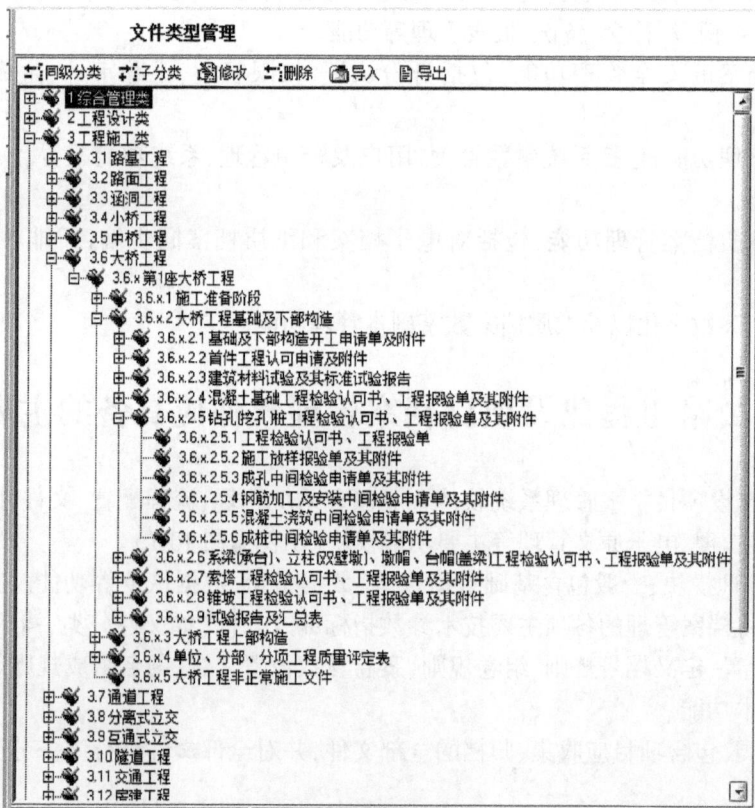

图 10-2　文件分类

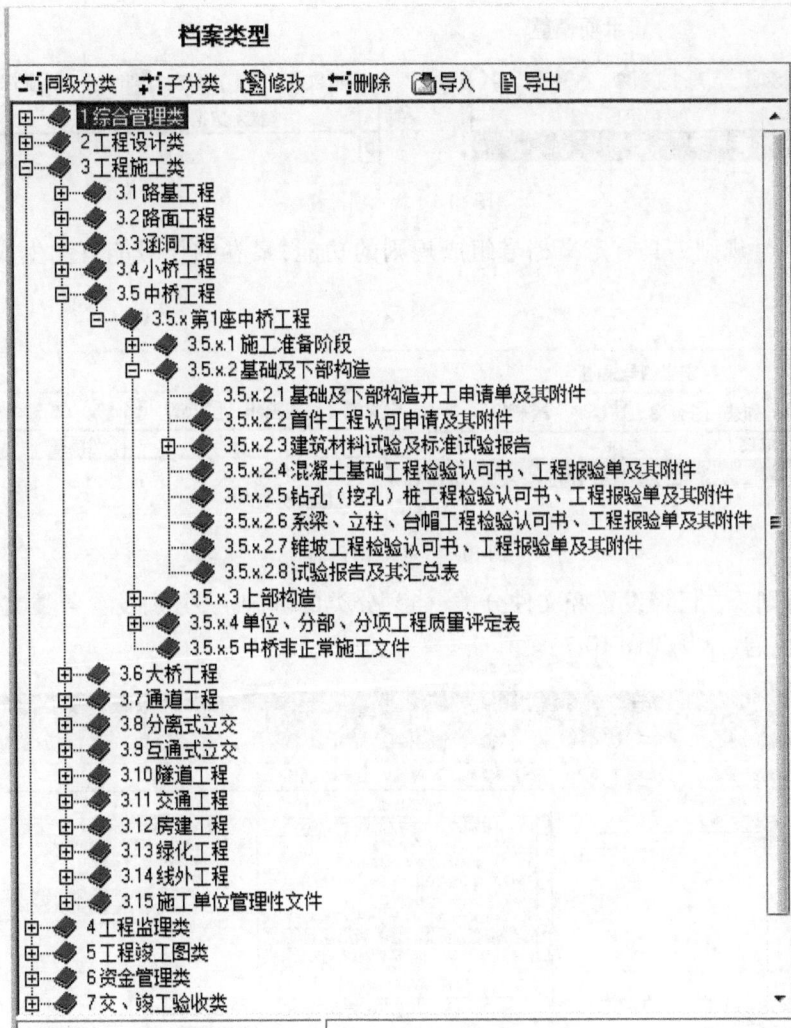

图 10-3　档案分类

③著录项设置,包含文件著录项设置(文件编号、文件题名、文件时间、页数、责任者、保管期限、密级、载体类型、纸张类型、摘要、互注、附注等),案卷著录设置(档号、案卷题名、立卷单位、起止日期、保管期限、密级、归档时间、存放位置等),工程著录项设置(项目工程、单位工程、分部工程、分项工程)等(示例见图 10-4)。

图 10-4　著录项设置

④提示项设置,是指对文件著录(责任者、保管期限、载体类型、纸张类型、密级等)、案卷著录(立卷单位、保管期限、密级等)的部分著录项设置下拉式提示功能,以减少著录的工作强度(示例见图 10-5)。

提示项设置

图 10-5　提示项设置

⑤定义档号规则。具有定义档号组成规则的功能,案卷的档号能自动生成(示例见图10-6)。

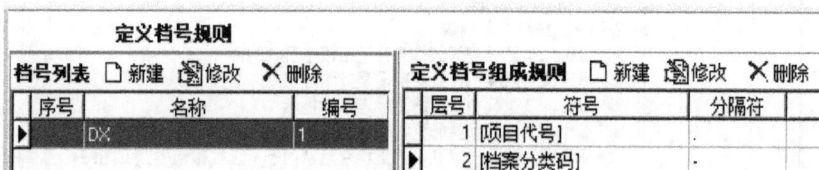

图 10-6　定义档号规则

⑥组卷规则。在已经设置好文件分类、档案分类的基础上,分别设置各类文件的组卷规则,支持自动组卷(示例见图10-7)。

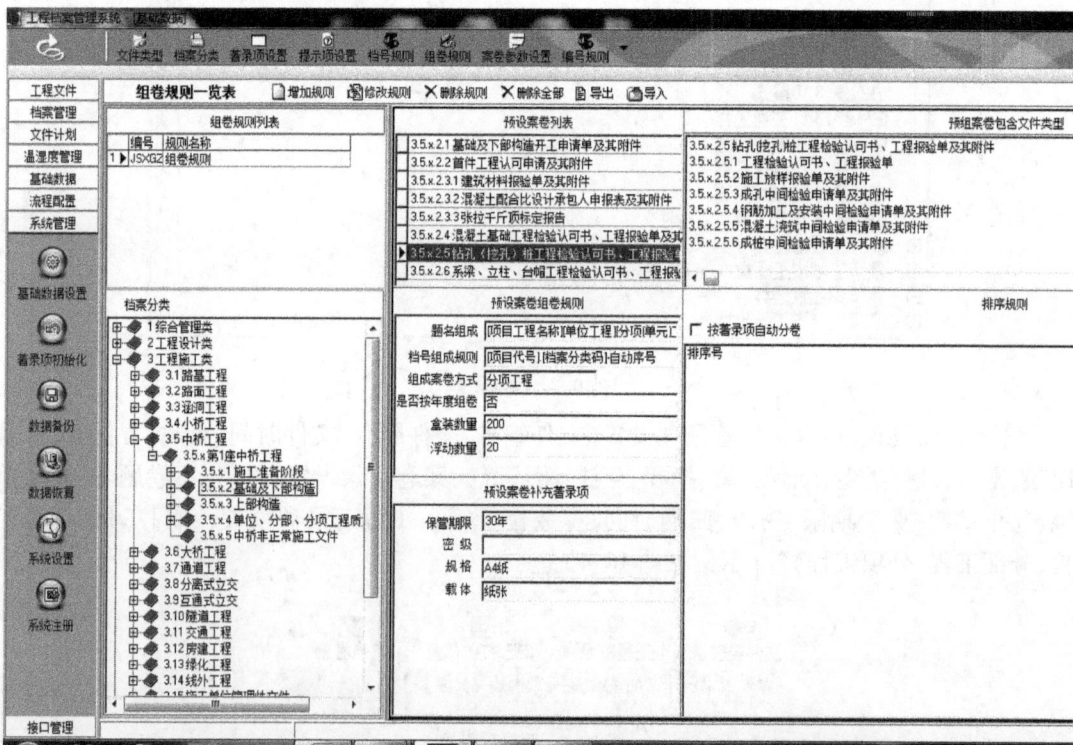

图 10-7　组卷规则设置

⑦案卷参数设置。此项可根据实际情况,自行设置案卷流水号的长度、卷内目录页号分隔符的格式、日期打印格式以及卷内目录格式是否采用起止页等案卷参数(示例见图10-8)。

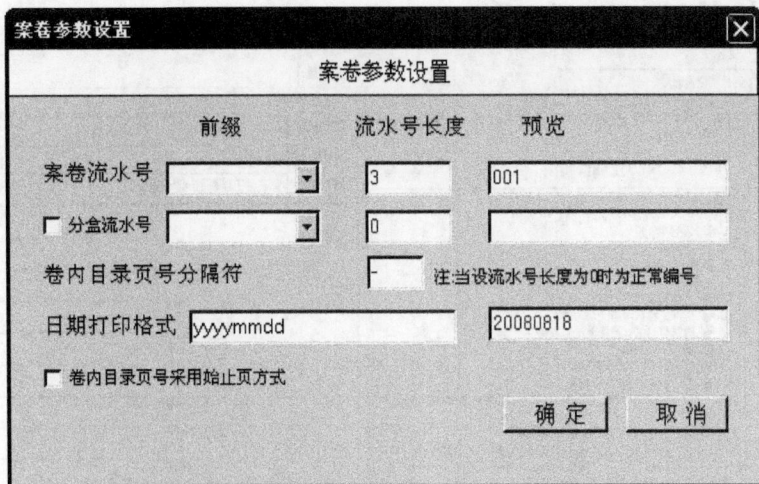

图 10-8 案卷参数设置

⑧文件题名组成规则,即文件著录设置文件题名组成规则,能使文件材料自动生成题名(示例见图 10-9)。

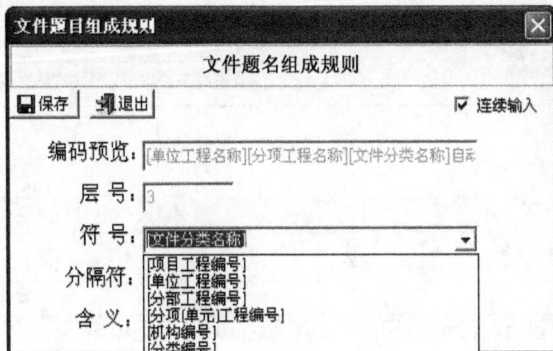

图 10-9 文件题名组成规则

上述每个子系统管理模块均须设置修改、增加、删除等功能。

(2)流程配置,一般包含档案管理的权限设置、档案管理工作流程的设置等功能。

(3)文件计划,即文件收集计划。根据工程实际情况,可将"系统管理—文件分类"中的各文件与实际的单位、分部、分项工程有机结合,形成文件收集树状结构(示例见图 10-10),使得各参建单位档案管理人员对本单位所须收集的文件一目了然。文件计划应设置修改、增加、删除、复制、粘贴、上下移动等功能。

(4)工程文件管理,包含文件录入、预组卷、档案管理、提交归档等主要功能。

①文件录入(著录)功能支持文件题名的自动生成,责任者、文件时间、保管期限、密级、载体类型、纸张类型、立卷单位等著录项可采用下拉式菜单,设置"保留已录内容"(在著录第二个文件时,除"文件题名"以外的其他各著录项均自动保留上一个文件的各著录信息)功能,以便在减少著录工作强度的同时确保文件题名等各著录项的规范、统一。文件录入(著录)还应设置新增、修改、删除、检索、转移等功能(示例见图 10-11)。

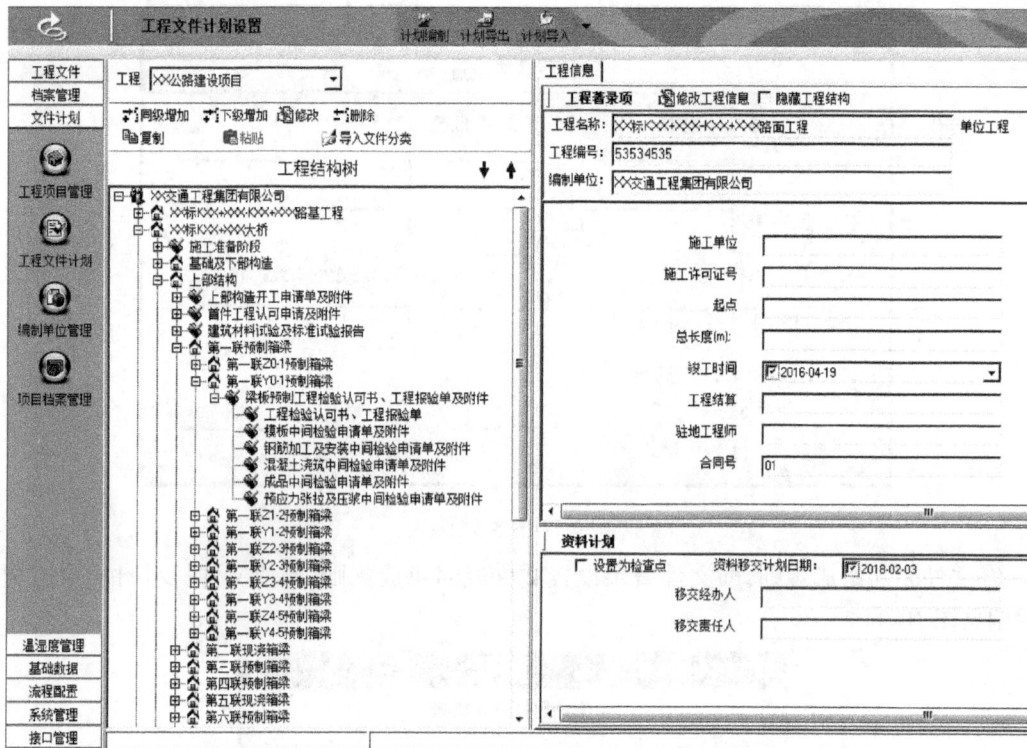

图 10-10　文件收集树状结构

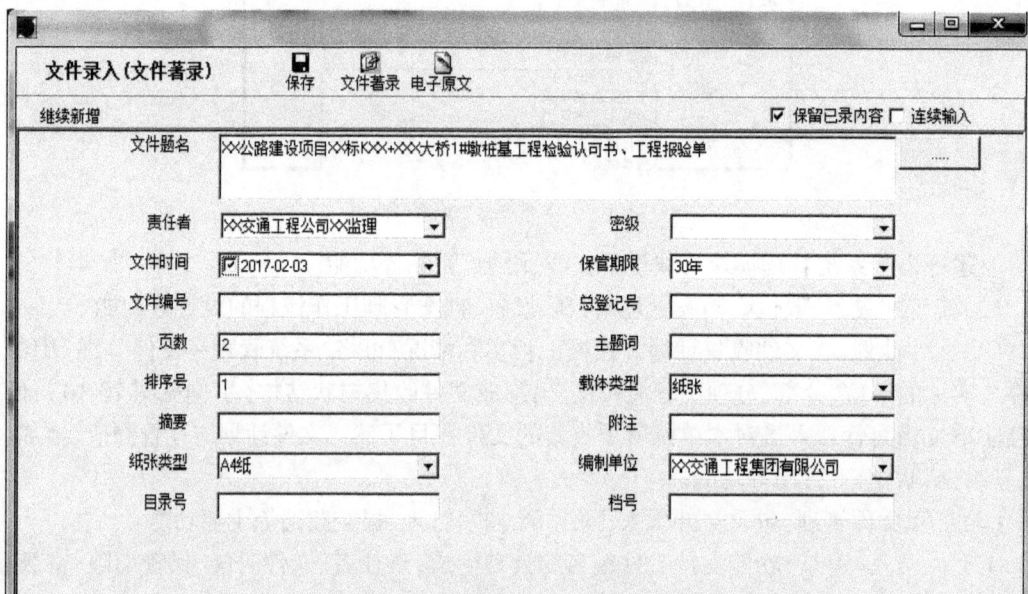

图 10-11　文件录入(文件题名自动产生)

②预组卷功能支持文件的自动组卷,即在某一分项或工序文件录入完成后自动组卷,案卷封面(档号、案卷题名、立卷单位、起止时间、保管期限等)、卷内目录(序号、文件编号、文件题

名、页号等著录项)、备考表(件数、页数、图纸张数、照片张数)等均由计算机自动生成。计算机软件自动生成的案卷封面和卷内目录见图10-12、图10-13。

XX公路工程建设项目档案案卷

案卷题名 xx公路建设项目xx标Kxx+xxx大桥0#台桩基工程检验认可书、工程报验单，0#-1至0#-4桩基施工放样报验单、中间检验申请单及附件

立卷单位 xx交通工程集团有限公司

起止日期 20150503 — 20150704

保管期限 30年 密 级

档 号 xx.3.6.1.2-018

图10-12 计算机软件自动生成的案卷封面

卷内目录

序号	文件编号	责任者	文件材料题名	日期	页号	备注
1		XX交通工程公司XX监理	XX公路建设项目XX标XXX+XXX大桥0#台桩基工程检验认可书、工程报验单	20150618	1	
2		XX交通工程公司XX监理	XX公路建设项目XX标XXX+XXX大桥0#台-1桩基施工放样报验单及附件	20150504	4	含监理抽检
3		XX交通工程公司XX监理	XX公路建设项目XX标XXX+XXX大桥0#台-1桩基成孔中间检验申请单及附件	20150504	9	含监理抽检
4		XX交通工程公司XX监理	XX公路建设项目XX标XXX+XXX大桥0#台-1桩基钢筋加工及安装中间检验申请单及附件	20150505	16	含监理抽检
5		XX交通工程公司XX监理	XX公路建设项目XX标XXX+XXX大桥0#台-1桩基混凝土浇筑中间检验申请单及附件	20150505	24	含监理抽检
6		XX交通工程公司XX监理	XX公路建设项目XX标XXX+XXX大桥0#台-1桩基成桩中间检验申请单及附件	20150704	29	含监理抽检
7		XX交通工程公司XX监理	XX公路建设项目XX标XXX+XXX大桥0#台-2桩基施工放样报验单及附件	20150505	40	含监理抽检
8		XX交通工程公司XX监理	XX公路建设项目XX标XXX+XXX大桥0#台-2桩基成孔中间检验申请单及附件	20150505	45	含监理抽检
9		XX交通工程公司XX监理	XX公路建设项目XX标XXX+XXX大桥0#台-2桩基钢筋加工及安装中间检验申请单及附件	20150505	52	含监理抽检

图10-13 计算机软件自动生成的卷内目录

③档案管理支持案卷及卷内文件的新增、修改、转移、排序、检索、拆卷、并卷、抽件、插件及卷内文件的上下移动等功能(示例见图10-14)。

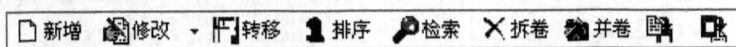

图10-14 新增、修改、转移、排序、检索、拆卷及并卷功能

④设置提交归档功能,预组案卷经检查合格后即可进行提交归档,进入档案管理模块。

(5)工程档案管理,包含案卷修改、案卷目录编制、移交与接收、导入与导出以及查询等主要功能。

①案卷修改包含案卷及卷内文件的修改、转移、排序、检索、拆卷、并卷、抽件、插件及卷内文件的上下移动等功能。

②计算机软件能自动编制案卷目录,支持增加、删除、修改功能(示例见图10-15)。

③支持数字档案的目录级或全文级移交与接收(档案移出示例见图10-16)。

④数据的导出功能支持将系统中的卷内目录、案卷目录等直接导出并生成Excel格式文件;数据的导入功能支持将用Excel格式编制的卷内目录、案卷目录等直接导入档案管理系统。

⑤数据查询,支持本地及远程案卷检索与文件检索,尤其是文件检索,具备模糊检索的功

能。利用"包含"功能进行检索的示例见图 10-17。

XX公路建设项目档案案卷分类目录

分类顺序号	归档时间	案 卷 题 名	档号	文件材料件数	页数	立卷 单位	立卷 起止时间	密级	保管期限	备注
19	20170517	XX公路建设项目XX标XXX+XXX大桥0#-5至0#-6桩基施工放样报验单、中间检验申请单及附件	XX.3.6.1.2-019	20	128	XX交通工程集团有限公司	20150430 — 20150704		30年	
20	20170517	XX公路建设项目XX标XXX+XXX大桥0#台承台、肋板、台帽、耳背墙工程检验认可书、工程报验单及附件	XX.3.6.1.2-020	42	237	XX交通工程集团有限公司	20150718 — 20151024		30年	
21	20170517	XX公路建设项目XX标XXX+XXX大桥0#台支座垫石、挡块、锥坡工程检验认可书、工程报验单及附件	XX.3.6.1.2-021	23	123	XX交通工程集团有限公司	20150918 — 20170508		30年	
22	20170517	XX公路建设项目XX标XXX+XXX大桥1#墩桩基、立柱工程检验认可书、工程报验单及附件	XX.3.6.1.2-022	37	215	XX交通工程集团有限公司	20150519 —		30年	
23	20170517	XX公路建设项目XX标XXX+XXX大桥1#墩墩帽、挡块、支座垫石工程检验认可书、工程报验单及附件	XX.3.6.1.2-023	28	146	XX交通工程集团有限公司	20150824 — 20151111		30年	
24	20170517	XX公路建设项目XX标XXX+XXX大桥2#墩桩基、立柱工程检验认可书、工程报验单及附件	XX.3.6.1.2-024	42	242	XX交通工程集团有限公司	20150520 — 20150828		30年	
25	20170517	XX公路建设项目XX标XXX+XXX大桥2#墩墩帽、支座垫石、挡块工程检验认可书、工程报验单及附件	XX.3.6.1.2-025	28	153	XX交通工程集团有限公司	20150906 — 20151113		30年	
26	20170517	XX公路建设项目XX标XXX+XXX大桥3#墩桩基、立柱工程检验认可书、工程报验单及附件	XX.3.6.1.2-026	42	241	XX交通工程集团有限公司	20150610 — 20151003		30年	
27	20170517	XX公路建设项目XX标XXX+XXX大桥3#墩墩帽、桩系梁、挡块、支座垫石工程检验认可书、工程报验单及附件	XX.3.6.1.2-027	39	210	XX交通工程集团有限公司	20150825 — 20151115		30年	

图 10-15 计算机软件自动编制案卷目录

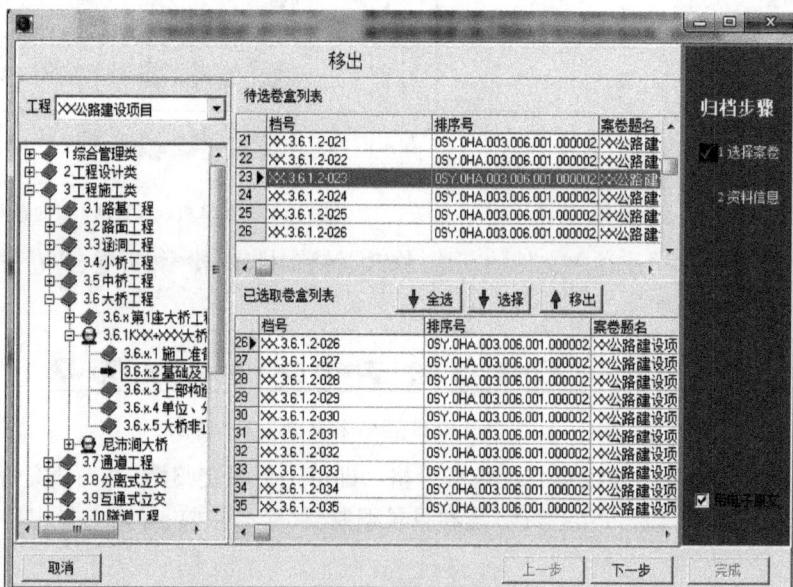

图 10-16 档案的移交

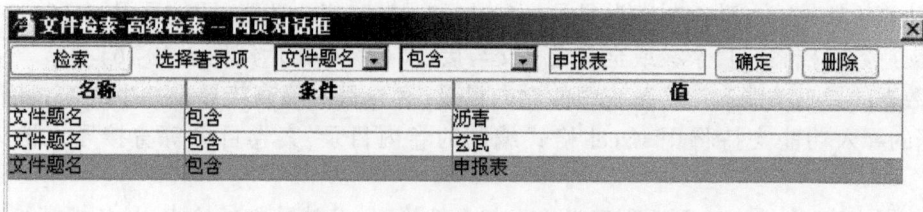

图 10-17 利用"包含"功能进行检索

（6）电子原文管理，电子原文的引入在文件录入、预组卷、档案管理三个阶段均可实施，支持 TIFF、JPEG、DWJ、PDF 等格式的文件。

10.3 档案数字化

档案数字化，是指将纸质、照片、声像、胶片等各种传统介质的档案信息，通过计算机技术转换为数字化信息，以便快速检索、储存。纸质档案数字化的基本环节主要包括档案整理、档案扫描、图像处理、图像存储和装订。

（1）档案整理。扫描前应先进行档案的整理，并对案卷进行预处理，如起钉、拆分、平整纸张、抚平边角等。在预处理时应注意保护档案不受损害。对于破损严重、无法直接扫描的档案，应做适当的技术修复；对于褶皱不平的原件应做相应处理（压平或烫平等）后再扫描。

（2）档案扫描。为更好地展现档案原貌，纸质档案扫描方式一般采用黑白二值图，也可采用彩色扫描，分辨率一般不低于 300 DPI。若案卷中出现字迹较小、较密集等情况，可将分辨率适当调高。竣工图纸扫描的分辨率一般不低于 600 DPI。

（3）图像处理。须对图像偏斜度、清晰度、失真度等进行检查。不符合图像质量要求的，应重新进行图像处理；操作不当，造成扫描图像文件不完整或无法清晰识别的，应重新扫描；文件漏扫，应及时补扫并插入正确图像；扫描图像排列顺序与档案原件不一致的，应及时进行调整；出现偏斜的图像应进行纠偏处理，以达到视觉上基本不感觉偏斜为准；方向不正确的图像应进行旋转还原，以符合阅读习惯；图像页面中出现影响图像质量的杂质（如黑点、黑线、黑框、黑边等）时，应进行去污处理；大幅面档案可实施分区扫描，形成多幅图像后应进行拼接，使之合并为一个完整的图像，以保证数字化图像的整体性；对扫描的图像进行裁边处理，以去除多余的白边，缩小图像文件的容量，节省存储空间。

（4）图像存储。采用黑白二值模式扫描的图像文件，一般采用 TIFF、PDF 格式存储；彩色照片用 JPEG、PDF 格式存储；图像文件应逐一导入工程档案管理软件系统中，并与其相应的数字化目录（卷内目录）实行无缝批量挂接。

（5）装订。为避免反复整理拆卷，可按组卷要求先进行卷内文件排序编码，待扫描工作结束后统一装订。

第11章 公路工程建设项目档案的验收

进行公路工程建设项目档案验收是为了保证建设项目档案的准确、系统、完整、安全及有效利用。目前,部分公路建设项目只进行档案专项竣工验收,不进行档案专项交工验收。我们建议档案行政管理部门、行业主管部门积极组织项目档案专项交工验收,规定各参建单位在交工验收前完成所有已完项目文件材料的整理、组卷工作,并移交建设单位;规定不通过档案专项交工验收的不得进行项目交工验收,以有效防止事后编造资料的现象,确保项目档案同步管理,保证项目档案的真实、准确。

另外,不进行档案专项交工验收的项目,在交工验收中应包含档案检查验收的事项,档案检查验收不合格的,不能进行或通过项目的交工验收。

在公路建设项目竣工验收前,应进行档案专项竣工验收,未经档案专项竣工验收或验收不合格的,不得进行或通过项目的竣工验收。

项目建设单位在完成本项目档案的自检工作及所有文件材料的收集、组卷、编目工作已按相关规定编制完成后,应向上级主管部门提出档案专项验收的申请,由上级主管部门组织验收。

在申请档案专项竣工验收时,建设单位要提交下列材料。

(1)项目档案专项验收申请报告,一般由建设单位正式行文。

(2)《交通建设项目档案专项验收申请表》,具体表式参见交通运输部《交通建设项目档案专项验收办法》之附件。项目所在地上级主管部门对申请表式另有规定的,按其规定的表式执行。

(3)建设项目档案自检报告或建设项目档案审查意见,也就是通常所说的项目档案管理工作情况汇报,主要包括以下6项内容。

①项目建设及项目档案管理概况;

②保证项目档案的完整、准确、系统所采取的控制措施;

③项目文件材料收集整理所依据的标准;

④项目文件材料的形成、收集、整理、编目与归档情况,竣工图的编制情况及质量状况,案卷数量;

⑤档案在项目建设、管理、试运行中的作用;

⑥存在的问题及解决措施。

施工、监理单位也应分别提交工程档案工作情况汇报材料。

(4)本项目档案案卷目录,包括电子目录与纸质目录。

项目档案专项验收会议一般由上级主管部门组织,在验收过程中,建设单位、施工单位、监理单位应分别做项目档案管理工作情况汇报,并提供项目档案(包括实体档案、电子档案)供验收组检查。

第4篇 案例

第12章　公路工程建设项目文件材料整理、组卷方法

公路工程建设项目文件材料归档前,应由文件材料形成单位按照相关规定及要求进行整理、组卷。组卷应遵循工程项目文件材料的自然形成规律和成套性原则,科学分类,合理组卷,以便于查找和利用。

本书提供的整理、组卷文件材料分为综合管理类文件材料、工程设计类文件材料、工程施工类文件材料、工程监理类文件材料、竣工图表类文件材料、资金管理类文件材料、交(竣)工验收类文件材料、科研类文件材料、特殊载体类、文件材料共九个类别,其中又对每一类文件材料的整理、组卷方法、文件材料题名的拟写及卷内目录的编制、案卷题名的拟写等做了详细说明并提供了案例。因卷内备考表的编制相对简单,只提供一个案例。

有部分读者可能认为本书所提供案例中的案卷题名、文件材料题名字数太多、拟写复杂、烦琐,不方便纸质档案的查阅,为此,我们做如下说明。

(1)工程项目的专业性决定了在拟写文件材料题名、案卷题名时,应尽量保证该文件材料、案卷的专指性,以避免出现不同案卷、不同文件材料使用同样题名的现象。

(2)在工程档案管理已进入信息化时代但目前还不能全部实施元数据管理的背景下,文件材料题名、案卷题名的拟写应把"满足计算机检索"放在较为重要的位置,尤其是文件材料题名,应尽可能包含其主要信息,从而提高其"检全率""检准率"。

(3)本书所提供案例的文件材料题名、案卷题名基本上是通过计算机软件自动生成、一键编制的。

12.1　综合管理类文件材料

综合管理类文件材料主要由项目立项审批、征地拆迁、招投标、建设过程中的工程管理等文件材料组成;由建设单位汇总,根据文件材料形成的阶段、性质、内容进行分类,并按问题、时间等要素整理、组卷。由于此部分文件材料数量不多,本书建议将"综合管理类"设置为一级目录,下设"项目立项审批""征地拆迁""工程招投标""工程管理"等几个二级目录。

项目前期立项及各专项审批文件材料可参照"例12.1-1 可行性研究报告""例12.1-2 环境影响报告书""例12.1-3 项目用地"的方法进行整理、组卷。

征地拆迁的各种会议纪要、图表、合同协议等应分别进行整理、组卷。"例12.1-4 征地拆迁——往来文件",提供了一份征地拆迁往来文件材料;"例12.1-5 征地拆迁——一户一表",提供了一份征地拆迁合同协议。

招投标、合同文件材料的整理、组卷相对简单,可直接参照"例12.1-6 招投标、合同文件材

料"即可,但其难点在文件材料的收集。

建设单位的收文、发文较为复杂,建设过程中的工程管理文件可按"问题、时间"等要素进行整理、组卷。与建设项目没有直接关系及没有参考利用价值的文件材料可不归入项目档案。本书提供了"例12.1-7~例12.1-11"五个案例。

"例12.1-12、例12.1-13"为中心试验室抽检文件材料案例。

例12.1-1:可行性研究报告。

在收集整理项目前期文件材料时,应注意各文件材料(请示、批复、专家论证会、正文)之间的闭合。在收集该类文件材料时,一般采用反推方法。

第一步,从批复文件中找到请示文件的文号,根据文号找到请示文件。一般批复文件的开头语会采用"……依据……××〔20××〕××号关于××的请示"的方式。

第二步,依据请示文件所列附件栏的内容,收集相应文本。请示文件的最后,一般会都列出该文件的附件,如项目可行性研究报告请示文件的最后会注有"附件:××可行性研究报告"的字样。

应尽量收集项目前期相关专家论证会议、审查会议的文件材料,组卷时可归放在请示后面。

各文件材料的排列顺序依次为:批复、请示、专家论证会议纪要、正文。

项目前期文件材料正文部分文件材料数量较多的,可以组成数卷,在拟写案卷题名时应注明本卷的主要内容,如……可行性研究报告(正文篇)、……可行性研究报告(图表篇);不能采用"……可行性研究报告一""……可行性研究报告二"……的方法。

批复、请示、专家论证会等文件数量较多的,也可单独组卷。各案卷的案卷题名可参照如下编制方法。

第一卷:

××发展和改革委员会关于××公路建设项目工程可行性研究报告的批复、请示、专家论证会议纪要

第二卷:**××公路建设项目工程可行性研究报告**(正文篇)

第三卷:**××公路建设项目工程可行性研究报告**(图表篇)

…………

例12.1-1为可行性研究报告的批复、请示、专家论证会议纪要及可行性研究报告(正文篇)组成一卷的案例。本案例提供了《案卷封面》(图12-1)《卷内目录》(表12-1)《卷内备考表》(表12-2)的式样及各著录项的拟写方法。从第二个案例起,只提供案卷题名的拟写方法、文件材料题名的拟写方法及相应《卷内目录》的编制方法,《案卷封面》《卷内备考表》的式样及编制方法不再提供。

例12.1-2:环境影响报告书。

环评报告等项目前期文件材料的收集、整理、组卷方式与"例12.1-1:可行性研究报告"基本相同。

环境影响报告书案卷题名拟写方式的参考示例如下:

××环保厅关于××公路建设项目环境影响报告的批复、请示、专家论证会议纪要及环境影响报告书

档 号_____

　　××发展和改革委员会关于××公路建设项目工程可行性研究报告的批复、请示、专家论证会议纪要及可行性研究报告(正文篇)

立卷单位 _____××公路建设指挥部_____

起止时间 _____20150411 – 20150518_____

保管期限 _____永久_____

密 级 _____

图 12-1 案卷封面

卷 内 目 录

表 12-1

（例 12.1-1：可行性研究报告）

序号	文 件 编 号	责任者	文件材料题名	日期	页号	备注
1	××发改基础〔2015〕××号	××发改委	××发展和改革委员会关于××公路建设项目工程可行性研究报告的批复	20150518	1	
2	××交计发〔2015〕××号	××交通运输厅	关于××公路建设项目工程可行性研究报告的请示	20150421	4	
3	××建指发〔2015〕××号	××建设指挥部	关于下发《××公路建设项目工程可行性专家论证会议纪要》的通知	20150415	6	
4		××设计院	××公路建设项目工程可行性研究报告(正文篇)	20150418	16－210	

注：上述卷内目录中第 1、第 2 两个文件材料也可以合并成一个文件材料题名，即"××发改委关于××公路建设项目工程可行性研究报告的批复、请示"。

卷 内 备 考 表　　　　　　　　　　　　　　　表 12-2

说明：

　　文件材料＿＿＿4＿＿件，＿210＿页，照片＿＿0＿＿张，附图＿＿0＿＿张。

　　关于××公路建设项目工程可行性研究报告的批复及请示的原件存放在××交通运输厅档案室。

　　　　　　　　　　　　　　　　　　　　　　　　立卷人：

　　　　　　　　　　　　　　　　　　　　　　　　　　年　月　日

　　　　　　　　　　　　　　　　　　　　　　　　检查人：

　　　　　　　　　　　　　　　　　　　　　　　　　　年　月　日

注：《卷内备考表》置于卷内文件材料末页之后，应根据卷内文件材料的实际情况填写件数、页数、照片张数、图纸张数
　　及需要说明的问题，如有复印件归档的，应注明其原件的存放地。"立卷人""检查人""年 月 日"栏应手工签署，不
　　要采用打印或盖章的方式。其中，"立卷人"签署本案卷立卷人的全名，"检查人"签署本案卷检查人的全名，"年 月
　　日"分别签署立卷、检查的实际时间。
　　《卷内备考表》的编制相对简单，后面不再举例。

《卷内目录》拟写方式见表12-3。

环境影响报告书批复、请示、专家论证相关文件材料数量较多的,可单独组卷,各案卷的案卷题名参考案例如下:

第一卷:

××环保厅关于××公路建设项目环境影响报告的批复、请示、专家论证会议纪要

第二卷:

××公路建设项目环境影响报告书

环境影响报告书没有请示、没有收集到专家论证相关文件材料的,可直接将批复与环评报告正文组卷归档,在拟写案卷题名时根据实际情况做调整。如

××环保厅关于××公路建设项目环境影响报告的批复及环境影响报告书

例12.1-3:项目用地。

项目用地的批复、选址意见、用地意见等文件材料由政府各职能部门制发,由于比较难于收集,项目建设单位应安排专人负责收集。此部分文件材料一般复印件较多,组卷时应在《卷内备考表》中注明原件的存放处。

项目用地的批复、选址意见、用地意见等文件材料中会附有较大幅面(A1,A0)的图纸,应将其折叠成A4幅面、折叠时注意预留装订边。如果原图纸左边没有预留空白处的,应先裱托补宽,之后再折叠。

项目用地文件案卷题名拟写方式的参考示例如下:

××关于××公路建设用地的批复、预审意见、选址意见

《卷内目录》拟写方式见表12-4。

例12.1-4:征地拆迁——往来文件。

征地拆迁过程中的往来文件材料错综复杂,应根据问题类型(法规、政策、会议纪要、资金管理、协调会议等)结合时间要素分类组卷。"个案"的相关文件材料应以"个案"为单位进行整理、组卷。

征地拆迁过程中的往来文件案卷题名拟写方式的参考示例如下:

××公路建设项目关于××市征地拆迁资金管理的批复、请示、通报

《卷内目录》拟写方式见表12-5。

例12.1-5:征地拆迁——一户一表。

在整理一户一表时,应先按照镇(区)再按照村(街道)进行整理,属同一村(街道)的,各户应依次排列。原始文件材料没有文件编号的,可不填写;《卷内目录》中××(拆迁户),即一户一表,应直接填写被拆迁户户主的姓名;拆迁合同协议的"责任者"至少要填写两个,即合同双方。

征地拆迁文件材料调档率较高,在拟写文件材料题名时应尽可能详细。

在收集、整理过程中,如发现原纸质文件材料存在采用不耐久书写材料(如圆珠笔、铅笔、复写纸等)书写的,应对原文件材料进行复印,将复印件与原件一起归档,顺序为原件在前、复印件在后。收集到的征地拆迁文件材料为复印件的,应在《卷内备考表》中注明原件的存放处。

征地拆迁——一户一表案卷题名拟写方式的参考示例如下:

卷 内 目 录 表 12-3

(例 12.1-2：环境影响报告书)

序号	文 件 编 号	责任者	文件材料题名	日期	页号	备注
1	××环审〔2015〕××号	××环保厅	关于××公路建设项目环境影响报告书的批复	20150720	1	
2	××交计〔2015〕××号	××交通运输厅	关于××公路建设项目环境影响报告书的请示	20150612	5	
3	××建指〔2015〕××号	××建设指挥部	关于下发《××公路建设项目环境影响专家论证会议纪要》的通知	20150505	7	
4		××设计院	××公路建设项目环境影响报告书	20150515	16－216	

注：上述卷内目录中第 1、第 2 两个文件材料题名也可以合并成一个文件材料题名，即"关于××公路建设项目环境影响报告书的批复、请示"。

卷 内 目 录

表 12-4

（例 12.1-3：项目用地）

序号	文 件 编 号	责任者	文件材料题名	日期	页号	备注
1	国土资函〔2015〕××号	国土资源部	国土资源部关于××公路项目建设用地的批复	20150724	1	
2	××国土资预〔2015〕××号	××省国土资源厅	关于××公路建设项目用地的预审意见	20150524	7	
3	选字第××号	××规划局	××公路建设项目选址意见	20150527	10 – 12	

卷 内 目 录

表 12-5

（例 12.1-4：征地拆迁——往来文件）

序号	文 件 编 号	责任者	文件材料题名	日期	页号	备注
1	××服务指〔2016〕××号	××服务指	关于速划拨××公路（××市）征拆经费的紧急报告	20160711	1	
2	××服务指〔2016〕××号	××服务指	关于××公路（××市）征拆工作及资金使用情况的汇报	20160725	9	
3	××建指〔2016〕××号	××建设指挥部	关于要求××市服务指挥部规范资金账户管理的通知	20160802	16	
4	××服务指〔2016〕××号	××服务指	关于尽快拨付××公路（××市）征拆费用的请示	20160812	19	
5	××建指〔2016〕××号	××建设指挥部 ××服务指	关于征拆服务工作部分问题请示的答复意见及请示	20160815	22	
6	××建指〔2016〕××号	××建设指挥部	关于对××镇××村××庄10户村民房屋进行拆迁的批复及请示	20160818	30	
7	××建指〔2016〕××号	××建设指挥部	关于对××公路××段征地拆迁资金使用情况检查的通报	20160823	36	
……	……	……	……	……	……	

××公路建设项目××市××镇××村×××、×××等房屋拆迁补偿安置协议及房屋拆迁评估报告

《卷内目录》拟写方式见表 12-6。

"例 12.1-5：征地拆迁——一户一表"为征地拆迁合同协议的一种类型，其他的如厂房、电力、移动、通信、自来水管等拆迁协议应分别整理、组卷。文件数量较少的，可几种类型的协议合并组成一卷，合并时，不要将一种类型的协议分散在两个案卷中。

应重视取土坑租用协议、归还手续等相关文件材料的收集、整理、组卷、归档工作。

公路用地范围图一般由设计单位出具，由建设单位收集，单独组卷。

征用土地一览表、拆除建筑物一览表、拆除电力及电信设备一览表等应由建设单位组织相关人员在统一编制后单独组卷。

例 12.1-6：招投标等文件材料。

招标、资格预审、投标、评标、中标通知书、合同协议书等文件材料应以合同段为单位按招投标流程顺序整理、组卷，文件材料数量较多的可组成数卷。在网络上发布招标公告、资格预审公告的，可直接打印相关网页（原网页上没有电子印章的，应加盖招标单位公章）归档。几个合同段使用同一份招标文件的，该招标文件可单独组卷，也可与该招标文件所含编号最小的合同段投标文件组在一起。中标通知书已含在合同协议书内，可不再单独归档。合同的"责任者"至少应填写两个，其中一方为建设单位，另一方为参建单位。

招投标等文件材料案卷题名拟写方式的参考示例如下：

××公路建设项目路基桥梁工程××标段招标公告、招标文件、资格预审公告、投标文件、评标报告、中标通知书及合同协议书

《卷内目录》拟写方式见表 12-7。

一个合同段的招投标文件材料数量较多的（"例 12.1-6"为文件数量较少的），可依次组成数卷。在拟写案卷题名时，应根据具体卷内文件材料的实际内容予以区分，不能采用"……招投标文件一""……招投标文件二"的方法。本案例组成数卷时，案卷题名、卷内目录应做适当调整。案卷题名的参考示例如下：

第一卷：

××公路建设项目路基桥梁工程××标段招标公告、招标文件

第二卷：

××公路建设项目路基桥梁工程××标段投标文件（商务部分）

第三卷：

××公路建设项目路基桥梁工程××标段投标文件（技术部分）

第四卷：

××公路建设项目路基桥梁工程××标段评标报告、中标通知书及合同协议书

例 12.1-7：建设过程中的工程管理文件——施工许可、质量监督通知书。

交通行政许可决定书、施工许可申请书及质量监督通知书、申请书的文件材料数量较少，可以合并组成一卷。文件材料数量较多的，可将施工许可的批复及请示、质量监督的批复及请示分别组卷。该部分文件材料由不同职能部门形成，在编制《卷内目录》填写"责任者"一栏时应注意。

卷 内 目 录

表 12-6

（例 12.1-5：征地拆迁——一户一表）

序号	文 件 编 号	责任者	文件材料题名	日期	页号	备注
1		××政府 ×××	××公路建设项目××市××镇××村×××房屋拆迁补偿安置协议及房屋拆迁评估报告	20160821	1	
2		××政府 ×××	××公路建设项目××市××镇××村×××房屋拆迁补偿安置协议及房屋拆迁评估报告	20160828	5	
3		××政府 ×××	××公路建设项目××市××镇××村×××房屋拆迁补偿安置协议及房屋拆迁评估报告	20160820	10	
4		××政府 ×××	××公路建设项目××市××镇××村×××房屋拆迁补偿安置协议及房屋拆迁评估报告	20160812	14	
5		××政府 ×××	××公路建设项目××市××镇××村×××房屋拆迁补偿安置协议及房屋拆迁评估报告	20160815	20	
6		××政府 ×××	××公路建设项目××市××镇××村×××房屋拆迁补偿安置协议及房屋拆迁评估报告	20160811	26	
7		××政府 ×××	××公路建设项目××市××镇××村×××房屋拆迁补偿安置协议及房屋拆迁评估报告	20160812	31	
8		××政府 ×××	××公路建设项目××市××镇××村×××房屋拆迁补偿安置协议及房屋拆迁评估报告	20160821	37	
9		××政府 ×××	××公路建设项目××市××镇××村×××房屋拆迁补偿安置协议及房屋拆迁评估报告	20160815	44	
10		××政府 ×××	××公路建设项目××市××镇××村×××房屋拆迁补偿安置协议及房屋拆迁评估报告	20160808	50	
……		……	……	……	……	

卷 内 目 录

表 12-7

（例 12.1-6：招投标、合同文件）

序号	文 件 编 号	责任者	文件材料题名	日期	页号	备注
1		××建设指挥部	××公路建设项目路基桥梁工程××标段招标公告	20151116	1	
2		××建设指挥部	××公路建设项目路基桥梁工程××标段招标文件	20151121	5	
3		××建设指挥部	××公路建设项目路基桥梁工程××标段招标入围企业资格预审公告	20151127	26	
4		××公司	××公路建设项目路基桥梁工程××标段投标文件	20151210	33	
5		××建设指挥部	××公路建设项目路基桥梁工程××标段评标报告	20151215	201	
6		××建设指挥部	××公路建设项目路基桥梁工程××标段中标通知书	20151218	221	
7		××建设指挥部 ××公司	××公路建设项目路基桥梁工程××标段合同协议书	20160104	222－232	

施工许可、质量监督通知书案卷题名拟写方式的参考示例如下：

××公路建设项目交通行政许可决定书、施工许可申请书及质量监督通知书、申请书

《卷内目录》拟写方式见表12-8。

例12.1-8：建设过程中的工程管理文件——质量监督单位检查通报、整改回复。

在整理各类检查通报、整改回复文件材料时，应注意通报、转发文、整改回复之间的闭合。各文件排列顺序，可依次为：整改回复—转发文—通报。本案例为省级质量监督部门下发通报、建设及参建单位整改回复的案例。由建设单位（指挥部）下发通报，各施工、监理单位整改回复的整理、组卷方式可参考本案例。

质量监督单位检查通报、整改回复文件案卷题名拟写方式的参考示例如下：

××公路建设指挥部对××〔2017〕××号文《关于××公路质量综合督查情况的通报》的整改回复及综合督查情况的通报

《卷内目录》拟写方式见表12-9。

一次通报及整改回复文件材料数量较多的（"例12.1-8"为文件数量较少的），可组成数卷，并对案卷题名、卷内目录做适当调整。本案例组成数卷时，案卷题名可参照以下示例：

第一卷：

××公路建设项目建设指挥部、××标、××标等对××〔2017〕××号文"关于××公路质量综合督查情况的通报"的整改回复

第二卷至第 *N* 卷，同第一卷，将"建设指挥部"删除、将"××标、××标等"根据实际情况进行替换即可。

最后一卷：**××公路建设项目××标、××标等对××〔2017〕××号文《关于××公路质量综合督查情况的通报》的整改回复及综合督查情况的通报**

本书建议在整理各类检查通报、整改、回复文件材料时，"整改回复在前、检查通报在后"。项目所在地上级行政管理部门或项目建设单位规定"检查通报在前、整改回复在后"的，则按其规定执行案卷题名可调整为：

××质量监督站《关于××公路质量综合督查情况的通报》及整改回复

例12.1-9：建设过程中的工程管理文件——工程质量责任人登记表。

每个参建单位都应填报质量责任人登记表（具体表式一般由项目所在地质量监督部门统一制发），由项目建设单位统一汇总、整理、组卷。每个单位的质量责任人登记表拟写一个文件材料题名。各登记表的形成者是不同的，在编制《卷内目录》填写"责任者"一栏时应注意。

工程质量责任人登记表案卷题名拟写方式的参考示例如下：

××公路建设项目工程质量责任人登记表

《卷内目录》拟写方式见表12-10。

例12.1-10：建设过程中的工程管理文件——建设单位（指挥部）管理文件一。

由建设单位（指挥部）下发的关于质量、安全、进度、费用、廉政等的管理性文件应按照事由（问题），结合时间进行整理、组卷。本案例为由项目建设管理单位制定、下发的各项管理制度，应单独组卷，文件较多的可组成数卷，案卷题名应标明本卷所含各管理制度的名称，拟写案卷题名时不能采用"管理办法一""管理办法二"的方法。

卷 内 目 录   表 12-8

（例 12.1-7：建设过程中的工程管理文件——施工许可、质量监督通知书）

序号	文 件 编 号	责任者	文 件 材 料 题 名	日期	页号	备注
1	××建许字〔2016〕××号	××交通运输厅	关于××公路工程建设项目准予延续《交通行政许可决定书》	20160521	1	
2	××建字〔2016〕××号	××建设指挥部	××公路工程建设项目施工许可申请书	20160510	2	
3	××〔2016〕××号	××交通运输厅	关于印发《××公路工程建设项目质量监督通知书》的通知	20160615	12	
4	××建字〔2016〕××号	××建设指挥部	××公路工程建设项目工程质量监督申请书及附件	20160524	13－51	

卷 内 目 录　　　　　　　　　　　　　　　　　　表 12-9

（例 12.1-8：建设过程中的工程管理文件——质量监督单位检查通报、整改回复）

序号	文 件 编 号	责任者	文件材料题名	日期	页号	备注
1	××指工〔2017〕××号	××建设指挥部	关于对××〔2017〕××号文《关于××公路质量综合督查情况的通报》存在问题的整改报告	20170605	1	
2	××JL1 总监办〔2017〕××号	××监理	××–JL1 总监办对××〔2017〕××号文《关于××公路质量综合督查情况的通报》存在问题的整改报告	20170530	9	
3	××–××1 标〔2017〕××号	××桥梁公司	××–××1 标对××〔2017〕××号文《关于××公路质量综合督查情况的通报》存在问题的整改反馈	20170530	20	
4	中交××公局××办〔2017〕××号	中交××公局	××–××2 标对××〔2017〕××号文《关于××公路质量综合督查情况的通报》存在问题的整改反馈	20170530	38	
5	××JL2 总监办〔2017〕××号	××监理	××–JL2 总监办对××〔2017〕××号文《关于××公路质量综合督查情况的通报》存在问题的整改报告	20170529	50	
6	××–××3 标〔2017〕××号	××路桥公司	××–××3 标对××〔2017〕××号文《关于××公路质量综合督查情况的通报》存在问题的整改反馈	20170529	62	
7	××–××4 标〔2017〕××号	中铁××公司	××–××4 标对××〔2017〕××号文《关于××公路质量综合督查情况的通报》存在问题的整改反馈	20170527	78	
8	××指工〔2017〕××号	××建设指挥部	关于转发××〔2017〕××号文《关于××公路质量综合督查情况的通报》的通知	20170522	90	
9	××〔2017〕××号	××交通运输厅	关于××公路质量综合督查情况的通报	20170518	98－105	

卷 内 目 录　　　　　　　　　　　　　　表 12-10

（例 12.1-9：建设过程中的工程管理文件——工程质量责任人登记表）

序号	文件编号	责任者	文件材料题名	日期	页号	备注
1		××指挥部	××公路建设项目指挥部质量责任人登记表	20160329	1	
2		××设计院	××公路建设项目××–SJ–1标设计质量责任人登记表	20160329	3	
3		××地绘院	××公路建设项目××控制测量、地形图测绘质量责任人登记表	20160329	5	
4		××水文地勘院	××公路建设项目××工程地质勘察质量责任人登记表	20160329	6	
5		××设计院	××公路建设项目××房建工程勘察设计标质量责任人登记表	20161203	7	
6		××监理	××公路建设项目××–JL1标质量责任人登记表	20170328	9	
7		××路桥公司	××公路建设项目××–××1标质量责任人登记表	20170312	12	
8		中交××公局××公司	××公路建设项目××–××2标质量责任人登记表	20170320	14	
9		中铁××集团××公司	××公路建设项目××–××3标质量责任人登记表	20170312	12	
10		××公司	××公路建设项目××–××4标质量责任人登记表	20170320	14	
11		……	……	……	……	
12		××桥梁工程公司	××公路建设项目××–21标质量责任人登记表	20170406	20	
13		……	……	……	……	

建设单位(指挥部)管理文件(管理办法)案卷题名拟写方式可参考如下示例:

关于印发××公路建设项目监理工作质量考核、质量检测、计量、变更、科研等管理办法的通知

《卷内目录》拟写方式见表12-11。

例12.1-11:建设过程中的工程管理文件——建设单位(指挥部)管理文件二。

在整理劳动竞赛(或节点考核)相关文件材料时,应以某一次劳动竞赛(或节点考核)为主题,将通知、通报、奖励决定、领导人讲话等文件材料按时间依次排列、组卷。文件材料数量少的,可将几次劳动竞赛(或节点考核)文件材料合并成一卷。合并时,不要将同一次劳动竞赛(或节点考核)的文件材料分散在两个案卷中。××领导人在某次会议上面的讲话,在填写"责任者"一栏时应填写领导人的全名,不要填写单位的简称。

建设单位(指挥部)管理文件(劳动竞赛)案卷题名拟写方式可参考如下示例:

××公路建设项目第一、第二阶段劳动竞赛的通知、奖励决定、××同志在表彰、动员大会上的讲话

《卷内目录》拟写方式见表12-12。

"平安工地"、"履约考核"、品质工程等相关文件材料在整理、组卷时可参考此案例。

例12.1-12:中心试验室建筑材料抽检报告。

中心试验室,一般为建设单位委托的第三方检测单位,可代表建设方对各参建单位的建筑材料、施工实体采用抽检的方式进行试验检测,以便为建设方的质量管控提供依据。在整理中心试验室建筑材料抽检试验报告时,应先按合同段,再按材料类型(钢筋、水泥、粗集料、细集料等)进行分类、整理。

同一种建筑材料的同一类型的试验抽检报告应按时间依次排列。文件材料数量较多的,可组成数卷。文件材料数量较少时,可将几种建筑材料的试验报告合并成一卷。在合并组卷时,不要将同一种建筑材料试验报告分散在两个案卷中。本案例为同一种建筑材料试验抽检报告数量较少的。

中心试验室建筑材料抽检报告案卷题名拟写方式可参考如下示例:

××公路建设项目××-××1标K××+××~K××+××路基工程中心试验室石灰、钢筋、钢筋焊接等建筑材料试验抽检报告

《卷内目录》拟写方式见表12-13。

例12.1-13:中心试验室现场抽检。

在整理中心试验室现场抽检试验报告时,应先按合同段、单位工程(路基、路面、桥梁等),再按试验类型进行分类、整理。同一单位工程中的同一类型试验报告应按桩号或结构部位依次排列(不按时间顺序)。

路基土石方先按桩号再按结构层次排列,即第一个施工段落从下到上(原地面至路基顶)排完以后,再排第二个段落。

涵洞(通道)按分部工程排列,即一个涵洞(通道)的文件材料排完以后,再排下一个涵洞(通道)的文件材料。

路面先按结构层次、再按桩号排列。底基层的文件材料按桩号排完以后,再排基层、下面层、中面层、上面层的文件材料。

卷 内 目 录　　　　　　　　　　　　　　　　　表 12-11

（例 12.1-10：建设过程中的工程管理文件——建设单位（指挥部）管理文件一）

序号	文件编号	责任者	文件材料题名	日期	页号	备注
1	××建指〔2017〕××号	××建设指挥部	关于印发《××公路建设项目监理工作质量考核办法》的通知	20170421	1	
2	××建质〔2017〕××号	××建设指挥部	关于印发《××公路建设项目质量检测管理办法》的通知	20170510	23	
3	××建计〔2017〕××号	××建设指挥部	关于印发《××公路建设项目计量支付管理办法》的通知	20170515	80	
4	××建计〔2017〕××号	××建设指挥部	关于印发《××公路建设项目设计变更管理办法》的通知	20170518	111	
5	××建指〔2017〕××号	××建设指挥部	关于印发《××公路建设项目科研管理办法》的通知	20170604	152－198	

卷 内 目 录

表 12-12

（例 12.1-11：建设过程中的工程管理文件——建设单位（指挥部）管理文件二）

序号	文 件 编 号	责任者	文件材料题名	日期	页号	备注
1	××指工〔2017〕××号	××建设指挥部	关于开展××公路建设项目第一阶段劳动竞赛活动的通知	20170405	1	
2	××指工〔2017〕××号	××建设指挥部	关于印发《××公路建设项目第一阶段劳动竞赛活动考核通报》的通知	20170421	5	
3	××指工〔2017〕××号	××建设指挥部	关于对××公路第一阶段劳动竞赛进行奖励的决定	20170426	60	
4	××指综〔2017〕××号	×××	关于印发《××同志在××公路建设项目第一阶段劳动竞赛表彰暨第二阶段劳动竞赛动员会上的讲话》的通知	20170426	64	
5	××指工〔2017〕××号	××建设指挥部	关于开展××公路建设项目第二阶段劳动竞赛活动的通知	20170718	68	
6	××指工〔2017〕××号	××建设指挥部	关于印发《××公路建设项目第二阶段劳动竞赛活动考核通报》的通知	20170724	112	
7	××指工〔2017〕××号	××建设指挥部	关于对××公路第二阶段劳动竞赛进行奖励的决定	20170726	113 – 136	

卷 内 目 录

表 12-13

（例 12.1-12：中心试验室建筑材料抽检报告）

序号	文件编号	责任者	文件材料题名	日期	页号	备注
1		×× 检测公司	××公路建设项目××××1 标 K×× + ××××1K×× + ××路基工程 2016 年 6 月 16 日石灰化学分析试验抽检记录	20160616	1	
2		×× 检测公司	××公路建设项目××××1 标 K×× + ××××1K×× + ××路基工程 2016 年 7 月 20 日石灰化学分析试验抽检记录	20160720	2	
3		×× 检测公司	××公路建设项目××××1 标 K×× + ××××1K×× + ××路基工程 2016 年 11 月 3 日石灰化学分析试验抽检记录	20161103	3	
4		……	……	……	……	
5		×× 检测公司	××公路建设项目××××1 标 K×× + ××××1K×× + ××路基工程 2016 年 6 月 19 日钢材力学性能试验抽检记录	20160619	40	
6		×× 检测公司	××公路建设项目××××1 标 K×× + ××××1K×× + ××路基工程 2016 年 6 月 24 日钢材力学性能试验抽检记录	20160624	45	
7		×× 检测公司	××公路建设项目××××1 标 K×× + ××××1K×× + ××路基工程 2016 年 6 月 27 日钢材力学性能试验抽检记录	20160627	47	
8		……	……	……	……	
9		×× 检测公司	××公路建设项目××××1 标 K×× + ××××1K×× + ××路基工程 2016 年 6 月 24 日钢筋焊接力学性能试验抽检记录	20160624	141	
10		×× 检测公司	××公路建设项目××××1 标 K×× + ××××1K×× + ××路基工程 2016 年 6 月 27 日钢筋焊接力学性能试验抽检记录	20160627	143	
11		×× 检测公司	××公路建设项目××××1 标 K×× + ××××1K×× + ××路基工程 2016 年 8 月 6 日钢筋焊接力学性能试验抽检记录	20160806	145	
12		……	……	……	……	

同一座桥梁按结构部位排列,顺序依次为:0#台桩基 – 0#台承台 – 0#台盖梁等,待0#台所有文件材料排完以后,再排1#墩桩基、立柱、盖梁等;待基础及下部构造所有文件材料排完以后,再排上部构造、桥面系及附属工程的文件材料。

文件数量较少时,可将一个合同段内几个单位工程的现场试验抽检报告合成一卷。在合并组卷时,不要将一个单位工程的现场试验抽检报告分散在两个案卷中。

中心试验室现场抽检报告案卷题名拟写方式可参考如下示例:

××公路建设项目×× – ××1标K×× + ××大桥中心试验室回弹试验抽检记录

《卷内目录》拟写方式见表12-14。

卷 内 目 录

表12-14

(例12.1-13:中心试验室现场抽检)

序号	文件编号	责任者	文件材料题名	日期	页号	备注
1		××检测公司	××公路建设项目×× – ××1标K×× + ××大桥3# – 1墩柱回弹试验抽检记录	20160107	1	
2		××检测公司	××公路建设项目×× – ××1标K×× + ××大桥3# – 2墩柱回弹试验抽检记录	20160107	3	
3		××检测公司	××公路建设项目×× – ××1标K×× + ××大桥4# – 1墩柱回弹试验抽检记录	20160107	5	
4		××检测公司	××公路建设项目×× – ××1标K×× + ××大桥4# – 2墩柱回弹试验抽检记录	20160107	7	
5		××检测公司	××公路建设项目×× – ××1标K×× + ××大桥7# – 3墩柱回弹试验抽检记录	20160107	9	
6		……	……	……	……	
7		××检测公司	××公路建设项目×× – ××1标K×× + ××大桥23# – 4立柱回弹试验抽检记录	20160304	31	
8		××检测公司	××公路建设项目×× – ××1标K×× + ××大桥右幅11# – 1箱梁回弹试验抽检记录	20160823	33	
9		××检测公司	××公路建设项目×× – ××1标K×× + ××大桥右幅11# – 3箱梁回弹试验抽检记录	20160812	35	
10		××检测公司	××公路建设项目×× – ××1标K×× + ××大桥左幅13# – 1箱梁回弹试验抽检记录	20160927	37	
11		××检测公司	××公路建设项目×× – ××1标K×× + ××大桥右幅14# – 1箱梁回弹试验抽检记录	20160927	41	
……		……	……	……	……	

12.2　工程设计类文件材料

"例 12.2-1 ～ 例 12.2-5"分别提供了工程勘察,初步设计,施工图设计批复、请示,施工图设计,通用图设计等的案例解析。

工程设计文件材料按原有装订形式组卷。原文件材料已经装订成册的,在拟写文件材料题名时,尽量依据原有的目录进行适当提炼、概括(没有必要照抄原目录)。这样做一是为了方便利用计算机进行文件级检索;二是在对设计图纸实施全文数字化管理时,方便挂接与查阅原文。

原始图纸幅面大于 A3 的可不装订,先折叠成 A4 或 A3 幅面,在每张图纸上加盖档号章并填写"档号""序号"后直接装入档案盒。编制完的《案卷封面》《卷内目录》应置于卷内文件材料之前,《卷内备考表》则置于卷内文件材料之后。

例 12.2-1:工程勘察。

工程勘察案卷题名拟写方式可参考如下示例:

××公路建设项目×× – ××1 标 K×× + ×× – K×× + ××工程地质勘察报告

《卷内目录》拟写方式见表 12-15。

例 12.2-2:初步设计。

初步设计的批复、请示、论证会议纪要等文件材料一般数量较少,可与初步设计的第一册组成一卷,也可单独组卷。应尽量收集初步设计专家论证会议、审查会议的文件材料,组卷时放在"请示"后面。已经形成的整册图纸,在拟写文件材料题名时,尽量依据原有的目录进行适当提炼、概括(没有必要照抄原目录)。在拟写案卷题名时,可将卷内文件材料的主要内容在"××册"后面予以注明。初步设计的批复、请示、专家论证会议纪要等文件材料在整理、组卷时,放在初步设计图纸第一册案卷的前面。

初步设计的批复、请示、专家论证会议纪要文件材料数量较多的,可单独组卷,具体方法参照"例 12.1-1、例 12.1-2"。

初步设计案卷题名拟写方式可参考如下示例:

关于××公路建设项目初步设计的批复、请示、专家论证会议纪要及初步设计第一册(包括项目地理位置图、说明书、路线平纵面缩图、主要技术经济指标表、附件)

《卷内目录》拟写方式见表 12-16。

例 12.2-3:施工图设计批复、请示等。

施工图设计的批复、请示及审查会、交底会等文件材料应以某一事由(路基桥梁、房建、交安设施、机电等)为单位分别整理、组卷。文件材料数量较多的,可组成数卷。本案例为路基桥梁工程施工图设计批复、请示及审查会、交底会等。房建、交安设施、机电等相关文件材料在整理、组卷时可参照此案例。此部分文件材料组卷时,应分别放在相应施工图设计第一册的前面。如路基桥梁工程施工图设计批复、请示及审查会、交底会等文件材料放在路基桥梁施工图第一册的前面,房建工程施工图设计批复、请示及审查会、交底会等文件材料放在房建工程施工图第一册的前面,交安设施、机电等依次类推。

施工图设计批复、请示等案卷题名拟写方式可参考如下示例:

卷内目录　　　　　　　　　　　　　　　表 12-15

（例 12.2-1：工程勘察）

序号	文件编号	责任者	文件材料题名	日期	页号	备注
1		××勘察设计院	××公路建设项目××－××1标 K××＋××－K ××＋××工程地质勘察报告原封面及目录	20160630	1	
2		××勘察设计院	××公路建设项目××－××1标 K××＋××－K ××＋××工程地质勘察说明	20160630	4	
3		××勘察设计院	××公路建设项目××－××1标 K××＋××－K ××＋××工程勘探孔一览表	20160630	10	
4		××勘察设计院	××公路建设项目××－××1标 K××＋××－K ××＋××工程路基土成果表	20160630	11	
5		××勘察设计院	××公路建设项目××－××1标 K××＋××－K ××＋××工程图例	20160630	12	
6		××勘察设计院	××公路建设项目××－××1标 K××＋××－K ××＋××工程地质平面图	20160630	13	
7		××勘察设计院	××公路建设项目××－××1标 K××＋××－K ××＋××工程地质纵断面图	20160630	14	
8		××勘察设计院	××公路建设项目××－××1标 K××＋××－K ××＋××工程钻孔综合成果表及静探曲线表	20160630	20	
9		××勘察设计院	××公路建设项目××－××1标 K××＋××－K ××＋××工程土工试验总表	20160630	65	
10		××勘察设计院	××公路建设项目××－××1标 K××＋××－K ××＋××工程压缩试验数据表	20160630	74－75	

卷 内 目 录

表 12-16

（例 12.2-2：初步设计）

序号	文件编号	责任者	文件材料题名	日期	页号	备注
1	××发改基础发〔2016〕××号	××发改委	关于××公路建设项目初步设计的批复	20160728	1	
2	××交计〔2016〕××号	××交通运输厅	关于转报××公路建设项目工程初步设计的函	20160715	5	
3	××建指〔2016〕××号	××建设指挥部	关于××公路建设项目初步设计的请示	20160709	7	
4	××建指〔2016〕××号	××建设指挥部	关于下发《××公路建设项目初步设计专家论证会议纪要》的通知	20160707	12	
5		××设计院	××公路建设项目初步设计第一册原封面及目录	20160701	17	
6		××设计院	××公路建设项目地理位置图	20160701	21	
7		××设计院	××公路建设项目初步设计说明书	20160701	38	
8		××设计院	××公路建设项目路线平纵面缩图	20160701	45	
9		××设计院	××公路建设项目主要技术经济指标表	20160701	58	
10		××设计院	××公路建设项目初步设计附件	20160701	60－130	

关于××公路建设项目路基桥梁工程施工图设计的批复、请示及设计审查会、交底会会议纪要等

《卷内目录》拟写方式见表12-17。

卷 内 目 录

表12-17

(例12.2-3：施工图设计批复、请示等)

序号	文 件 编 号	责任者	文件材料题名	日期	页号	备注
1	××交建〔2016〕××号	××省交通运输厅	关于××公路建设项目路基桥梁工程施工图设计的批复	20160821	1	
2	××建指〔2016〕××号	××建设指挥部	关于××公路建设项目路基桥梁工程施工设计的请示	20160815	6	
3	××建指〔2016〕××号	××建设指挥部	关于下发《××公路建设项目路基桥梁施工图设计审查会会议纪要》的通知	20160718	11	
4	××建指〔2016〕××号	××建设指挥部	关于下发《××公路建设项目路基桥梁设计交底会会议纪要》的通知	20160828	15	
5	……	……	……其他与路基桥梁设计有关的会议、函等依次排列	……	……	

例 12.2-4：施工图设计。

施工图按原有装订形式组卷，在拟写案卷题名时，应尽量包含本卷的主要内容，不要用简单的"第一册、第二册……"来表述。原文件已经装订成册的，在拟写文件材料题名时，应尽量依据原有的目录进行适当提炼、概括（没有必要照抄原目录）。施工图纸幅面大于 A3 的可不装订，先折叠成 A4 或 A3 幅面，在每张图纸加盖档号章并填写"档号""序号"后直接装入档案盒。应将编制完的《案卷封面》《卷内目录》置于卷内文件材料之前，将《卷内备考表》置于卷内文件材料之后。

施工图设计案卷题名拟写方式可参考如下示例：

××公路建设项目××－××1 标施工图设计第一册（包括项目地理位置图、总说明书、路线平纵面缩图、主要技术经济指标表、附件、总体设计说明、平面总体设计图）

《卷内目录》拟写方式见表 12-18。

卷 内 目 录

表 12-18

（例 12.2-4：施工图设计）

序号	文件编号	责任者	文件材料题名	日期	页号	备注
1		××设计院	××公路建设项目××－××1 标施工图设计第一册原封面及目录	20160823	1	
2		××设计院	××公路建设项目××－××1 标项目地理位置图	20160823	7	
3		××设计院	××公路建设项目××－××1 标总说明书	20160823	11	
4		××设计院	××公路建设项目××－××1 标路线平纵面缩图	20160823	19	
5		××设计院	××公路建设项目××－××1 标主要技术经济指标表	20160823	21	
6		××设计院	××公路建设项目××－××1 标施工图设计附件	20160823	22	
7		××设计院	××公路建设项目××－××1 标总体设计说明	20160823	37	
8		××设计院	××公路建设项目××－××1 标公路平面总体设计图	20160823	44－61	

例 12.2-5：通用图设计。

通用图设计的整理、组卷方式与施工图设计基本相同。

通用图设计案卷题名拟写方式可参考如下示例：

××公路建设项目桥梁公路构造 JSGG/QT－55－1－2007 桥涵通用图

《卷内目录》拟写方式见表 12-19。

卷　内　目　录

表 12-19

（例 12.2-5：通用图设计）

序号	文件编号	责任者	文件材料题名	日期	页号	备注
1		××设计院	××公路建设项目桥梁公路构造 JSGG/QT－55－1－2007 桥涵通用图原封面及目录	20160928	1	
2		××设计院	××公路建设项目桥梁公路构造 JSGG/QT－55－1－2007 桥涵通用图说明	20160928	4	
3		××设计院	××公路建设项目桥梁护栏设计图表	20160928	6	
4		××设计院	××公路建设项目桥梁板梁圆板式橡胶支座构造图	20160928	17	
5		××设计院	××公路建设项目桥梁桥面连续构造图	20160928	18	
6		××设计院	××公路建设项目桥梁桥面泄水管构造图	20160928	19	
7		××设计院	××公路建设项目桥梁桥头切缝处理构造图	20160928	20	
8		××设计院	××公路建设项目桥梁毛勒伸缩缝设计图表	20160928	21	
9		××设计院	××公路建设项目桥梁搭板设计图表	20160928	27－35	

12.3　工程施工类文件材料

工程施工类文件材料提供了路基、路面、涵洞、桥梁、隧道、交通工程、三大系统(机电)、房建、绿化、声屏障、质量评定、施工单位管理等 109 个文件材料案例。具体内容如下：

"例 12.3-1:路基桥梁工程开工报告——合同段(总体)开工报告""例 12.3-2:桥梁单位工程开工报告"分别为路基桥梁标段合同段(总体)、桥梁单位工程开工报告案例。

"例 12.3-3:路基土石方——开工报告"例 12.3-9:标准试验"为路基工程案例,可供路面以外的所有参建单位参考。

"例 12.3-4:路面工程——试铺段开工报告"例 12.3-5:路面分项工程开工报告"仅为路面工程案例。

"例 12.3-6:技术交底记录"为路基工程案例,可供所有参建单位参考。

"例 12.3-7:工地试验室备案"为路基工程案例,可供路基、桥梁、隧道、路面等施工单位、监理单位参考。

所有施工单位建筑材料、构配件、设备的进场报验均可参照"例 12.3-8:建筑材料报验单"。

所有施工单位首件工程技术文件均可参照"例 12.3-10:首件认可申请"。

"例 12.3-11 ~ 例 12.3-13"为软基处理工程案例、"例 12.3-14 ~ 例 12.3-16"为路基土石方工程案例。

"例 12.3-17:路基沉降观测报告"为路基工程第三方检测报告案例。软基处理、桩基检测等第三方检测报告的整理、组卷方式与之基本相同。

"例 12.3-18、19"为路面工程——底基层分项工程案例,路面基层,上、中、下面层,路缘石,路肩,等等均可参考此案例。

"例 12.3-20、21:涵洞工程"分别为圆管涵、箱涵案例。通道案例可参照"例 12.3-21"。

"例 12.3-22 ~ 例 12.3-29"为桥梁基础及下部构造案例。

"例 12.3-30 ~ 例 12.3-38"为桥梁预制箱(板)梁、现浇箱梁、悬浇梁的案例。

"例 12.3-39 ~ 例 12.3-41、例 12.3-42 ~ 例 12.3-44、例 12.3-45 ~ 例 12.3-47、例 12.3-48"分别为桥梁桥面板、节段梁、钢箱梁、钢桁梁的案例。

"例 12.3-49:桥梁——斜拉索"为桥梁斜拉索案例。

"例 12.3-50 ~ 例 12.3-53"分别为桥梁悬索桥主梁架设与防护、悬索桥主索鞍制作防护与安装、悬索桥散索套制作防护与安装、索夹和索鞍安装的案例。

"例 12.3-54 ~ 例 12.3-56"分别为桥梁桥面铺装、桥头搭板、伸缩缝的案例。

"例 12.3-57 ~ 例 12.3-67"为隧道工程的案例。

"例 12.3-68 ~ 例 12.3-71"分别为交安设施标志、标线、护栏、隔离栅的案例。

"例 12.3-72 ~ 例 12.3-74"分别为三大系统(机电),即监控、通信、收费系统的案例。

"例 12.3-75 ~ 例 12.3-97"为房建工程施工管理、施工技术、桩基、地基及基础、主体结构、装饰、屋面、给排水与采暖、建筑电气、通风与空调、建筑节能、钢结构、幕墙工程、电梯工程等分部、子分部工程的案例。

"例12.3-98~例12.3-100"分别为景观环保工程绿化、声屏障的案例。

"例12.3-101~例12.3-107"为工程质量评定的案例。

"例12.3-108、109"为施工单位管理文件材料的案例。

本书案例中开工报告、施工组织设计、施工技术方案、标准试验、首件认可等均以表格形式进行申报。项目建设单位规定以正式公文形式申报的,在拟写文件材料题名、案卷题名时,应拟写原文件材料的题名,如"关于……开工申请的批复、请示""关于……施工组织设计的批复、请示",等等,并在《卷内目录》"文件编号"栏填写相应文件材料的文号。可参见"例12.3-1、例12.3-9"。

本书案例中将监理抽检文件材料移交施工单位,附在相应的施工单位自检文件材料后面,由施工单位一起组卷归档。只拟写一个文件材料题名,在《卷内目录》"备注"栏中注明"含监理抽检",使得文件材料的完整性、系统性得到了充分的保证,在基本不增加施工单位整理、组卷工作量的基础上,极大地减轻了监理单位相应的工作量,同时也方便对其进行查询和利用。项目所在地上级行政管理部门或项目建设单位规定监理抽检文件材料由监理单位单独组卷归档的,监理单位在整理、组卷时可参照本书6.2.3以及12.3章节所提供的整理、组卷方法及施工类案例。由于监理抽检文件材料中没有《施工放样报验单》《中间检验申请单》(或"检验申请批复单")等工序报验表格(已由施工单位归档),因此在拟写文件材料题名、案卷题名时应直接拟写相应抽检表格的名称,如××高程测量记录表、××现场抽检记录表、××混凝土抗压强度试验检测报告等。同时,在编制《卷内目录》填写"责任者"一栏时应根据实际情况进行调整。

本书案例中,一个单位工程中同一类型的分项工程开工报告只报验一次。如一座桥梁的桩基、承台、立柱、预制梁、现浇梁等只分别报验一次分项工程开工报告。具体整理、组卷方式可参见"例12.3-3",单独组卷。项目所在上级行政管理部门或项目建设单位规定每个分项工程均须填报开工报告的,如桥梁每个墩台的桩基均须填报"桩基工程开工报告""桩基钢筋加工及安装开工报告"的,在整理、组卷时应将其归入每个分项工程的中间检验文件材料的案卷中,在排列卷内文件材料时,建议放在该分项工程《中间交工证书》的后面、《施工放样报验单》的前面。

本书案例中将分项、分部、单位工程质量评定表单独组卷归档。项目所在地上级行政管理部门或项目建设单位规定将分项、分部、单位工程质量评定表与工序质量检验文件材料一起组卷归档的(分项工程质量评定表与该分项的工序质量检验文件材料一起组卷归档、分部工程质量评定表与该分部的工序质量检验文件材料一起组卷归档等),整理、组卷时建议将分项工程质量评定表放在该分项工程工序质量检验文件材料的最后,分部工程质量评定表放在该分部工程工序质量检验文件材料的最后,单位工程质量评定表放在该单位工程工序质量检验文件材料的最后,并在拟写文件材料题名、案卷题名时予以注明。

本书案例中的《工程检验认可书》《工程报验单》用于分项工程验收。施工单位在某分项工程完成后,填写《工程报验单》报送监理单位;监理单位查验后,给合格工程签发《工程检验认可书》。《工程检验认可书》《工程报验单》的作用与分项工程《中间交工证书》或《分项工程质量验收记录表》基本一致。

本书案例中的《中间检验申请单》用于工序报验。施工单位在某道工序、隐蔽工程或某一重要部位完成以后,填写《中间检验申请单》报监理单位,待其检验合格后,方能进入下一道工序或继续施工。《中间检验申请单》的作用与《检验申请批复单》基本一致。

本书案例中的施工中间质量控制实施工序报验,每一道工序均填报《中间检验申请单》(或检验申请批复单)。例:每个混凝土构件的模板、钢筋加工及安装、混凝土浇筑、构件成品、预应力能加工和张拉、预应力管道压浆等工序均须填报《中间检验申请单》(或《检验申请批复单》)。项目所在上级行政管理部门或项目建设单位没有规定每一道工序均须填报《中间检验申请单》(或《检验申请批复单》)的,按其规定执行。没有规定或要求混凝土构件填报"成品"《中间检验申请单》(或《检验申请批复单》)的,在编制《卷内目录》时,应将"……混凝土抗压强度试验报告""……高程、偏位复测记录"作为单独的"文件材料题名"列出。

由于相关规定及所应用表格的不同,我们在整理、组卷、卷内文件材料的排序及文件材料题名、案卷题名的拟写时,也须做相应的调整。以本书"例 12.3-22、例 12.3-23:桥梁——钻孔灌注桩"为例,其《卷内目录》可依次拟写为:

……××桥 0#台桩基中间交工证书、……××桥 0#台桩基分项工程开工报告、……××桥 0#台桩基钢筋加工及安装分项工程开工报告、……××桥 0#台桩基桩底压浆分项工程开工报告、……××桥 0#台桩基施工放样报验单及附件、…××桥 0#台 -1 桩基成孔检验申请批复单及附件、……××桥 0#台 -1 桩基桩底压浆检验申请批复单及附件、……××桥 0#台 -1 桩基钢筋加工及安装检验申请批复单及附件、……××桥 0#台 -1 桩基混凝土浇筑检验申请批复单及附件、……××桥 0#台 -1 桩基成桩检验申请批复单及附件(或混凝土抗压强度试验报告,高程及偏位复测记录)、……××桥 0#台 -2、-3、……各桩基文件材料依次排列、……××桥 0#台桩基分项工程质量评定表、……××桥 0#台桩基桩底压浆分项工程质量评定表、……××桥 0#台桩基钢筋加工及安装分项工程质量评定表。

案卷题名可拟写为:

……××桥 0#台桩基中间交工证书、分项工程开工报告、施工放样报验、检验申请批复及分项工程质量评定

例 12.3-1:路基桥梁工程开工报告——合同段(总体)开工报告。

合同段(总体)开工报告以合同段为单位进行整理、组卷。如果该合同段只施工 1 个单位工程(1 座桥梁或 1 个隧道)的,则以单位工程为单位进行整理、组卷。

所有开工报告中所引用的各文件材料应为原件,不能出现复印件。标准试验报告(配合比设计等)不归入路基桥梁的开工报告中。

《工程开工申请单》《施工组织设计报审表》等有监理审核意见的,开工申请监理审核意见应放在《工程开工申请单》的后面、《施工组织设计报审表》的前面,施工组织设计监理审核意见应放在《施工组织设计报审表》的后面、施工组织设计正文的前面。《施工组织设计报审表》及附件应归入相应的开工报告案卷中,不应单独归档。《施工技术方案报审表》及附件应归入相应的开工报告案卷中;剩余的(如冬季施工、临时用电等)《施工技术方案报审表》及附件可单独组卷,归入施工单位管理文件材料的案卷中。

合同段(总体)、单位、分部、分项工程各开工报告中的《施工放样报验单》所引用的文件不同,整理、在组卷时应予以注意。合同段、单位工程开工报告应引用导线点、水准点复测情况的《承包人申报表》及附件。路基桥梁工程开工报告——合同段(总体)开工报告案卷题名拟写方式可参考以下示例：

××公路建设项目××－××标路基桥梁工程开工申请单及附件

《卷内目录》拟写方式见表12-20。

卷 内 目 录

表 12-20

（例12.3-1：路基桥梁工程开工报告——合同段（总体）开工报告）

序号	文件编号	责任者	文件材料题名	日期	页号	备注
1		××路桥公司 ××监理	××公路建设项目××－××标段 K××＋××－K××＋××路基桥梁工程开工申请单	20161022	1	
2		××路桥公司 ××监理	××公路建设项目××－××标段 K××＋××－K××＋××路基桥梁工程施工组织设计报审表及附件	20161018	3	
3		××路桥公司 ××监理	××公路建设项目××－××标段 K××＋××－K××＋××路基桥梁工程施工技术方案报审表及附件	20161016	135	
4		××路桥公司 ××监理	××公路建设项目××－××标段 K××＋××－K××＋××路基桥梁工程导线点、水准点复测情况的承包人申报表及附件	20161009	178	
5		××路桥公司 ××监理	××公路建设项目××－××标段 K××＋××－K××＋××路基桥梁工程 HRB335Φ25 钢筋2016年10月11日建筑材料报验单及附件	20161011	180	含监理抽检
6		××路桥公司 ××监理	××公路建设项目××－××标段 K××＋××－K××＋××路基桥梁工程Ⅲ级石灰2016年10月12日建筑材料报验单及附件	20161012	186	含监理抽检
7		××路桥公司 ××监理	××公路建设项目××－××标段 K××＋××－K××＋××路基桥梁工程 P. O42.5 水泥2016年10月13日建筑材料报验单及附件	20161013	191	含监理抽检
8		……	……其他用于开工报告的建筑材料报验单及附件依次排列	……	……	
9		××路桥公司 ××监理	××公路建设项目××－××标段 K××＋××－K××＋××路基桥梁工程进场设备报验单及附件	20161016	200	
10		××路桥公司 ××监理	××公路建设项目××－××标段 K××＋××－K××＋××路基桥梁分项工程月进度计划	20161020	202－202	

文件材料数量较多的,可组成数卷。在拟写案卷题名时应分别注明卷内所含文件的主要内容,不能采用"开工报告一""开工报告二"的方式。本案例组成两卷时,案卷题名、卷内目录应做适当调整,案卷题名拟写方式参照示例如下:

第一卷:

××公路建设项目××－××标路基桥梁工程开工申请单、施工组织设计报审表及附件

第二卷:

××公路建设项目××－××标路基桥梁工程施工技术方案报审表、导线点及水准点复测情况承包人申报表、建筑材料报验单、进场设备报验单及附件、分项工程月进度计划

开工报告以正式公文形式申报的,其案卷题名可拟写为:

关于××公路建设项目××－××标路基桥梁工程开工申请的批复及请示

卷内目录拟写方式也须做相应的调整,如"关于……开工申请的批复、请示"等,可参照"例12.3-9"。"例12.3-1、例12.3-2、例12.3-3、例12.3-4、例12.3-5"各单位、分部、分项工程开工报告案卷题名、文件材料题名的拟写均可参照以上示例拟写。

例12.3-2:桥梁单位工程开工报告。

桥梁单位工程(主线范围内的大、中桥,包括互通立交的主线桥梁)开工报告以单位工程为单位进行整理、组卷。

桥梁单位工程开工报告中《施工放样报验单》及附件应引用该桥梁"导线点、结构物中心点、水准点调整情况及一览表""控制桩及控制点的护桩设置一览表及草图",与分部、分项工程开工报告所引用的《施工放样报验单》(首先施工墩台的《施工放样报验单》及附件)不同。桥梁单位工程开工报告中《建筑材料报验单》及附件应引用该桥梁第一批次相关《建筑材料报验单》及附件,另外在拟写文件材料题名时还应注明具体的材料类型、报验日期等信息。桥梁基础及下部构造、上部构造、桥面系及附属工程等各分部、分项工程开工报告整理、组卷方式参照"例12.3-3:路基土石方开工报告"。桥梁单位工程开工报告案卷题名拟写方式可参考如下示例:

××公路建设项目××－××标Ｋ××＋××大桥开工申请单及附件

《卷内目录》拟写方式见表12-21。

例12.3-3:路基土石方开工报告。

路基土石方工程开工报告中的《施工放样报验单》及附件应引用最先施工段落(首件)路基土石方《施工放样报验单》及附件。在拟写文件材料题名时应注明具体的桩号信息。

路基土石方工程开工报告中的《建筑材料报验单》及附件应引用路基土石方第一批次的《建筑材料报验单》及附件,在拟写文件材料题名时应注明具体的材料类型、报验日期等信息。

路基土石方开工报告案卷题名拟写方式可参考如下示例:

××公路建设项目××－××标路基土石方工程开工申请单及附件

《卷内目录》拟写方式见表12-22。

软基处理、涵洞、通道、桥梁各分部分项工程、绿化、交安设施等开工报告均可参照本案例进行整理、组卷,只须根据实际情况将本案例《卷内目录》中的《施工放样报验单》及附件、《建筑材料报验单》及附件进行替换即可。箱梁、板梁预制开工报告中的《施工放样报验单》应引用预制厂台座放样的文件材料。

三大系统(机电)各分部、分项工程开工报告也可参照本案例进行整理、组卷,没有《施工放样报验单》的,可不填报。

房建工程开工报告按照项目所在地住建部门的规定执行。

单位、分部、分项工程开工报告以正式公文形式申报的,案卷题名拟写方式参见"例12.3-1",《卷内目录》拟写方式参见"例12.3-9"的说明。

卷 内 目 录

表12-21

(例12.3-2:桥梁单位工程开工报告)

序号	文件编号	责任者	文件材料题名	日期	页号	备注
1		××路桥公司 ××监理	××公路建设项目××–××标K××+××大桥工程开工申请单	20161024	1	
2		××路桥公司 ××监理	××公路建设项目××–××标K××+××大桥施工组织设计报审表及附件	20161021	3	
3		××路桥公司 ××监理	××公路建设项目××–××标K××+××大桥施工技术方案报审表及附件	20161022	79	
4		××路桥公司 ××监理	××公路建设项目××–××标K××+××大桥导线点、结构物中心点、水准点调整情况的承包人申报表及附件	20161018	102	
5		××路桥公司 ××监理	××公路建设项目××–××标K××+××大桥HRB335Φ25钢筋2016年10月14日建筑材料报验单及附件	20161014	121	含监理抽检
6		××路桥公司 ××监理	××公路建设项目××–××标K××+××大桥P.O42.5水泥2016年10月15日建筑材料报验单及附件	20161015	138	含监理抽检
7	......		……其他用于开工报告的建筑材料报验单及附件依次排列	......	......	含监理抽检
8		××路桥公司 ××监理	××公路建设项目××–××标K××+××大桥进场设备报验单及附件	20161021	149	
9		××路桥公司 ××监理	××公路建设项目××–××标K××+××大桥分项工程月进度计划	20161023	153–153	

卷 内 目 录

表 12-22

（例 12.3-3：路基土石方开工报告）

序号	文件编号	责任者	文件材料题名	日期	页号	备注
1		××路桥公司 ××监理	××公路建设项目××－××标段K××＋×× ×－K××＋×××路基土石方工程开工申请单及附件	20161022	1	
2		××路桥公司 ××监理	××公路建设项目××－××标段K××＋×× ×－K××＋×××路基土石方工程施工组织设计报审表及附件	20161018	3	
3		××路桥公司 ××监理	××公路建设项目××－××标段K××＋×× ×－K××＋×××路基土石方工程施工技术方案报审表及附件	20161006	135	
4		××路桥公司 ××监理	××公路建设项目××－××标段K××＋×× ×－K××＋×××路基工程K××＋×××－K ××＋×××第1层路基土石方施工放样报验单及附件	20161009	178	含监理抽检
5		××路桥公司 ××监理	××公路建设项目××－××标段K××＋×× ×－K××＋×××路基土石方工程三级石灰2016年9月28日建筑材料报验单及附件	20160928	186	含监理抽检
6		××路桥公司 ××监理	××公路建设项目××－××标段K××＋×× ×－K××＋×××路基土石方工程进场设备报验单及附件	20161016	200	
7		××路桥公司 ××监理	××公路建设项目××－××标段K××＋×× ×－K××＋×××路基土石方分项工程月进度计划	20161010	202－202	

例 12.3-4：路面工程——试铺段开工报告。

路面工程各分项工程开工报告可分为试铺段开工报告、开工报告两部分，与路基桥梁工程等的开工报告不同。本例为路面工程底基层试铺开工报告(路面基层、各面层的试铺开工报告与之基本相同)。可将路基桥梁工程开工报告中的"分项工程月进度计划"在路面底基层、基层、各面层分项试铺开工报告中分别替换为"底基层配合比设计报审表及附件、基层配合比设计报审表及附件、沥青混凝土试拌结果报审表及附件"；在填写《工程开工申请单》的"附件"栏时，应予以调整。

可将路面工程"底基层配合比设计报审表及附件、基层配合比设计报审表及附件、(各面层)沥青混凝土试拌结果报审表及附件"作为各分项工程试铺开工报告的附件归入相应的分项工程试铺开工报告中，不必再单独归档。

路面的各分项试铺开工报告中的《施工放样报验单》《建筑材料报验单》及附件应引用的内容以及其文件材料题名的拟写方式与"例 12.3-3"基本相同。

路面工程——试铺段开工报告案卷题名拟写方式的参考示例如下：

××公路建设项目 ××－×× 标低剂量水泥稳定碎石路面底基层试铺路段开工申请单及附件

《卷内目录》拟写方式见表 12-23。

例 12.3-5：路面分项工程开工报告。

路面各分项工程开工报告包含首件(试铺段)工程认可申请单及附件和分项工程月进度计划两部分，在拟写《工程开工申请单》的"附件"栏时，应予以调整。在拟写《卷内目录》时，应将"首件(试铺)工程认可申请单及附件"中的各文件材料逐一列出(参照本案例)。首件(试铺段)工程的《中间检验申请单》(或《检验申请批复单》)在拟写文件材料题名时应注明具体的桩号、部位。应原件归档，不能使用复印件

路面各分项工程的首件(试铺段)工程认可申请单及附件，作为各分项工程开工报告的附件，应归入开工报告，不必再单独归档。

首件工程的监理审核意见可直接引用建设单位(指挥部)下发的表格式样，也可由监理单位自拟格式。项目部质量综合评定表格式样可自拟。

本案例为路面底基层的开工报告，路面基层、下面层、中面层、上面层的开工报告格式与之完全相同。

路面分项工程开工报告案卷题名拟写方式可参考如下示例：

××公路建设项目 ××－×× 标路面工程低剂量水泥稳定碎石路面底基层开工申请单及附件

《卷内目录》拟写方式见表 12-24。

路面工程开工报告以正式公文形式申报的，案卷题名拟写方式参见"例 12.3-1"，《卷内目录》拟写方式参见"例 12.3-9"的说明。

例 12.3-6：技术交底记录。

技术交底记录以合同段或单位工程为单位进行整理、组卷。

一个合同段或单位工程的技术交底记录只有一卷的，按照本案例的方法拟写案卷题名。每次技术交底拟写一个文件材料题名，文件材料题名中"××技术交底记录"中的"××"应填写技术交底的具体内容，不能出现两个相同的文件材料题名。

卷 内 目 录 表 12-23

（例 12.3-4：路面工程——试铺段开工报告）

序号	文件编号	责任者	文件材料题名	日期	页号	备注
1		××路桥公司 ××监理	××公路建设项目××－××标段 K×× + ××× － K ×× + ××× 低剂量水泥稳定碎石路面底基层试铺路段开工申请单及附件	20170618	1	
2		××路桥公司 ××监理	××公路建设项目××－××标段 K×× + ××× － K ×× + ××× 低剂量水泥稳定碎石路面底基层施工组织设计报审表及附件	20170610	3	
3		××路桥公司 ××监理	××公路建设项目××－××标段 K×× + ××× － K ×× + ××× 低剂量水泥稳定碎石路面底基层施工技术方案报审表及附件	20170611	48	
4		××路桥公司 ××监理	××公路建设项目××－××标段 K×× + ××× － K ×× + ××× 路面工程 K×× + ××× － K×× + ××× 左幅低剂量水泥稳定碎石路面底基层施工放样报验单及附件	20170608	81	含监理抽检
5		××路桥公司 ××监理	××公路建设项目××－××标段 K×× + ××× － K ×× + ××× 低剂量水泥稳定碎石路面底基层试铺段 P.O42.5 水泥 2016 年 10 月 13 日建筑材料报验单及附件	20171013	101	含监理抽检
6		××路桥公司 ××监理	××公路建设项目××－××标段 K×× + ××× － K ×× + ××× 低剂量水泥稳定碎石路面底基层试铺段 0～2.36 mm 碎石建筑材料报验单及附件	20170528	108	含监理抽检
7		××路桥公司 ××监理	××公路建设项目××－××标段 K×× + ××× － K ×× + ××× 低剂量水泥稳定碎石路面底基层试铺段 2.36～4.75 mm 碎石建筑材料报验单及附件	20170605	117	含监理抽检
8		××路桥公司 ××监理	××公路建设项目××－××标段 K×× + ××× － K ×× + ××× 低剂量水泥稳定碎石路面底基层试铺段 4.75～9.5 mm 碎石建筑材料报验单及附件	20170609	128	含监理抽检
9		××路桥公司 ××监理	××公路建设项目××－××标段 K×× + ××× － K ×× + ××× 低剂量水泥稳定碎石路面底基层试铺段 9.5～31.5 mm 碎石建筑材料报验单及附件	20170610	136	含监理抽检
10		××路桥公司 ××监理	××公路建设项目××－××标段 K×× + ××× － K ×× + ××× 低剂量水泥稳定碎石路面底基层试铺段进场设备报验单及附件	20170612	143	
11		××路桥公司 ××监理	××公路建设项目××－××标段 K×× + ××× － K ×× + ××× 低剂量水泥稳定碎石底基层配合比设计承包人申请表及附件	20170616	145－165	

卷 内 目 录

表 12-24

（例 12.3-5：路面分项工程开工报告）

序号	文件编号	责任者	文件材料题名	日期	页号	备注
1		××路桥公司 ××监理	××公路建设项目 ××－××标段 K××＋×××－K××＋××× 路面工程低剂量水泥稳定碎石路面底基层开工申请单及附件	20170718	1	
2		××路桥公司 ××监理	××公路建设项目 ××－××标段 K××＋×××－K××＋××× 路面工程低剂量水泥稳定碎石路面底基层首件工程(试铺段)认可申请单及附件	20170715	3	
3		××监理	××公路建设项目 ××－××标段 K××＋×××－K××＋××× 路面工程低剂量水泥稳定碎石路面底基层首件工程(试铺段)监理审核意见	20170711	4	
4		××路桥公司	××公路建设项目 ××－××标段 K××＋×××－K××＋××× 路面工程低剂量水泥稳定碎石路面底基层首件工程(试铺段)项目经理部质量综合评定表	20170710	5	
5		××路桥公司	××公路建设项目 ××－××标段 K××＋×××－K××＋××× 路面工程低剂量水泥稳定碎石路面底基层施工总结	20170710	6	
6		××路桥公司 ××监理	××公路建设项目 ××－××标段 K××＋×××－K××＋××× 路面工程 K××＋×××－K××＋××× 左幅低剂量水泥稳定碎路路面底基层中间检验申请单及附件	20170709	31	含监理抽检
7		××路桥公司	××公路建设项目 ××－××标段 K××＋×××－K××＋××× 路面工程低剂量水泥稳定碎石路面底基层作业指导书	20170715	45	
8		××路桥公司 ××监理	××公路建设项目 ××－××标段 K××＋×××－K××＋××× 路面工程低剂量水泥稳定碎石路面底基层分项工程月进度计划	20170716	78－78	

路基、桥梁、隧道施工单位一个合同段或单位工程的技术交底记录文件数量较多的，可先按技术交底的类型(如一级交底、二级交底、三级交底、安全交底等)进行分类，每类再按时间顺序排列。技术交底记录文件材料超过一卷的，拟写案卷题名时应对卷内各文件材料进行提炼、概括，如"……标段××、××、××等技术交底记录"。不能采用"……标段技术交底记录一""……标段技术交底记录二"的方式来表述。

技术交底记录案卷题名拟写方式可参考如下示例：

××公路建设项目××－××标K××＋××－K××＋××路基桥梁工程××技术交底记录

《卷内目录》拟写方式见表12-25。

绿化、交安设施、机电等施工单位的技术交底记录文件材料一般数量不多，组成一卷，卷内文件材料按时间顺序排列即可。

房建施工单位技术交底记录的整理、组卷方式应按照项目所在地住建部门的相关规定执行。

例12.3-7：工地试验室备案。

工地试验室备案通知书与申请书以合同段、总监办(或监理组)为单位单独组卷，一般组成一卷。

路基桥梁、路面等施工单位工地试验室备案通知书与申请书一起组卷归档，放置顺序为通知书在前、申请书在后。通知书、申请书均应原件归档。

"××工程公路水运工程工地试验室备案通知书"是由上级主管部门下发的，在拟写《卷内目录》"责任者"一栏时应注意。

本例为路基桥梁施工单位工地试验室备案通知书的案例，路面施工单位、监理单位工地试验室备案通知书与申请书的整理、组卷方式与之基本相同。

工地试验室备案文件案卷题名拟写方式可参考如下示例：

××公路建设项目××－××标K××＋××－K××＋××路基桥梁工程公路水运工程工地试验室备案通知书及申请书

《卷内目录》拟写方式见表12-26。

例12.3-8：建筑材料报验单。

路基桥梁、路面施工单位的《建筑材料报验单》及附件以分部工程为单位整理、组卷。

隧道施工单位的《建筑材料报验单》及附件以单位工程为单位整理、组卷。

交安设施、机电、绿化等施工单位的《建筑材料报验单》及附件以合同段为单位整理、组卷。

《建筑材料报验单》后面应附相应的产品质量证明文件、试验检测报告等，排列顺序依次为《建筑材料报验单》、产品质量证明文件、施工单位自检试验报告、监理单位抽检试验报告。

绿化工程苗木《建筑材料报验单》后面应附《苗木检疫证书》(项目所在地区使用非本地区出产苗木的需要提供)、苗木出圃证明及进场检查记录表(格式可自拟)。

交安设施、机电等《建筑材料报验单》后面应附产品质量证明文件、检测报告及进场检查记录表(格式可自拟)。

路基桥梁、路面、隧道施工单位《建筑材料报验单》及附件应按建筑材料种类(水泥、集料、钢筋、钢绞线、沥青等)分别进行整理、组卷。同一类材料应按时间顺序依次排列，文件材料数

卷 内 目 录

表 12-25

（例 12.3-6：技术交底记录）

序号	文件编号	责任者	文件材料题名	日期	页号	备注
1		××路桥公司	××公路建设项目××－××标 K ×× + ××－K ×× + ××路基桥梁工程××技术交底记录	20170312	1	
2		××路桥公司	××公路建设项目××－××标 K ×× + ××－K ×× + ××路基桥梁工程××技术交底记录	20170318	11	
3		××路桥公司	××公路建设项目××－××标 K ×× + ××－K ×× + ××路基桥梁工程××技术交底记录	20170319	27	
4		××路桥公司	××公路建设项目××－××标 K ×× + ××－K ×× + ××路基桥梁工程××技术交底记录	20170325	35	
5		××路桥公司	××公路建设项目××－××标 K ×× + ××－K ×× + ××路基桥梁工程××技术交底记录	20170402	46	
6		××路桥公司	××公路建设项目××－××标 K ×× + ×××－K ×× + ×××路基桥梁工程××技术交底记录	20170413	57	
7		××路桥公司	××公路建设项目××－××标 K ×× + ××－K ×× + ××路基桥梁工程××技术交底记录	20170512	68	
8		××路桥公司	××公路建设项目××－××标 K ×× + ××－K ×× + ××路基桥梁工程××技术交底记录	20170528	77	
9		……	……其他技术交底记录依次排列	……	……	

卷 内 目 录

表 12-26

（例 12.3-7：工地试验室备案）

序号	文件编号	责任者	文件材料题名	日期	页号	备注
1	〔2016〕××号	省交通厅质监局	××公路建设项目××－××标段 K××＋××－K××＋××路基桥梁工程公路水运工程工地试验室备案通知书	20161018	1	
2		××路桥公司	××公路建设项目××－××标段 K××＋××－K××＋××路基桥梁工程公路水运工程工地试验室备案通申请书及附件	20160921	3－98	

量较多的可组成数卷。拟写案卷题名时不能采用"建筑材料报验单及附件一""建筑材料报验单及附件二"的方法。由于经常出现同一种建筑材料多次进场报验的现象,因此在拟写文件材料题名时,应分别标注"产品规格""报验时间"加以区分。拟写文件材料题名时不能采用"建筑材料报验单及附件一""建筑材料报验单及附件二"的方法。

本案例为大桥基础及下部构造钢筋《建筑材料报验单》及附件的整理、组卷方法,其他各专业《建筑材料报验单》及附件的整理、组卷方法与之基本相同。

建筑材料报验单案卷题名拟写方式可参考以下示例:

××公路建设项目××－××标K××＋××大桥基础及下部构造钢筋2017年1月16日至2017年3月25日建筑材料报验单及附件

《卷内目录》拟写方式见表12-27。

如果同一种材料的进场报验单及附件只有一卷,可将本案例案卷题名中的"时间"删除。案卷题名应拟写为:

××公路建设项目××－××标K××＋××大桥基础及下部构造钢筋建筑材料报验单及附件

已经归入开工报告中的《建筑材料报验单》及附件,可不再归档。

例12.3-9:标准试验。

路基、桥梁施工单位标准试验申报(如混凝土配合比设计)文件材料以分部工程为单位单独组卷,隧道施工单位标准试验申报文件材料以单位工程为单位单独组卷,不归入开工报告。在拟写文件材料题名时应注明工程部位、试验类型,不能采用"……配合比设计承包人申报表及附件一""……配合比设计承包人申报表及附件二"的方法。文件材料数量多的,可组成数卷。在拟写案卷题名时应注明本卷所包含的主要内容,不能采用"……配合比设计承包人申报表及附件一""……配合比设计承包人申报表及附件二"的方法。

路面底基层、基层的配合比设计文件材料归入试铺开工报告中,不必单独组卷。路面下、中、上面层的配合比设计文件材料分为目标配合比、生产配合比,无须归入开工报告,但应单独组卷。下、中、上面层沥青混凝土试拌结果报审表及附件应归入相应的分项工程试铺开工报告中,无须单独组卷。

标准试验案卷题名拟写方式可参考如下示例:

××公路建设项目××标段K××＋××大桥基础及下部构造混凝土配合比设计承包人申报表及附件

《卷内目录》拟写方式见表12-28。

上述整理、组卷方式仅供大家参考。项目所在地上级行政管理部门或项目建设单位对标准试验文件材料的组卷归档方式有专门规定的,按照其规定执行。

标准试验以正式公文形式申报的,案卷题名可拟写为:

关于××公路建设项目××－××标段K××＋××大桥基础及下部构造混凝土配合比设计的批复及请示

《卷内目录》拟写方式也须做如下相应的调整。

关于××公路建设项目××标段K××＋××大桥桩基C30混凝土配合比设计的批复

(批复与请示拟写一个"文件材料题名",不显示"请示"。)

卷 内 目 录　　　　　　　　　　　　　　　　表 12-27

（例 12.3-8：建筑材料报验单）

序号	文件编号	责任者	文件材料题名	日期	页号	备注
1		××路桥公司 ××监理	××公路建设项目××－××标K××＋××大桥基础及下部构造HRB335Φ25钢筋2017年1月16日建筑材料进场使用报验单及附件	20170116	1	含监理抽检
2		××路桥公司 ××监理	××公路建设项目××－××标K××＋××大桥基础及下部构造HRB335Φ25、Q235Φ10钢筋2017年2月25日建筑材料进场使用报验单及附件	20170225	8	
3		××路桥公司 ××监理	××公路建设项目××－××标K××＋××大桥基础及下部构造HRB335Φ28钢筋2017年3月1日建筑材料进场使用报验单及附件	20170301	16	含监理抽检
4		××路桥公司 ××监理	××公路建设项目××－××标K××＋××大桥基础及下部构造HRB335Φ28钢筋2017年3月2日建筑材料进场使用报验单及附件	20170302	23	含监理抽检
5		××路桥公司 ××监理	××公路建设项目××－××标K××＋××大桥基础及下部构造HRB335Φ25钢筋2017年3月2日建筑材料进场使用报验单及附件	20170302	29	
6		××路桥公司 ××监理	××公路建设项目××－××标K××＋××大桥基础及下部构造HRB335Φ25、Φ22钢筋2017年3月3日建筑材料进场使用报验单及附件	20170303	37	含监理抽检
7		××路桥公司 ××监理	××公路建设项目××－××标K××＋××大桥基础及下部构造HRB335Φ22钢筋2017年3月3日建筑材料进场使用报验单及附件	20170303	49	
8		××路桥公司 ××监理	××公路建设项目××－××标K××＋××大桥基础及下部构造HRB335Φ16钢筋2017年3月3日建筑材料进场使用报验单及附件	20170303	58	含监理抽检
9		××路桥公司 ××监理	××公路建设项目××－××标K××＋××大桥基础及下部构造Q235Φ10钢筋2017年3月3日建筑材料进场使用报验单及附件	20170303	72	
10		××路桥公司 ××监理	××公路建设项目××－××标K××＋××大桥基础及下部构造Q235Φ10钢筋2017年3月4日建筑材料进场使用报验单及附件	20170304	81	含监理抽检
11		××路桥公司 ××监理	××公路建设项目××－××标K××＋××大桥基础及下部构造Q235Φ22钢筋2017年3月4日建筑材料进场使用报验单及附件	20170304	93	
12		××路桥公司 ××监理	××公路建设项目××－××标K××＋××大桥基础及下部构造Q235Φ10钢筋2017年3月4日建筑材料进场使用报验单及附件	20170304	101	含监理抽检
13		××路桥公司 ××监理	××公路建设项目××－××标K××＋××大桥基础及下部构造HRB335Φ25、HRB335Φ22,HRB335Φ20钢筋2017年3月8日建筑材料进场使用报验单及附件	20170308	110	
14		××路桥公司 ××监理	××公路建设项目××－××标K××＋××大桥基础及下部构造HRB335Φ16、Φ12钢筋2017年3月8日建筑材料进场使用报验单及附件	20170308	123	含监理抽检
15		××路桥公司 ××监理	××公路建设项目××－××标K××＋××大桥基础及下部构造HRB335Φ25、Φ20钢筋2017年3月25日建筑材料进场使用报验单及附件	20170325	132－146	

卷 内 目 录

表 12-28

（例 12.3-9：标准试验）

序号	文件编号	责任者	文件材料题名	日期	页号	备注
1		××路桥公司 ×× 监理	××公路建设项目××标段 K ×× + ×× 大桥桩基 C30 混凝土配合比设计承包人申报表及附件	20160616	1	含监理抽检
2		××路桥公司 ×× 监理	××公路建设项目××标段 K ×× + ×× 大桥承台 C35 混凝土配合比设计承包人申报表及附件	20160725	35	含监理抽检
3		××路桥公司 ×× 监理	××公路建设项目××标段 K ×× + ×× 大桥墩身混 C40 凝土配合比设计承包人申报表及附件	20160801	78	含监理抽检
4		××路桥公司 ×× 监理	××公路建设项目××标段 K ×× + ×× 大桥支座垫石 C45 混凝土配合比设计承包人申报表及附件	20161102	112 – 151	含监理抽检

或：

关于××公路建设项目××标段 K×× + ××大桥桩基 C30 混凝土配合比设计的批复

关于××公路建设项目××标段 K×× + ××大桥桩基 C30 混凝土配合比设计的请示

（批复与请示各拟写一个"文件材料题名"。）

或：

关于××公路建设项目××标段 K×× + ××大桥桩基 C30 混凝土配合比设计的批复、请示

（批复与请示拟写一个"文件材料题名"，显示"请示"。）

例 12.3-10：首件认可申请。

除路面工程以外的各分项《首件工程认可书申请单》及附件应以分部、单位工程为单位单独组卷。

根据《首件工程认可书申请单》表格中"附件"栏规定的内容，应将"总监办审核意见、项目经理部质量综合评定、施工总结、中间检验资料、作业指导书"的原件依次排列。在拟写"……《中间检验申请单》（或《检验申请批复单》）及附件"的文件材料题名时，应注明具体的桩号、部位，以便检索、利用。首件技术文件材料中可不放《施工放样报验单》及附件，因为该文件材料已归入相应的开工报告中。

本案例将"××大桥 1#墩 - 2 桩基"列为首件案例，在整理"××大桥 1#墩桩基"中间质量检验文件材料时，"××大桥 1#墩 - 2 桩基"的《中间检验申请单》（或《检验申请批复单》）及附件可不再归入，只须在《卷内备考表》中注明："××大桥 1#墩 - 2 桩基的《中间检验申请单》（或《检验申请批复单》）及附件已归入首件工程的案卷中，见档号：××"。本案例为桩基的首件技术文件材料的案例，其他工程首件技术文件材料的整理、组卷方法可参照本案例。

路面各分项工程首件（试铺段）认可申请单及附件应归入相应的开工报告中。

首件认可申请案卷题名拟写方式可参考如下示例：

××公路建设项目×× - ××标 K×× + ××大桥桩基首件工程认可申请单及附件

《卷内目录》拟写方式见表 12-29。

本案例首件工程技术文件材料整理、组卷方式仅供大家参考。项目所在地上级行政管理部门或项目建设单位对首件工程技术文件材料的组卷归档方式有专门规定的，按照其规定执行。

首件工程以正式公文形式申报的，本案例的案卷题名可拟写为：

关于××公路建设项目×× - ××标段 K×× + ××大桥桩基首件工程的批复及请示

《卷内目录》拟写方式也须做相应的调整，具体拟写方式可参照"例 12.3-9"的说明。

例 12.3-11：软基处理（一）。

通常，一个软基处理施工段落的《工程检验认可书》《工程报验单》（或《中间交工证书》）、《施工放样报验单》及附件、《中间检验申请单》（或《检验申请批复单》）及附件的文件材料数量较多，可组成数卷。在拟写案卷题名时应分别注明各案卷所含的各主要内容，不能采用"……软基处理一""……软基处理二"的书写方式，其整理、组卷及案卷题名方式可参照"例 12.3-11、例 12.3-12"。

卷 内 目 录

表 12-29

（例 12.3-10：首件认可申请）

序号	文件编号	责任者	文件材料题名	日期	页号	备注
1		××路桥公司 ××监理	××公路建设项目××－××标 K××＋××大桥桩基首件工程认可申请单及附件	20160808	1	
2		××监理	××公路建设项目××－××标 K××＋××大桥桩基首件工程总监办审核意见	20160805	2	
3		××路桥公司	××公路建设项目××－××标 K××＋××大桥桩基首件工程项目经理部质量综合评定表	20160803	3	
4		××路桥公司	××公路建设项目××－××标 K××＋××大桥桩基首件工程施工总结	20160804	4	
5		××路桥公司 ××监理	××公路建设项目××－××标 K××＋××大桥 1#墩－2 桩基成孔中间检验申请单及附件	20160703	26	含监理抽检
6		××路桥公司 ××监理	××公路建设项目××－××标 K××＋××大桥 1#墩－2 桩基桩底压浆中间检验申请单及附件	20160703	32	含监理抽检
7		××路桥公司 ××监理	××公路建设项目××－××标 K××＋××大桥 1#墩－2 桩基钢筋加工及安装中间检验申请单及附件	20160703	35	含监理抽检
8		××路桥公司 ××监理	××公路建设项目××－××标 K××＋××大桥 1#墩－2 桩基混凝土浇筑中间检验申请单及附件	20160703	41	含监理抽检
9		××路桥公司 ××监理	××公路建设项目××－××标 K××＋××大桥 1#墩－2 桩基成桩中间检验申请单及附件	20160801	47	含监理抽检
10		××路桥公司	××公路建设项目××－××标 K××＋××大桥桩基工程作业指导书	20160803	52－72	

水泥搅拌桩等的机打小票,应裱贴在 A4 纸上复印后放在相应的现场检测记录表后面一起组卷归档,原始件在前、复印件在后。如果机打小票没有归档的,应妥善保存。

软基处理(一)案卷题名拟写方式可参考如下示例:

××公路建设项目××－××标K××＋××－K××＋××路基工程K××＋××－K××＋××水泥搅拌桩工程检验认可书、工程报验单、施工放样报验单及附件,中间检验申请单、现场质量检验报告单、××分项工程现场检查记录表、施工记录表

或

××公路建设项目××－××标k××＋×××－k××＋×××路基工程k××＋×××－k××＋×××水泥搅拌桩中间交工证书、开工报告、施工放样报验及附件,检验申请批复单、质量检验报告单、××工程现场检查记录、施工记录

例 12.3-12:软基处理(二)。

该软基处理施工段落的《工程检验认可书》《工程报验单》(或《中间交工证书》)、《施工放样报验单》及附件、《中间检验申请单》(或《检验申请批复单》)、《现场质量报告单》等已归入上一案例("例 12.3-11 软基处理(一)")中,本案例只有××段落分项工程现场检查记录表、施工记录表等,在拟写案卷题名时应注意。在同一段落软基处理分项工程现场检查记录表、施工记录表文件材料数量较多的情况下,可根据施工段落、打桩机的机号、施工时间进行分卷处理。

软基处理(二)案卷题名拟写方式可参考如下示例:

××公路建设项目××－××标K××＋××－K××＋××路基工程K××＋××－K××＋××水泥搅拌桩××段分项工程现场检查记录表、施工记录表

或

××公路建设项目××－××标k××＋×××－k××＋×××路基工程k××＋×××－k××＋×××水泥搅拌桩××分项工程现场检查记录表、施工记录表,分项工程质量评定表

例 12.3-13:软基处理(三)。

一个软基处理施工段落的《工程检验认可书》《工程报验单》(或《中间交工证书》)、《施工放样报验单》及附件、《中间检验申请单》(或《检验申请批复单》)及附件文件材料数量较少的,可组成一卷,在拟写案卷题名、文件材料题名时相对简单,案卷题名拟写方式可参照:

××公路建设项目××－××标K××＋××－K××＋××路基工程K××＋××－K××＋××水泥搅拌桩工程检验认可书、工程报验单及附件

或

××公路建设项目××－××标k××＋×××－k××＋×××路基工程k××＋×××－k××＋×××水泥搅拌桩中间交工证书、开工报告、施工放样报验单、检验申请批复单及附件、分项工程质量评定表

例 12.3-11 ~ 例 12.3-13《卷内目录》拟写方式见"表 12-30 ~ 表 12-32"。或将"表 12-30 ~ 表 12-32"中各文件材料题名依次调整为:"……中间交工证书、……开工报告、……施工放样报验单及附件、……检验申请批复单及附件、……分项工程质量评定表"。

例 12.3-14:路基土石方中间检验文件(一)。

一个路基土石方施工段落的《工程检验认可书》《工程报验单》(或《中间交工证书》)、《施

卷 内 目 录

表 12-30

（例 12.3-11：软基处理一）

序号	文件编号	责任者	文件材料题名	日期	页号	备注
1		××路桥公司 ××监理	××公路建设项目××－××标 K××＋××－K ××＋××路基工程 K××＋××－K××＋×× 水泥搅拌桩工程检验认可书、工程报验单	20161123	1	
2		××路桥公司 ××监理	××公路建设项目××－××标 K××＋××－K ××＋××路基工程 K××＋××－K××＋×× 水泥搅拌桩施工放样报验单及附件	20160918	3	含监理抽检
3		××路桥公司 ××监理	××公路建设项目××－××标 K××＋××－K ××＋××路基工程 K××＋××－K××＋×× 水泥搅拌桩中间检验申请单	20161122	6	
4		××路桥公司 ××监理	××公路建设项目××－××标 K××＋××－K ××＋××路基工程 K××＋××－K××＋×× 水泥搅拌桩现场质量报告单	20161121	7	
5		××路桥公司 ××监理	××公路建设项目××－××标 K××＋××－K ××＋××路基工程 K××＋××－K××＋×× 水泥搅拌桩××段分项工程现场检查记录表、施 工记录表	20161012	8－185	含监理抽检

卷 内 目 录 表 12-31

（例 12.3-12；软基处理二）

序号	文件编号	责任者	文件材料题名	日期	页号	备注
1		××路桥公司 ××监理	××公路建设项目××－××标 K××＋××－K××＋××路基工程 K××＋××－K××＋××水泥搅拌桩××段分项工程现场检查记录表、施工记录表	20161030	1－188	含监理抽检

卷 内 目 录

表 12-32

（例 12.3-13：软基处理三）

序号	文件编号	责任者	文件材料题名	日期	页号	备注
1		××路桥公司 ××监理	××公路建设项目××－××标 K××＋××－K ××＋××路基工程 K××＋××－K××＋×× 水泥搅拌桩工程检验认可书、工程报验单	20161123	1	
2		××路桥公司 ××监理	××公路建设项目××－××标 K××＋××－K ××＋××路基工程 K××＋××－K××＋×× 水泥搅拌桩施工放样报验单及附件	20160918	3	含监理抽检
3		××路桥公司 ××监理	××公路建设项目××－××标 K××＋××－K ××＋××路基工程 K××＋××－K××＋×× 水泥搅拌桩中间检验申请单及附件	20161122	6－185	含监理抽检

工放样报验单》及附件、《中间检验申请单》(或《检验申请批复单》)及附件通常文件材料数量较多,可组成数卷。在拟写案卷题名时应分别注明各案卷所含的各主要内容,不能采用"……路基土石方一""……路基土石方二"的提法。其整理、组卷及案卷题名方式可参照"例 12.3-14 ~ 例 12.3-16"。

路基土石方中间检验文件(一)的案卷题名拟写方式可参考如下示例:

××公路建设项目××－××标 K××＋××－K××＋××路基工程 K××＋××－K××＋××路基土石方工程检验认可书、工程报验单,90 区、92 区、93 区第 1 ~ 7 层施工放样报验单、中间检验申请单及附件

或

××公路建设项目××－××标 K××＋×××－K××＋×××路基工程 K××＋×××－K××＋×××路基土石方中间交工证书、开工报告,90 区、92 区、93 区 1－7 层施工放样报验单、检验申请批复单及附件

例 **12.3-15**：路基土石方中间检验文件(二)。

一个路基土石方施工段落的《工程检验认可书》《工程报验单》(或《中间交工证书》)已归入上一案例("例 12.3-14")中,本案例(例 12.3-15)、下一案例(例 12.3-16)中只有《施工放样报验单》及附件、《中间检验申请单》(或《检验申请批复单》)及附件,拟写案卷题名时应注意。参考示例如下:

××公路建设项目××－××标 K××＋××－K××＋××路基工程 K××＋××－K××＋××路基土石方 93 区第 8 ~ 15 层施工放样报验单、中间检验申请单及附件

或

××公路建设项目××－××标 K××＋×××－K××＋×××路基工程 K××＋×××－K××＋×××路基土石方 93 区 8－15 层施工放样报验单、检验申请批复单及附件

例 **12.3-16**：路基土石方中间检验文件(三)。

案卷题名参考示例如下:

××公路建设项目××－××标 K××＋××－K××＋××路基工程 K××＋××－K××＋××路基土石方 94 区、96 区施工放样报验单、中间检验申请单及附件

或

××公路建设项目××－××标 K××＋×××－K××＋×××路基工程 K××＋×××－K××＋×××路基土石方 94 区、96 区施工放样报验单、检验申请批复单及附件,K××＋×××－K××＋×××路基土石方分项工程质量评定表

例 12.3-14 ~ 例 12.3-16《卷内目录》拟写方式见"表 12-33 ~ 表 12-35"。或将"表 12-33 ~ 表 12-35"中各文件材料题名依次调整为:"……中间交工证书、……开工报告、……施工放样报验单及附件、……检验申请批复单及附件、……分项工程质量评定表"。

一个路基土石方施工段落文件材料数量较少的,可组成一卷;其案卷题名的拟写相对简单,可参照"例 12.3-13 软基处理(三)"。

《施工放样报验单》只用于该工序尚未施工前,在对工程的平面位置和基础高程的测量结果进行放样报验时使用。路基土方填筑施工过程中每隔 5 ~ 6 层以及在压实度换区的第一层均要填报《施工放样报验单》。如 93 区顶层高程和偏位的检测结果用该层《中间检验申请单》

卷内目录　　　　　　　　　　　　　　表12-33

（例12.3-14：路基土石方中间检测文件一）

序号	文件编号	责任者	文件材料题名	日期	页号	备注
1		××路桥公司 ××监理	××公路建设项目××-××标K××+××-K××+××路基工程K××+××-K××+××路基土石方工程检验认可书、工程报验单	20161218	1	
2		××路桥公司 ××监理	××公路建设项目××-××标K××+××-K××+××路基工程K××+××-K××+××路基土石方90区施工放样报验单及附件	20160918	3	含监理抽检
3		××路桥公司 ××监理	××公路建设项目××-××标K××+××-K××+××路基工程K××+××-K××+××路基土石方90区中间检验申请单及附件	20160919	6	含监理抽检
4		××路桥公司 ××监理	××公路建设项目××-××标K××+××-K××+××路基工程K××+××-K××+××路基土石方92区施工放样报验单及附件	20160919	21	含监理抽检
5		××路桥公司 ××监理	××公路建设项目××-××标K××+××-K××+××路基工程K××+××-K××+××路基土石方92区中间检验申请单及附件	20160920	24	含监理抽检
6		××路桥公司 ××监理	××公路建设项目××-××标K××+××-K××+××路基工程K××+××-K××+××路基土石方93区第1层施工放样报验单及附件	20160922	39	含监理抽检
7		××路桥公司 ××监理	××公路建设项目××-××标K××+××-K××+××路基工程K××+××-K××+××路基土石方93区第1层中间检验申请单及附件	20160922	44	含监理抽检
8		××路桥公司 ××监理	××公路建设项目××-××标K××+××-K××+××路基工程K××+××-K××+××路基土石方93区第2层中间检验申请单及附件	20160924	60	含监理抽检
9		××路桥公司 ××监理	××公路建设项目××-××标K××+××-K××+××路基工程K××+××-K××+××路基土石方93区第3层中间检验申请单及附件	20160928	77	含监理抽检
10		××路桥公司 ××监理	××公路建设项目××-××标K××+××-K××+××路基工程K××+××-K××+××路基土石方93区第4层中间检验申请单及附件	20161003	95	含监理抽检
11		××路桥公司 ××监理	××公路建设项目××-××标K××+××-K××+××路基工程K××+××-K××+××路基土石方93区第5层中间检验申请单及附件	20161010	110	含监理抽检
12		××路桥公司 ××监理	××公路建设项目××-××标K××+××-K××+××路基工程K××+××-K××+××路基土石方93区第6层施工放样报验单及附件	20161015	128	含监理抽检
13		××路桥公司 ××监理	××公路建设项目××-××标K××+××-K××+××路基工程K××+××-K××+××路基土石方93区第6层中间检验申请单及附件	20161015	132	含监理抽检
14		××路桥公司 ××监理	××公路建设项目××-××标K××+××-K××+××路基工程K××+××-K××+××路基土石方93区第7层中间检验申请单及附件	20161018	149-163	含监理抽检

卷 内 目 录

表 12-34

（例 12.3-15：路基土石方中间检测文件二）

序号	文件编号	责任者	文件材料题名	日期	页号	备注
1		××路桥公司 ××监理	××公路建设项目××－××标 K××＋××－K××＋××路基工程 K××＋××－K××＋××路基土石方 93 区第 8 层中间检验申请单及附件	20161020	1	含监理抽检
2		××路桥公司 ××监理	××公路建设项目××－××标 K××＋××－K××＋××路基工程 K××＋××－K××＋××路基土石方 93 区第 9 层中间检验申请单及附件	20161022	18	含监理抽检
3		××路桥公司 ××监理	××公路建设项目××－××标 K××＋××－K××＋××路基工程 K××＋××－K××＋××路基土石方 93 区第 10 层中间检验申请单及附件	20161025	39	含监理抽检
4		××路桥公司 ××监理	××公路建设项目××－××标 K××＋××－K××＋××路基工程 K××＋××－K××＋××路基土石方 93 区第 11 层施工放样报验单及附件	20161025	58	含监理抽检
5		××路桥公司 ××监理	××公路建设项目××－××标 K××＋××－K××＋××路基工程 K××＋××－K××＋××路基土石方 93 区第 11 层中间检验申请单及附件	20161026	63	含监理抽检
6		××路桥公司 ××监理	××公路建设项目××－××标 K××＋××－K××＋××路基工程 K××＋××－K××＋××路基土石方 93 区第 12 层中间检验申请单及附件	20161027	81	含监理抽检
7		××路桥公司 ××监理	××公路建设项目××－××标 K××＋××－K××＋××路基工程 K××＋××－K××＋××路基土石方 93 区第 13 层中间检验申请单及附件	20161029	99	含监理抽检
8		××路桥公司 ××监理	××公路建设项目××－××标 K××＋××－K××＋××路基工程 K××＋××－K××＋××路基土石方 93 区第 14 层中间检验申请单及附件	20161101	117	含监理抽检
9		××路桥公司 ××监理	××公路建设项目××－××标 K××＋××－K××＋××路基工程 K××＋××－K××＋××路基土石方 93 区第 15 层中间检验申请单及附件	20161103	135－153	含监理抽检

卷 内 目 录

表 12-35

(例 12.3-16：路基土石方中间检测文件三)

序号	文件编号	责任者	文件材料题名	日期	页号	备注
1		××路桥公司 ××监理	××公路建设项目××－××标 K××＋××－K ××＋×× 路基工程 K××＋××－K××＋×× 路基土石方 94 区第 1 层施工放样报验单及附件	20161103	1	含监理抽检
2		××路桥公司 ××监理	××公路建设项目××－××标 K××＋××－K ××＋×× 路基工程 K××＋××－K××＋×× 路基土石方 94 区第 1 层中间检验申请单及附件	20161104	5	含监理抽检
3		××路桥公司 ××监理	××公路建设项目××－××标 K××＋××－K ××＋×× 路基工程 K××＋××－K××＋×× 路基土石方 94 区第 2 层中间检验申请单及附件	20161108	24	含监理抽检
4		××路桥公司 ××监理	××公路建设项目××－××标 K××＋××－K ××＋×× 路基工程 K××＋××－K××＋×× 路基土石方 94 区第 3 层中间检验申请单及附件	20161112	43	含监理抽检
5		××路桥公司 ××监理	××公路建设项目××－××标 K××＋××－K ××＋×× 路基工程 K××＋××－K××＋×× 路基土石方 94 区第 4 层中间检验申请单及附件	20161118	63	含监理抽检
6		××路桥公司 ××监理	××公路建设项目××－××标 K××＋××－K ××＋×× 路基工程 K××＋××－K××＋×× 路基土石方 96 区第 1 层施工放样报验单及附件	20161120	68	含监理抽检
7		××路桥公司 ××监理	××公路建设项目××－××标 K××＋××－K ××＋×× 路基工程 K××＋××－K××＋×× 路基土石方 96 区第 1 层中间检验申请单及附件	20161122	87	含监理抽检
8		××路桥公司 ××监理	××公路建设项目××－××标 K××＋××－K ××＋×× 路基工程 K××＋××－K××＋×× 路基土石方 96 区第 2 层中间检验申请单及附件	20161128	107	含监理抽检
9		××路桥公司 ××监理	××公路建设项目××－××标 K××＋××－K ××＋×× 路基工程 K××＋××－K××＋×× 路基土石方 96 区第 3 层中间检验申请单及附件	20161205	126	含监理抽检
10		××路桥公司 ××监理	××公路建设项目××－××标 K××＋××－K ××＋×× 路基工程 K××＋××－K××＋×× 路基土石方 96 区第 4 层中间检验申请单及附件	20161212	145－161	含监理抽检

(或《检验申请批复单》)报验后,可仍用该检测结果填写94区第一层的《施工放样报验单》,作为94区第一层的施工文件材料归档。某工序在施工结束时对平面位置和顶面高程复测不用《施工放样报验单》报验,因此,也就不存在93顶、94顶、96顶的《施工放样报验单》。

例12.3-17:路基沉降观测报告。

路基沉降观测报告由第三方检测单位出具,一般由路基施工单位以合同段为单位进行组卷、归档,各文件材料按时间顺序排列。案卷一般排列在该合同段路基土石方中间检验文件材料的后面。

通常情况下,在项目交工验收以后,相关单位还会对路基沉降进行观测,应注意及时将相关文件材料进行收集、整理、组卷。

在拟写文件材料题名、案卷题名时应尊重原纸质文件材料的题名拟写方式。

路基沉降观测报告案卷题名拟写方式参考示例如下:

××公路建设项目××－××标K××＋××－K××＋××路基工程第一期至第五期沉降观测报告

《卷内目录》拟写方式见表12-36。

软基处理(水泥搅拌桩等)、桥梁桩基、桥梁动静载等检测报告在整理、组卷时可参照本案例。

软基处理(水泥搅拌桩)检测报告一般在归入该合同段软基处理案卷的最后一卷。案卷题名拟写参考示例如下:

××公路建设项目××－××标K××＋××－K××＋××水泥搅拌桩第一期至第×期钻芯检测报告

桥梁桩基检测报告应归入该桥梁基础及下部构造案卷的最后一卷。案卷题名拟写参考示例如下:

××公路建设项目××－××标K××＋××大桥桩基检测报告

桥梁动静载检测报告应归入该桥梁上部构造案卷的最后一卷,案卷题名拟写参考示例如下:

××公路建设项目××－××标K××＋××大桥动静载试验检测报告

一份沉降观测报告、软基处理(水泥搅拌桩)检测报告包含多个合同段的,其报告应归入该报告中编号最小的合同段案卷中,且应在拟写卷内目录、案卷题名时予以注明。其他合同段的案卷中可不再归入该报告(无须复印)。

一份桥梁桩基检测报告、动静载试验检测报告包含多座桥梁的,其报告应归入该报告中桩号最小的桥梁工程案卷中,且应在拟写卷内目录、案卷题名时予以注明。其他桥梁的案卷中可不再归入该报告(无须复印)。

检测报告的责任者应该是第三方检测单位,在编制《卷内目录》填写"责任者"一栏时,应注意。

例12.3-18:路面工程中间检验文件(一)。

一个路面工程施工段落《工程检验认可书》《工程报验单》(或《中间交工证书》)《施工放样报验单》及附件、《中间检验申请单》(或《检验申请批复单》)及附件文件材料数量较多的,可组成数卷。在同一个施工段落中,通常是先将左幅《施工放样报验单》《中间检验申请单》(或

卷 内 目 录

表 12-36

（例 12.3-17：路基沉降观测报告）

序号	文件编号	责 任 者	文件材料题名	日期	页号	备注
1		××交通规划设计院	××公路建设项目××－××标 K××＋××－K××＋××路基工程第一期沉降观测报告	20160926	1	
2		××交通规划设计院	××公路建设项目××－××标 K××＋××－K××＋××路基工程第二期沉降观测报告	20161026	35	
3		××交通规划设计院	××公路建设项目××－××标 K××＋××－K××＋××路基工程第三期沉降观测报告	20161126	76	
4		××交通规划设计院	××公路建设项目××－××标 K××＋××－K××＋××路基工程第四期沉降观测报告	20161226	118	
5		××交通规划设计院	××公路建设项目××－××标 K××＋××－K××＋××路基工程第五期沉降观测报告	20170126	150－186	

《检验申请批复单》)及附件按里程桩号整理、组卷完成后,再依次整理右幅。组成数卷时,一个案卷尽量不要同时包含左、右幅的文件材料。在拟写案卷题名时,应分别注明各案卷所含的主要内容,不能采用"……路面工程一""……路面工程二"的提法。其整理、组卷及案卷题名方式可参照"例 12.3-18、例 12.3-19"。

路面工程中间检验文件(一)案卷题名拟写方式参考示例如下:

××公路建设项目 ××－××标 Kxx＋xx－Kxx＋xx 路面工程 K1＋342.806－K2＋570 低剂量水泥稳定碎石底基层工程检验认可书、工程报验单,左幅水泥稳定碎石底基层施工放样报验单、中间检验申请单及附件

或

××公路建设项目 ××－××标 Kxx＋xxx－Kxx＋xxx 路面工程 K1＋342.806－K2＋570 低剂量水泥稳定碎石底基层中间交工证书、开工报告,左幅水泥稳定碎石底基层施工放样报验单、检验申请批复单及附件

例 12.3-19:路面工程中间检验文件(二)。

一个路面工程施工段落中间检验文件材料组成数卷时,《工程检验认可书》《工程报验单》(或《中间交工证书》)应放在本段落左幅最小桩号《施工放样报验单》的前面。从第二个案卷起,案卷中只有《施工放样报验单》《中间检验申请单》(或《检验申请批复单》)及附件,案卷题名中不再出现"工程检验认可书、工程报验单"(或中间交工证书)。路面工程中间检验文件(二)的案卷题名拟写方式参考示例如下:

××公路建设项目 ××－××标 Kxx＋xx－Kxx＋xx 路面工程 K1＋342.806－K2＋570 右幅水泥稳定碎石底基层施工放样报验单、中间检验申请单及附件

或

××公路建设项目 ××－××标 Kxx＋xxx－Kxx＋xxx 路面工程 K1＋342.806－K2＋570 右幅水泥稳定碎石底基层施工放样报验单、检验申请批复单及附件,K1＋342.806－K2＋570 水泥稳定碎石底基层分项工程质量评定表

例 12.3-18、例 12.3-19《卷内目录》拟写方式见"表 12-37、表 12-38"。或将"表 12-37、表 12-38"中各文件材料题名依次调整为:"……中间交工证书、……开工报告、……施工放样报验单及附件、……检验申请批复单及附件、……分项工程质量评定表"。

路面工程一个施工段落《工程检验认可书》、《工程报验单》(或中间交工证书)、《施工放样报验单》及附件、《中间检验申请单》(或检验申请批复单)及附件文件材料数量较少的,可组成一卷,在拟写案卷题名时相对简单,可参照:

××公路建设项目 ××－××标 Kxx＋xxx－Kxx＋xxx 路面工程 K1＋342.806－K2＋570 低剂量水泥稳定碎石底基层工程检验认可书、工程报验单及附件

或

××公路建设项目 ××－××标 Kxx＋xxx－Kxx＋xxx 路面工程 K1＋342.806－K2＋570 低剂量水泥稳定碎石底基层中间交工证书、开工报告、施工放样报验单、检验申请批复单及附件、分项工程质量评定表

例 12.3-18、例 12.3-19 为路面工程——底基层分项工程的案例,路面基层、下面层、中面层、上面层等的整理、组卷及案卷题名方式与之基本相同。

卷 内 目 录　　　　　　　　　　　　　　表 12-37

（例 12.3-18：路面工程中间检测文件一）

序号	文件编号	责任者	文件材料题名	日期	页号	备注
1		××路桥公司 ××监理	××公路建设项目××‑××标 K××＋××‑K××＋××路面工程 K1＋342.806‑K2＋570 低剂量水泥稳定碎石底基层工程检验认可书、工程报验单	20170408	1	
2		××路桥公司 ××监理	××公路建设项目××‑××标 K××＋××‑K××＋××路面工程 K1＋342.806‑K1＋690 左幅低剂量水泥稳定碎石底基层施工放样报验单及附件	20170228	3	含监理抽检
3		××路桥公司 ××监理	××公路建设项目××‑××标 K××＋××‑K××＋××路面工程 K1＋342.806‑K1＋690 左幅低剂量水泥稳定碎石底基层中间检验申请单及附件	20170302	6	含监理抽检
4		××路桥公司 ××监理	××公路建设项目××‑××标 K××＋××‑K××＋××路面工程 K1＋690‑K1＋842 左幅低剂量水泥稳定碎石底基层施工放样报验单及附件	20170304	47	含监理抽检
5		××路桥公司 ××监理	××公路建设项目××‑××标 K××＋××‑K××＋××路面工程 K1＋690‑K1＋842 左幅低剂量水泥稳定碎石底基层中间检验申请单及附件	20170305	50	含监理抽检
6		××路桥公司 ××监理	××公路建设项目××‑××标 K××＋××‑K××＋××路面工程 K1＋978‑K2＋360 左幅低剂量水泥稳定碎石底基层施工放样报验单及附件	20170315	89	含监理抽检
7		××路桥公司 ××监理	××公路建设项目××‑××标 K××＋××‑K××＋××路面工程 K1＋978‑K2＋360 左幅低剂量水泥稳定碎石底基层中间检验申请单及附件	20170316	94	含监理抽检
8		××路桥公司 ××监理	××公路建设项目××‑××标 K××＋××‑K××＋××路面工程 K2＋360‑K2＋570 左幅低剂量水泥稳定碎石底基层施工放样报验单及附件	20170311	130	含监理抽检
9		××路桥公司 ××监理	××公路建设项目××‑××标 K××＋××‑K××＋××路面工程 K2＋360‑K2＋570 左幅低剂量水泥稳定碎石底基层中间检验申请单及附件	20170313	135‑172	含监理抽检

卷 内 目 录

表 12-38

（例 12.3-19：路面工程中间检验文件二）

序号	文件编号	责任者	文件材料题名	日期	页号	备注
1		××路桥公司 ××监理	××公路建设项目××－××标 K××＋××－K××＋××路面工程 K1＋342.806－K1＋690 右幅低剂量水泥稳定碎石底基层施工放样报验单及附件	20170318	1	含监理抽检
2		××路桥公司 ××监理	××公路建设项目××－××标 K××＋××－K××＋××路面工程 K1＋342.806－K1＋690 右幅低剂量水泥稳定碎石底基层中间检验申请单及附件	20170320	5	含监理抽检
3		××路桥公司 ××监理	××公路建设项目××－××标 K××＋××－K××＋××路面工程 K1＋690－K1＋842 右幅低剂量水泥稳定碎石底基层施工放样报验单及附件	20170404	46	含监理抽检
4		××路桥公司 ××监理	××公路建设项目××－××标 K××＋××－K××＋××路面工程 K1＋690－K1＋842 右幅低剂量水泥稳定碎石底基层中间检验申请单及附件	20170405	55	含监理抽检
5		××路桥公司 ××监理	××公路建设项目××－××标 K××＋××－K××＋××路面工程 K1＋978－K2＋360 右幅低剂量水泥稳定碎石底基层施工放样报验单及附件	20170322	89	含监理抽检
6		××路桥公司 ××监理	××公路建设项目××－××标 K××＋××－K××＋××路面工程 K1＋978－K2＋360 右幅低剂量水泥稳定碎石底基层中间检验申请单及附件	20170323	94	含监理抽检
7		××路桥公司 ××监理	××公路建设项目××－××标 K××＋××－K××＋××路面工程 K2＋360－K2＋570 右幅低剂量水泥稳定碎石底基层施工放样报验单及附件	20170401	131	含监理抽检
8		××路桥公司 ××监理	××公路建设项目××－××标 K××＋××－K××＋××路面工程 K2＋360－K2＋570 右幅低剂量水泥稳定碎石底基层中间检验申请单及附件	20170402	135－171	含监理抽检

例 12.3-20：涵洞工程——圆管涵中间检验文件。

圆管涵中间检验文件材料以每道(处)为单位组卷。《工程检验认可书》《工程报验单》(或《中间交工证书》)放在首位,其余各文件材料按照工艺流程依次排列。一道(处)圆管涵文件材料数量较少时,可将桩号相邻的几道(处)圆管涵组成一卷。在拟写案卷题名时,应将本卷内所包含的涵洞桩号逐一列出。合并组卷时,一道(处)圆管涵文件材料不要分散在两个案卷中。

涵洞工程——圆管涵中间检验文件案卷题名拟写方式的参考示例如下：

××公路建设项目××－××标 K××＋××－K××＋××路基工程 K1＋126、K1＋327、K1＋652 圆管涵工程检验认可书、工程报验单及附件

或

××公路建设项目××－××标 K××＋×××－K××＋×××路基工程 K1＋126、K1＋327、K1＋652 圆管涵中间交工证书、开工报告、施工放样报验单、检验申请批复单及附件、分项工程质量评定表

例 12.3-21：涵洞工程——箱涵中间检验文件。

箱涵的组卷方式与圆管涵基本相同,应以每道(处)为单位组卷。《工程检验认可书》《工程报验单》(或《中间交工证书》)应放在首位,其余各文件材料应按照工艺流程依次排列。一道(处)箱涵可只填报一份成品《中间检验申请单》(或《检验申请批复单》)。现浇底板、侧墙、顶板等不须分别填报成品《中间检验申请单》(或《检验申请批复单》),现浇底板、侧墙、顶板的混凝土抗压试验报告及高程、偏位复测文件材料可依次统一附在成品《中间检验申请单》(或《检验申请批复单》)后面。一道(处)箱涵文件材料数量较少时,可将桩号相邻的几道(处)箱涵组成一卷。在拟写案卷题名时,应将本卷所包含的涵洞桩号逐一列出。合并组卷时,一道(处)箱涵文件材料不要分散在两个案卷中。

涵洞工程——箱涵中间检验文件案卷题名拟写方式可参考如下示例：

××公路建设项目××－××标 K××＋××－K××＋××路基工程 K××＋××箱涵工程检验认可书、工程报验单及附件

或

××公路建设项目××－××标 K××＋×××－K××＋×××路基工程 K××＋×××箱涵中间交工证书、开工报告、施工放样报验单、检验申请批复单及附件、分项工程质量评定表

例 12.3-20、例 12.3-21《卷内目录》拟写方式见"表 12-39、12-40"。或将"表 12-39、12-40"中各文件材料题名依次调整为："……中间交工证书、……开工报告、……施工放样报验单及附件、……检验申请批复单及附件、……分项工程质量评定表"。

在整理盖板涵中间检验文件材料及编制《卷内目录》时,应将"例 12.3-21：涵洞工程——箱涵中间检验文件"《卷内目录》中的顶板浇筑部分(模板、钢筋、混凝土)改为：盖板预制模板中间检验申请单及附件、钢筋加工及安装中间检验申请单及附件、混凝土浇筑中间检验申请单及附件、成品中间检验申请单及附件。盖板预制分多批次报验的,应分批次整理,即第一批次盖板预制(模板、钢筋、混凝土、成品)中间检验申请单及附件整理完成后,再整理下一批次预制的相关文件材料,并在拟写卷内目录时予以注明。盖板安装《中间检验申请单》(或《检

卷 内 目 录　　　　　　　　　　　　　　　　表 12-39

（例 12.3-20：涵洞工程——圆管涵中间检验文件）

序号	文件编号	责任者	文件材料题名	日期	页号	备注
1		××路桥公司 ××监理	××公路建设项目××－××标 K××＋××－K××＋××路基工程标 K1＋126 圆管涵工程检验认可书、工程报验单及附件	20160914	1	
2		××路桥公司 ××监理	××公路建设项目××－××标 K××＋××－K××＋××路基工程标 K1＋126 圆管涵基坑开挖施工放样报验单及附件	20160520	4	含监理抽检
3		××路桥公司 ××监理	××公路建设项目××－××标 K××＋××－K××＋××路基工程标 K1＋126 圆管涵基坑开挖中间检验申请单及附件	20160523	7	含监理抽检
4		××路桥公司 ××监理	××公路建设项目××－××标 K××＋××－K××＋××路基工程标 K1＋126 圆管涵碎石换填中间检验申请单及附件	20160526	13	含监理抽检
5		××路桥公司 ××监理	××公路建设项目××－××标 K××＋××－K××＋××路基工程标 K1＋126 圆管涵基础模板中间检验申请单及附件	20160602	18	含监理抽检
6		××路桥公司 ××监理	××公路建设项目××－××标 K××＋××－K××＋××路基工程标 K1＋126 圆管涵基础混凝土浇筑中间检验申请单及附件	20160602	22	含监理抽检
7		××路桥公司 ××监理	××公路建设项目××－××标 K××＋××－K××＋××路基工程标 K1＋126 圆管涵管节安装中间检验申请单及附件	20160817	26	含监理抽检
8		××路桥公司 ××监理	××公路建设项目××－××标 K××＋××－K××＋××路基工程标 K1＋126 圆管涵管座及翼墙模板中间检验申请单及附件	20160817	30	含监理抽检
9		××路桥公司 ××监理	××公路建设项目××－××标 K××＋××－K××＋××路基工程标 K1＋126 圆管涵管座及翼墙钢筋加工及安装中间检验申请单及附件	20160817	34	
10		××路桥公司 ××监理	××公路建设项目××－××标 K××＋××－K××＋××路基工程标 K1＋126 圆管涵管座及翼墙混凝土浇筑中间检验申请单及附件	20160817	37	含监理抽检
11		××路桥公司 ××监理	××公路建设项目××－××标 K××＋××－K××＋××路基工程标 K1＋126 圆管涵成品中间检验申请单及附件	20160914	41	含监理抽检
12		××路桥公司 ××监理	××公路建设项目××－××标 K××＋××－K××＋××路基工程标 K1＋126 圆管涵总体中间检验申请单及附件	20160914	47	含监理抽检
13		……	……K1＋327，K1＋652 圆管涵工程检验认可书、工程报验单等（内容同上）	……	……	……

卷 内 目 录

表 12-40

(例 12.3.21:涵洞工程——箱涵中间检验文件)

序号	文件编号	责任者	文件材料题名	日期	页号	备注
1		××路桥公司 ××监理	××公路建设项目××-××标K××+××-K××+××路基工程K××+××箱涵工程检验认可书、工程报验单	20170305	1	
2		××路桥公司 ××监理	××公路建设项目××-××标K××+××-K××+××路基工程K××+××箱涵基坑开挖施工放样报验单及附件	20161102	4	含监理抽检
3		××路桥公司 ××监理	××公路建设项目××-××标K××+××-K××+××路基工程K××+××箱涵基坑开挖中间检验申请单及附件	20161102	7	含监理抽检
4		××路桥公司 ××监理	××公路建设项目××-××标K××+××-K××+××路基工程K××+××箱涵碎石换填中间检验申请单及附件	20161103	14	含监理抽检
5		××路桥公司 ××监理	××公路建设项目××-××标K××+××-K××+××路基工程K××+××箱涵沙砾垫层中间检验申请单及附件	20161103	19	含监理抽检
6		××路桥公司 ××监理	××公路建设项目××-××标K××+××-K××+××路基工程K××+××箱涵基础模板中间检验申请单及附件	20161106	26	含监理抽检
7		××路桥公司 ××监理	××公路建设项目××-××标K××+××-K××+××路基工程K××+××箱涵基础混凝土浇筑中间检验申请单及附件	20161106	30	含监理抽检
8		××路桥公司 ××监理	××公路建设项目××-××标K××+××-K××+××路基工程K××+××箱涵底板模板中间检验申请单及附件	20161112	35	含监理抽检
9		××路桥公司 ××监理	××公路建设项目××-××标K××+××-K××+××路基工程K××+××箱涵底板钢筋加工及安装中间检验申请单及附件	20161112	39	含监理抽检
10		××路桥公司 ××监理	××公路建设项目××-××标K××+××-K××+××路基工程K××+××箱涵底板混凝土浇筑中间检验申请单及附件	20161113	43	含监理抽检
11		××路桥公司 ××监理	××公路建设项目××-××标K××+××-K××+××路基工程K××+××箱涵墙身、顶板模板中间检验申请单及附件	20161209	48	含监理抽检
12		××路桥公司 ××监理	××公路建设项目××-××标K××+××-K××+××路基工程K××+××箱涵墙身、顶板钢筋加工及安装中间检验申请单及附件	20161209	52	含监理抽检
13		××路桥公司 ××监理	××公路建设项目××-××标K××+××-K××+××路基工程K××+××箱涵墙身、顶板混凝土浇筑中间检验申请单及附件	20161210	56	含监理抽检
14		××路桥公司 ××监理	××公路建设项目××-××标K××+××-K××+××路基工程K××+××箱涵成品中间检验申请单及附件	20170107	61	含监理抽检
15		××路桥公司 ××监理	××公路建设项目××-××标K××+××-K××+××路基工程K××+××箱涵总体中间检验申请单及附件	20170305	68-71	含监理抽检

验申请批复单》）及附件可放在最后一批次盖板预制成品《中间检验申请单》（或《检验申请批复单》）及附件的后面。通道的整理、组卷方式与箱涵基本相同。

例 12.3-22：桥梁——钻孔灌注桩（一）。

桥梁桩基中间检验文件材料应以墩台为单位进行整理、组卷。一个墩台桩基《工程检验认可书》《工程报验单》（或《中间交工证书》）应放在本墩台编号最小（或左侧）桩基《施工放样报验单》前面。各《中间检验申请单》（或《检验申请批复单》）及附件应按桩基的编号结合工艺流程依次排列。在第 1 根桩基所有文件材料整理、组卷完成后，再整理第 2 根桩基。同一根桩基的文件材料不要分散在两个案卷中。不同墩台的桩基尽量不要使用同一份《施工放样报验单》。一个墩台桩基文件材料数量较多的，可组成数卷（参照"例 12.3-22 与 12.3-23"），拟写案卷题名时应注意。

桥梁——钻孔灌注桩（一）中间检验文件案卷题名拟写方式可参考如下示例：

××公路建设项目 ×× – ×× 标 K×× + ××× 大桥 0# 台桩基工程检验认可书、工程报验单，左幅 0# – 1 ~ 0# – 6 桩基施工放样报验单、中间检验申请单及附件

或

××公路建设项目 ×× – ×× 标 K×× + ××× 大桥 0# 台桩基中间交工证书、开工报告、左幅 0# – 1 至 0# – 6 桩基施工放样报验单、检验申请批复单及附件

《卷内目录》拟写方式见表 12-41。

例 12.3-23：桥梁——钻孔灌注桩（二）。

一个墩台桩基组成数卷时，《工程检验认可书》《工程报验单》（或《中间交工证书》）已归在编号小的（或左幅）桩基案卷中，从第二个案卷起只有《施工放样报验单》《中间检验申请单》（或《检验申请批复单》）及附件。

同一墩台几个相邻的桩基合用一份《施工放样报验单》时，应参照"例 12.3-22、例 12.3-23 两个案例将《施工放样报验单》及附件放在编号小（或左侧）成孔《中间检验申请单》（或《检验申请批复单》）前面，其他各文件材料按构件编号依次排列。每根桩基分别填报《施工放样报验单》的，应分别将《施工放样报验单》放在该桩基成孔《中间检验申请单》（或《检验申请批复单》）前面，其他各文件材料按工艺流程依次排列。

桥梁——钻孔灌注桩（二）中间检验文件案卷题名拟写方式可参考如下示例：

××公路建设项目 ×× – ×× 标 K×× + ×× 大桥 0# 台右幅 0# – 7 ~ 0# – 12 桩基施工放样报验单、中间检验申请单及附件

或

××公路建设项目 ×× – ×× 标 K×× + ××× 大桥 0# 台右幅 0# – 7 至 0# – 12 桩基施工放样报验单、检验申请批复单及附件，0# 台桩基分项工程质量评定表

例 12.3-22、例 12.3-23《卷内目录》拟写方式见表 12-41 和表 12-42。或将表 12-41、表 12-42 中各文件材料题名依次调整为："……中间交工证书、……开工报告、……施工放样报验单及附件、……检验申请批复单及附件、……分项工程质量评定表"。

如果一个墩台桩基文件材料数量较少，则组成一卷，案卷题名的拟写则相对简单，如例 12.3-22、例 12.3-23 合并组成一卷时，其案卷题名应拟写为：

××公路建设项目 ×× – ×× 标 K×× + ××× 大桥 0# 台桩基工程检验认可书、工程报验单附件

卷 内 目 录

表 12-41

（例 12.3-22：桥梁——钻孔灌注桩一）

序号	文件编号	责任者	文件材料题名	日期	页号	备注
1		×路桥公司 ××监理	××公路建设项目××－××标 K××＋×××大桥 0#台桩基工程检验认可书、工程报验单	20160929	1	
2		×路桥公司 ××监理	××公路建设项目××－××标 K××＋×××大桥 0#台桩基左幅施工放样报验单及附件	20160808	4	含监理抽检
3		×路桥公司 ××监理	××公路建设项目××－××标 K××＋×××大桥 0#台－1 桩基成孔中间检验申请单及附件	20160810	9	含监理抽检
4		×路桥公司 ××监理	××公路建设项目××－××标 K××＋×××大桥 0#台－1 桩基桩底压浆中间检验申请单及附件	20160810	14	含监理抽检
5		×路桥公司 ××监理	××公路建设项目××－××标 K××＋×××大桥 0#台－1 桩基钢筋加工及安装中间检验申请单及附件	20160810	14	含监理抽检
6		×路桥公司 ××监理	××公路建设项目××－××标 K××＋×××大桥 0#台－1 桩基混凝土浇筑中间检验申请单及附件	20160811	18	含监理抽检
7		×路桥公司 ××监理	××公路建设项目××－××标 K××＋×××大桥 0#台－1 桩成桩中间检验申请单及附件	20160908	22	含监理抽检
8		×路桥公司 ××监理	××公路建设项目××－××标 K××＋×××大桥 0#台－2 桩基成孔中间检验申请单及附件	20160811	26	含监理抽检
9		×路桥公司 ××监理	××公路建设项目××－××标 K××＋×××大桥 0#台－2 桩基桩底压浆中间检验申请单及附件	20160811	30	含监理抽检
10		×路桥公司 ××监理	××公路建设项目××－××标 K××＋×××大桥 0#台－2 桩基钢筋加工及安装中间检验申请单及附件	20160811	30	含监理抽检
11		×路桥公司 ××监理	××公路建设项目××－××标 K××＋×××大桥 0#台－2 桩基混凝土浇筑中间检验申请单及附件	20160811	35	含监理抽检
12		×路桥公司 ××监理	××公路建设项目××－××标 K××＋×××大桥 0#台－2 桩基成桩中间检验申请单及附件	20160909	40	含监理抽检
13		×路桥公司 ××监理	××公路建设项目××－××标 K××＋×××大桥 2#墩－3 桩基成孔中间检验申请单及附件	20160813	47	含监理抽检
14		×路桥公司 ××监理	××公路建设项目××－××标 K××＋×××大桥 0#台－3 桩基桩底压浆中间检验申请单及附件	20160813	51	含监理抽检
15		×路桥公司 ××监理	……0#台－3 桩基钢筋、混凝土、成桩及 0#台－4、－5、－6 桩基各中间检验申请单及附件同上,各文件按桩基的编号结合工艺流程依次排列	……	……	

卷 内 目 录

表 12-42

（例 12.3-23：桥梁——钻孔灌注桩二）

序号	文件编号	责任者	文件材料题名	日期	页号	备注
1		×路桥公司 ××监理	××公路建设项目××－××标K××＋×××大桥 0#台桩基右幅施工放样报验单及附件	20160813	1	含监理抽检
2		×路桥公司 ××监理	××公路建设项目××－××标K××＋×××大桥 0#台－7桩基成孔中间检验申请单及附件	20160813	9	含监理抽检
3		×路桥公司 ××监理	××公路建设项目××－××标K××＋×××大桥 0#台－7桩基桩底压浆中间检验申请单及附件	20160813	14	含监理抽检
4		×路桥公司 ××监理	××公路建设项目××－××标K××＋×××大桥 0#台－7桩基钢筋加工及安装中间检验申请单及 附件	20160813	14	含监理抽检
5		×路桥公司 ××监理	××公路建设项目××－××标K××＋×××大桥 0#台－7桩基混凝土浇筑中间检验申请单及附件	20160813	18	含监理抽检
6		×路桥公司 ××监理	××公路建设项目××－××标K××＋×××大桥 0#台－7桩基成桩中间检验申请单及附件	20160911	22	含监理抽检
7		×路桥公司 ××监理	××公路建设项目××－××标K××＋×××大桥 0#台－8桩基成孔中间检验申请单及附件	20160812	26	含监理抽检
8		×路桥公司 ××监理	××公路建设项目××－××标K××＋×××大桥 0#台－8桩基桩底压浆中间检验申请单及附件	20160812	30	含监理抽检
9		×路桥公司 ××监理	××公路建设项目××－××标K××＋×××大桥 0#台－8桩基钢筋加工及安装中间检验申请单及 附件	20160812	30	含监理抽检
10		×路桥公司 ××监理	××公路建设项目××－××标K××＋×××大桥 0#台－8桩基混凝土浇筑中间检验申请单及附件	20160812	35	含监理抽检
11		×路桥公司 ××监理	××公路建设项目××－××标K××＋×××大桥 0#台－8桩基成桩中间检验申请单及附件	20160910	40	含监理抽检
12		×路桥公司 ××监理	××公路建设项目××－××标K××＋×××大桥 0#台－9桩基成孔中间检验申请单及附件	20160816	47	含监理抽检
13		×路桥公司 ××监理	××公路建设项目××－××标K××＋×××大桥 0#台－9桩基桩底压浆检验申请单及附件	20160816	47	含监理抽检
14		×路桥公司 ××监理	××公路建设项目××－××标K××＋×××大桥 0#台－9桩基钢筋加工及安装中间检验申请单及 附件	20160816	51	含监理抽检
15		×路桥公司 ××监理	……0#台－9桩基混凝土、成桩及0#台－10、－11 －12桩基各中间检验申请单及附件同上,各文件 按桩基的编号结合工艺流程依次排列	……	……	……

或

××公路建设项目××－××标K××＋×××大桥0#台桩基中间交工证书、开工报告、施工放样报验单、检验申请批复单及附件、分项工程质量评定表

某墩台某构件文件材料数量较少时,同一墩台的不同构件可按照构件顺序合并组成一卷。如1#墩桩基可与1#墩承台合并成一卷,案卷题名应拟写为"……××大桥1#墩桩基、承台工程检验认可书、工程报验单及附件"。在合并组卷时不要将同一个构件的文件材料分散在两个案卷中。

例12.3-24:桥梁——钢管桩。

一个墩台钢管桩的《工程检验认可书》《工程报验单》(或《中间交工证书》)在整理、组卷时应放在该墩台编号最小(或左侧)钢管桩《中间检验申请单》(或《检验申请批复单》)前面。各文件材料应按照制作、防腐、测量放样、沉桩、钢筋、混凝土、成桩的工艺流程依次排列。应在第1根钢管桩所有文件材料整理、组卷完成后,再整理第2根钢管桩。同一根钢管桩的文件材料不要分散在两个案卷中。施工时使用卫星定位的,应将计算机中的定位图打印后附在《施工放样报验单》的后面,同一墩台几根桩合用一份《施工放样报验单》及附件的,整理、组卷时应放在该墩台编号最小(或左侧)钢管桩防腐《中间检验申请单》(或《检验申请批复单》)及附件的后面、沉桩《中间检验申请单》(或《检验申请批复单》)的前面。

桥梁——钢管桩中间检验文件案卷题名拟写方式可参考如下示例:

××公路建设项目××－××标K××＋××大桥5#墩钢管桩工程检验认可书、工程报验单,左幅5#－1～5#－6钢管桩施工放样报验单、中间检验申请单及附件

或

××公路建设项目××－××标K××＋×××大桥5#墩钢管桩中间交工证书、开工报告,左幅5#－1至5#－6钢管桩施工放样报验单、检验申请批复单及附件

《卷内目录》拟写方式见"表12-43"。或将"表12-43"中各文件材料题名依次调整为:"……中间交工证书、……开工报告、……施工放样报验单及附件、……检验申请批复单及附件"。

一个墩台钢管桩组成数卷时,第一卷案卷题名的拟写方式可参照本案例,第二卷的案卷题名可参照"例12.3-23 桥梁——钻孔灌注桩二"。一个墩台钢管桩组成一卷时,其案卷题名拟写方式相对简单,可参照"例12.3-23"的说明。

例12.3-25:桥梁——承台。

一个墩台承台、立柱(墩柱)、系梁、盖梁(台帽)的《工程检验认可书》《工程报验单》(或《中间交工证书》)应放在本墩编号最小(或左侧)构件的《施工放样报验单》的前面,各《中间检验申请单》(或《检验申请批复单》)及附件等应按构件的编号或部位(先左后右)结合工艺流程依次排列。应在第1个构件所有文件材料整理、组卷完成后,再整理第2个构件。同一构件的文件材料不要分散在两个案卷中(斜拉桥、悬索桥的主塔或主墩等体量较大的构件除外)。

桥梁——承台中间检验文件案卷题名拟写方式可参考如下示例:

××公路建设项目××－××标K××＋××大桥0#台承台工程检验认可书、工程报验单及附件

或

卷 内 目 录

表 12-43

(例 12.3-24：桥梁——钢管桩)

序号	文件编号	责任者	文件材料题名	日期	页号	备注
1		××路桥公司 ××监理	××公路建设项目××－××标 K××＋××大桥 5#墩钢管桩工程检验认可书、工程报验单	20170520	1	
2		××路桥公司 ××监理	××公路建设项目××－××标 K××＋××大桥 5#墩左幅－1 钢管桩制作中间检验申请单及附件	20160713	3	含监理抽检
3		××路桥公司 ××监理	××公路建设项目××－××标 K××＋××大桥 5#墩左幅－1 钢管桩防腐中间检验申请单及附件	20160713	8	含监理抽检
4		××路桥公司 ××监理	××公路建设项目××－××标 K××＋××大桥 5#墩左幅－1 钢管桩施工放样报验单及附件	20160721	13	含监理抽检
5		××路桥公司 ××监理	××公路建设项目××－××标 K××＋××大桥 5#墩左幅－1 钢管桩沉桩中间检验申请单及附件	20160905	16	含监理抽检
6		××路桥公司 ××监理	××公路建设项目××－××标 K××＋××大桥 5#墩左幅－1 钢管桩钢筋加工及安装中间检验申请单及附件	20170424	22	含监理抽检
7		××路桥公司 ××监理	××公路建设项目××－××标 K××＋××大桥 5#墩左幅－1 钢管桩混凝土浇筑中间检验申请单及附件	20170424	26	含监理抽检
8		××路桥公司 ××监理	××公路建设项目××－××标 K××＋××大桥 5#墩左幅－1 钢管桩成桩中间检验申请单及附件	20170520	35	含监理抽检
9		××路桥公司 ××监理	××公路建设项目××－××标 K××＋××大桥 5#墩左幅－2 钢管桩制作中间检验申请单及附件	20160713	48	含监理抽检
10		××路桥公司 ××监理	××公路建设项目××－××标 K××＋××大桥 5#墩左幅－2 钢管桩防腐中间检验申请单及附件	20160713	53	含监理抽检
11		××路桥公司 ××监理	××公路建设项目××－××标 K××＋××大桥 5#墩左幅－2 钢管桩沉桩中间检验申请单及附件	20160908	58	含监理抽检
12		××路桥公司 ××监理	××公路建设项目××－××标 K××＋××大桥 5#墩左幅－2 钢管桩钢筋加工及安装中间检验申请单及附件	20170424	64	含监理抽检
13		××路桥公司 ××监理	××公路建设项目××－××标 K××＋××大桥 5#墩左幅－2 钢管桩混凝土浇筑中间检验申请单及附件	20170522	68	含监理抽检
14		××路桥公司 ××监理	××公路建设项目××－××标 K××＋××大桥 5#墩左幅－2 钢管桩成桩中间检验申请单及附件	20170713	72	含监理抽检
15		……	……5#墩左幅－3，－4，－5，－6 钢管桩各中间检验申请单及附件同上。各文件按桩基的编号结合工艺流程依次排列	……	……	……

××公路建设项目××－××标K××＋×××大桥0#台承台中间交工证书、开工报告、施工放样报验单、检验申请批复单及附件、分项工程质量评定表

《卷内目录》拟写方式见表12-44。

例12.3-26：桥梁——立柱。

桥梁——立柱中间检验文件材料整理、组卷及案卷题名拟写方式与承台基本相同,可参考案例：

××公路建设项目××－××标K××＋××大桥1#墩立柱工程检验认可书、工程报验单及附件

或

××公路建设项目××－××标K××＋×××大桥1#墩立柱中间交工证书、开工报告、施工放样报验单、检验申请批复单及附件、分项工程质量评定表

例12.3-25、例12.3-26《卷内目录》拟写方式见表12-44 和表12-45。或将表12-44、表12-45 中各文件材料题名依次调整为："……中间交工证书、……开工报告、……施工放样报验单及附件、……检验申请批复单及附件、……分项工程质量评定表"。

《卷内目录》拟写方式见表12-45。

例12.3-27：斜拉桥、悬索桥——主塔(一)。

斜拉桥(或悬索桥)一个主塔的文件材料数量较多,可组成数卷。一个主塔应在最后一节浇筑完成28 天并经检验合格后填报《工程检验认可书》《工程报验单》(或《中间交工证书》),整理、组卷时,应将其放在该主塔第一节《施工放样报验单》的前面,并在拟写案卷题名时予以注明。

斜拉桥、悬索桥——主塔中间检验文件(第一卷)案卷题名拟写方式可参考如下示例：

××公路建设项目××－××标K××＋××大桥××#墩索塔工程检验认可书、工程报验单,第一节至第四节索塔施工放样报验单、模板、钢筋、混凝土中间检验申请单及附件

或

××公路建设项目××－××标K××＋×××大桥×#墩索塔中间交工证书、开工报告,第一节至第四节索塔施工放样报验单、模板、钢筋、混凝土检验申请批复单及附件

例12.3-28：斜拉桥、悬索桥——主塔(二)。

从第二卷起,卷内文件材料中不应再有《工程检验认可书》《工程报验单》(或《中间交工证书》),只可有《施工放样报验单》(模板、钢筋、混凝土)、《中间检验申请单》(或《检验申请批复单》)及附件,没有成品、预应力的相关文件材料,在拟写案卷题名时应注意。同一节的《施工放样报验单》各《中间检验申请单》(或《检验申请批复单》)及附件不要分散在两个案卷中。

斜拉桥、悬索桥——主塔中间检验文件(二)案卷题名拟写方式可参考如下示例：

××公路建设项目××－××标K××＋××大桥××#墩索塔第五节至第八节施工放样报验单、模板、钢筋、混凝土中间检验申请单及附件

或

××公路建设项目××－××标K××＋×××大桥×#墩索塔第五节至第八节施工放样报验单、模板、钢筋、混凝土检验申请批复单及附件

卷 内 目 录 表 12-44

（例 12.3-25：桥梁——承台）

序号	文件编号	责任者	文件材料题名	日期	页号	备注
1		××路桥公司 ××监理	××公路建设项目×× - ××标 K×× + ××大桥 0#台承台工程检验认可书、工程报验单	20161029	1	
2		××路桥公司 ××监理	××公路建设项目×× - ××标 K×× + ××大桥 0#台左幅承台施工放样报验单及附件	20160928	4	含监理抽检
3		××路桥公司 ××监理	××公路建设项目×× - ××标 K×× + ××大桥 0#台左幅承台模板中间检验申请单及附件	20160928	10	含监理抽检
4		××路桥公司 ××监理	××公路建设项目×× - ××标 K×× + ××大桥 0#台左幅承台钢筋加工及安装中间检验申请单及附件	20160928	16	含监理抽检
5		××路桥公司 ××监理	××公路建设项目×× - ××标 K×× + ××大桥 0#台左幅承台混凝土浇筑中间检验申请单及附件	20160928	25	含监理抽检
6		××路桥公司 ××监理	××公路建设项目×× - ××标 K×× + ××大桥 0#台左幅承台成品中间检验申请单及附件	20161026	32	含监理抽检
7		××路桥公司 ××监理	××公路建设项目×× - ××标 K×× + ××大桥 0#台右幅承台施工放样报验单及附件	20160930	40	含监理抽检
8		××路桥公司 ××监理	××公路建设项目×× - ××标 K×× + ××大桥 0#台右幅承台模板中间检验申请单及附件	20160930	46	含监理抽检
9		××路桥公司 ××监理	××公路建设项目×× - ××标 K×× + ××大桥 0#台右幅承台钢筋加工及安装中间检验申请单及附件	20160930	53	含监理抽检
10		××路桥公司 ××监理	××公路建设项目×× - ××标 K×× + ××大桥 0#台右幅承台混凝土浇筑中间检验申请单及附件	20160930	60	含监理抽检
11		××路桥公司 ××监理	××公路建设项目×× - ××标 K×× + ××大桥 0#台右幅承台成品中间检验申请单及附件	20161028	68 - 74	含监理抽检

卷 内 目 录 表 12-45

（例 12.3-26：桥梁——立柱）

序号	文件编号	责任者	文件材料题名	日期	页号	备注
1		××路桥公司 ××监理	××公路建设项目××－××标 K××＋××大桥 1#墩立柱工程检验认可书、工程报验单	20161029	1	
2		××路桥公司 ××监理	××公路建设项目××－××标 K××＋××大桥 1#墩左幅立柱施工放样报验单及附件	20160928	4	含监理抽检
3		××路桥公司 ××监理	××公路建设项目××－××标 K××＋××大桥 1#墩－1 立柱模板中间检验申请单及附件	20160928	10	含监理抽检
4		××路桥公司 ××监理	××公路建设项目××－××标 K××＋××大桥 1#墩－1 立柱钢筋加工及安装中间检验申请单及附件	20160928	16	含监理抽检
5		××路桥公司 ××监理	××公路建设项目××－××标 K××＋××大桥 1#墩－1 立柱混凝土浇筑中间检验申请单及附件	20160928	25	含监理抽检
6		××路桥公司 ××监理	××公路建设项目××－××标 K××＋××大桥 1#墩－1 立柱成品中间检验申请单及附件	20161026	32	含监理抽检
7		××路桥公司 ××监理	××公路建设项目××－××标 K××＋××大桥 1#墩－2 立柱模板中间检验申请单及附件	20160930	46	含监理抽检
8		××路桥公司 ××监理	××公路建设项目××－××标 K××＋××大桥 1#墩－2 立柱钢筋加工及安装中间检验申请单及附件	20160930	53	含监理抽检
9		××路桥公司 ××监理	××公路建设项目××－××标 K××＋××大桥 1#墩－2 立柱混凝土浇筑中间检验申请单及附件	20160930	60	含监理抽检
10		××路桥公司 ××监理	××公路建设项目××－××标 K××＋××大桥 1#墩－2 立柱成品中间检验申请单及附件	20161028	66	含监理抽检
11		××路桥公司 ××监理	××公路建设项目××－××标 K××＋××大桥 1#墩右幅立柱施工放样报验单及附件	20160928	72	含监理抽检
12		××路桥公司 ××监理	××公路建设项目××－××标 K××＋××大桥 1#墩－3 立柱模板中间检验申请单及附件	20160928	76	含监理抽检
13		××路桥公司 ××监理	××公路建设项目××－××标 K××＋××大桥 1#墩－3 立柱钢筋加工及安装中间检验申请单及附件	20160928	81	含监理抽检
14		××路桥公司 ××监理	××公路建设项目××－××标 K××＋××大桥 1#墩－3 立柱混凝土浇筑中间检验申请单及附件	20160928	86	含监理抽检
15		……	……大桥 1#墩－3，－4 立柱各中间检验申请单及附件按墩号结合工艺流程依次排列	……	……	……

例 12.3-29：斜拉桥、悬索桥——主塔（三）。

一个主塔成品、预应力筋加工和张拉、预应力管道压浆的《中间检验申请单》（或《检验申请批复单》）应各填报一份，整理、组卷时应将其放在最后一节混凝土浇筑《中间检验申请单》（或《检验申请批复单》）及附件后面。成品《中间检验申请单》（或《检验申请批复单》）应在最后一节浇筑完 28 天后填报一份（不应每节填报），每一节的混凝土抗压强度、高程及偏位复测文件材料应依次归入。每一个主塔预应力筋加工和张拉、预应力管道压浆《中间检验申请单》（或《检验申请批复单》）各填报一份。主塔最后一个案卷中有"成品、预应力筋加工和张拉、预应力管理压浆的《中间检验申请单》（或《检验申请批复单》）及附件"的，在拟写案卷题名时应予以注明。斜拉桥、悬索桥——主塔中间检验文件（最后一卷）案卷题名拟写方式可参考如下示例：

××公路建设项目××－××标 K××＋××大桥××#墩索塔第九节至第十二节施工放样报验单、模板、钢筋、混凝土中间检验申请单及附件，××#墩索塔成品、预应力中间检验申请单及附件

或

××公路建设项目××－××标 K××＋×××大桥×#墩索塔第九节至第十二节施工放样报验单、模板、钢筋、混凝土检验申请单批复单及附件，×#墩索塔成品、预应力检验申请批复及附件、分项工程质量评定表

例 12.3-27 ~ 例 12.3-29 的《卷内目录》拟写方式见表 12-46 ~ 表 12-48。或将表 12-46 ~ 表 12-48 中各文件材料题名依次调整为："……中间交工证书、……开工报告、……施工放样报验单及附件、……检验申请批复单及附件、……分项工程质量评定表"。

例 12.3-30：桥梁——箱梁预制（一）。

箱梁预制的《工程检验认可书》《工程报验单》（或《中间交工证书》）应按联填报，有时为了便于计量支付，也可按跨填报。整理、组卷时应放在该联（跨）左幅第一片箱梁预制各工序《中间检验申请单》（或《检验申请批复单》）前面。

一跨箱梁预制的《中间检验申请单》（或《检验申请批复单》）及附件文件材料数量较多时，可将左、右幅分开组卷，在拟写案卷题名时应予以注明。

桥梁——箱梁预制（一）中间检验文件案卷题名拟写方式可参考如下示例：

××公路建设项目××－××标 K××＋××大桥第×联箱梁预制工程检验认可书、工程报验单，第×跨左幅箱梁预制中间检验申请单及附件

或

××公路建设项目××－××标 K××＋×××大桥第×联箱梁预制中间交工证书、开工报告，第×跨左幅箱梁预制验申请批复单及附件

例 12.3-31：桥梁——箱梁预制（二）。

一联（跨）箱梁预制的《工程检验认可书》《工程报验单》（或《中间交工证书》）在整理、组卷时已放在该联（跨）左幅的案卷中，右幅的案卷中只有各工序《中间检验申请单》（或《检验申请批复单》）及附件。

每片箱梁预制各工序的排列顺序建议为：模板、钢筋加工及安装、混凝土浇筑、成品、预应力筋加工和张拉、预应力管道压浆。

卷 内 目 录

表 12-46

（例 12.3-27 斜拉桥、悬索桥——主塔一）

序号	文件编号	责任者	文件材料题名	日期	页号	备注
1		××路桥公司 ××监理	××公路建设项目××－××标 K××＋××大桥 ××#墩索塔工程检验认可书、工程报验单	20170331	1	
2		××路桥公司 ××监理	××公路建设项目××－××标 K××＋××大桥 ××#墩索塔第一节施工放样报验单及附件	20160302	4	含监理抽检
3		××路桥公司 ××监理	××公路建设项目××－××标 K××＋××大桥 ××#墩索塔第一节模板中间检验申请单及附件	20160303	12	含监理抽检
4		××路桥公司 ××监理	××公路建设项目××－××标 K××＋××大桥 ××#墩索塔第一节钢筋加工及安装中间检验申请单及附件	20160303	19	含监理抽检
5		××路桥公司 ××监理	××公路建设项目××－××标 K××＋××大桥 ××#墩索塔第一节混凝土浇筑中间检验申请单及附件	20160304	28	含监理抽检
6		××路桥公司 ××监理	××公路建设项目××－××标 K××＋××大桥 ××#墩索塔第二节施工放样报验单及附件	20160320	36	含监理抽检
7		××路桥公司 ××监理	××公路建设项目××－××标 K××＋××大桥 ××#墩索塔第二节模板中间检验申请单及附件	20160322	46	含监理抽检
8		××路桥公司 ××监理	××公路建设项目××－××标 K××＋××大桥 ××#墩索塔第二节钢筋加工及安装中间检验申请单及附件	20160322	53	含监理抽检
9		××路桥公司 ××监理	××公路建设项目××－××标 K××＋××大桥 ××#墩索塔第二节混凝土浇筑中间检验申请单及附件	20160323	64	含监理抽检
10		××路桥公司 ××监理	××公路建设项目××－××标 K××＋××大桥 ××#墩索塔第三节施工放样报验单及附件	20160410	72	含监理抽检
11		××路桥公司 ××监理	××公路建设项目××－××标 K××＋××大桥 ××#墩索塔第三节模板中间检验申请单及附件	20160412	78	含监理抽检
12		××路桥公司 ××监理	××公路建设项目××－××标 K××＋××大桥 ××#墩索塔第三节钢筋加工及安装中间检验申请单及附件	20160413	86	含监理抽检
13		××路桥公司 ××监理	××公路建设项目××－××标 K××＋××大桥 ××#墩索塔第三节混凝土浇筑中间检验申请单及附件	20160415	99	含监理抽检
14		……	……第四节施工放样报验单、中间检验申请单及附件按工艺流程依次排列	……	……	……

卷 内 目 录

表 12-47

（例 12.3-28：斜拉桥、悬索桥——主塔二）

序号	文件编号	责任者	文件材料题名	日期	页号	备注
1		××路桥公司 ××监理	××公路建设项目××－××标K××＋××大桥××#墩索塔第五节施工放样报验单及附件	20160515	1	含监理抽检
2		××路桥公司 ××监理	××公路建设项目××－××标K××＋××大桥××#墩索塔第五节模板中间检验申请单及附件	20160517	6	含监理抽检
3		××路桥公司 ××监理	××公路建设项目××－××标K××＋××大桥××#墩索塔第五节钢筋加工及安装中间检验申请单及附件	20160518	13	含监理抽检
4		××路桥公司 ××监理	××公路建设项目××－××标K××＋××大桥××#墩索塔第五节混凝土浇筑中间检验申请单及附件	20160520	21	含监理抽检
5		××路桥公司 ××监理	××公路建设项目××－××标K××＋××大桥××#墩索塔第六节施工放样报验单及附件	20160602	30	含监理抽检
6		××路桥公司 ××监理	××公路建设项目××－××标K××＋××大桥××#墩索塔第六节模板中间检验申请单及附件	20160604	36	含监理抽检
7		××路桥公司 ××监理	××公路建设项目××－××标K××＋××大桥××#墩索塔第六节钢筋加工及安装中间检验申请单及附件	20160604	46	含监理抽检
8		××路桥公司 ××监理	××公路建设项目××－××标K××＋××大桥××#墩索塔第六节混凝土浇筑中间检验申请单及附件	20160606	53	含监理抽检
9		××路桥公司 ××监理	×公路建设项目××－××标K××＋××大桥××#墩索塔第七节施工放样报验单及附件	20160616	61	含监理抽检
10		××路桥公司 ××监理	××公路建设项目××－××标K××＋××大桥××#墩索塔第七节模板中间检验申请单及附件	20160617	66	含监理抽检
11		××路桥公司 ××监理	××公路建设项目××－××标K××＋××大桥××#墩索塔第七节钢筋加工及安装中间检验申请单及附件	20160618	72	含监理抽检
12		××路桥公司 ××监理	××公路建设项目××－××标K××＋××大桥××#墩索塔第七节混凝土浇筑中间检验申请单及附件	20160620	82	含监理抽检
13		……	……第八节施工放样报验单、中间检验申请单及附件按工艺流程依次排列	……	……	……

卷 内 目 录　　　　　　　　　　表 12-48

（例 12.3-29：斜拉桥、悬索桥——主塔三）

序号	文件编号	责任者	文件材料题名	日期	页号	备注
1		××路桥公司 ××监理	××公路建设项目××－××标K××＋××大桥××#墩索塔第九节施工放样报验单及附件	20160820	1	含监理抽检
2		××路桥公司 ××监理	××公路建设项目××－××标K××＋××大桥××#墩索塔第九节模板中间检验申请单及附件	20160822	7	含监理抽检
3		××路桥公司 ××监理	××公路建设项目××－××标K××＋××大桥××#墩索塔第九节钢筋加工及安装中间检验申请单及附件	20160824	14	含监理抽检
4		××路桥公司 ××监理	××公路建设项目××－××标K××＋××大桥××#墩索塔第九节混凝土浇筑中间检验申请单及附件	20160826	22	含监理抽检
5		××路桥公司 ××监理	××公路建设项目××－××标K××＋××大桥××#墩索塔第十节施工放样报验单及附件	20160910	31	含监理抽检
6		××路桥公司 ××监理	××公路建设项目××－××标K××＋××大桥××#墩索塔第十节模板中间检验申请单及附件	20160912	38	含监理抽检
7		××路桥公司 ××监理	××公路建设项目××－××标K××＋××大桥××#墩索塔第十节钢筋加工及安装中间检验申请单及附件	20160915	46	含监理抽检
8		××路桥公司 ××监理	××公路建设项目××－××标K××＋××大桥××#墩索塔第十节混凝土浇筑中间检验申请单及附件	20160917	54	含监理抽检
9		……	……第十一、十二节施工放样报验单、中间检验申请单及附件按工艺流程依次排列	……	……	
10		……	……	……	……	
11		××路桥公司 ××监理	××公路建设项目××－××标K××＋××大桥××#墩索塔成品中间检验申请单及附件	20170328	128	含监理抽检
12		××路桥公司 ××监理	××公路建设项目××－××标K××＋××大桥××#墩索塔预应力筋加工和张拉中间检验申请单及附件	20170330	142	含监理抽检
13		××路桥公司 ××监理	××公路建设项目××－××标K××＋××大桥××#墩索塔预应力管道压浆中间检验申请单及附件	20170331	163－169	含监理抽检

桥梁——箱梁预制(二)中间检验文件案卷题名拟写方式可参考如下示例:

××公路建设项目××－××标K××＋××大桥第×联第×跨右幅箱梁预制中间检验申请单及附件

或

××公路建设项目××－××标K××＋×××大桥第×联第×跨右幅箱梁预制检验申请批复单及附件,第×联箱梁预制分项工程质量评定表

例12.3-30、例12.3-31《卷内目录》拟写方式见表12-49和表12-50。或将表12-49、表12-50中各文件材料题名依次调整为:"……中间交工证书、……开工报告、……检验申请批复单及附件、……分项工程质量评定表"。

如果每跨箱梁均填报《工程检验认可书》《工程报验单》(或《中间交工证书》)且组成数卷时,第一卷的案卷题名应拟写为:

××公路建设项目××－××标K××＋××大桥第×联第×跨箱梁预制工程检验认可书、工程报验单,第×跨左幅箱梁预制中间检验申请单及附件

或

××公路建设项目××－××标K××＋×××大桥第×跨箱梁预制中间交工证书、开工报告,第×跨左幅箱梁预制检验申请批复单及附件

第二卷的案卷题名拟写方式与"桥梁——箱梁预制(二)"一致。

如果每跨箱梁均填报《工程检验认可书》《工程报验单》(或《中间交工证书》)且只组成一卷时,案卷题名相对简单。应拟写为:

××公路建设项目××－××标K××＋××大桥第×联第×跨箱梁预制工程检验认可书、工程报验单及附件

或

××公路建设项目××－××标K××＋×××大桥第×跨箱梁预制中间交工证书、开工报告、检验申请批复单及附件、分项工程质量评定表

例12.3-32:桥梁——板梁预制(一)。

板梁预制的《工程检验认可书》《工程报验单》(或《中间交工证书》)应按联填报,不应一槽或一跨报验一次;在整理、组卷时,应放在该联第一槽第一片板梁(编号最小的)预制各工序《中间检验申请单》(或《检验申请批复单》)前面。

板梁预制的混凝土浇筑、预应力筋加工和张拉、预应力管道压浆《中间检验申请单》(或《检验申请批复单》)可分别一槽填报一份,模板、钢筋加工及安装、成品应每片梁分别填报《中间检验申请单》(或《检验申请批复单》)。整理、组卷时,同一槽板梁预制的混凝土浇筑、预应力筋加工和张拉、预应力管道压浆《中间检验申请单》(或《检验申请批复单》)应归入该槽第一片板梁(编号最小的)的案卷中,该槽其他的板梁中不再归入。

桥梁——板梁预制(一)中间检验文件案卷题名拟写方式可参考如下示例:

××公路建设项目××－××标K××＋××中桥板梁预制工程检验认可书、工程报验单,1#－左2～1#－左7板梁预制中间检验申请单及附件

或

××公路建设项目××－××标K××＋×××中桥板梁预制中间交工证书、开工报告,1#－

卷内目录

表 12-49

（例 12.3-30：桥梁——预制箱梁一）

序号	文件编号	责任者	文件材料题名	日期	页号	备注
1		×路桥公司 ××监理	××公路建设项目××－××标 K××＋×××大桥第×联箱梁预制工程检验认可书、工程报验单	20161009	1	
2		×路桥公司 ××监理	××公路建设项目××－××标 K××＋×××大桥第×联第×跨左幅×#－1 箱梁预制模板中间检验申请单及附件	20160802	4	含监理抽检
3		×路桥公司 ××监理	××公路建设项目××－××标 K××＋×××大桥第×联第×跨左幅×#－1 箱梁预制钢筋加工及安装中间检验申请单及附件	20160803	10	含监理抽检
4		×路桥公司 ××监理	××公路建设项目××－××标 K××＋×××大桥第×联第×跨左幅×#－1 箱梁预制混凝土浇筑中间检验申请单及附件	20160805	22	含监理抽检
5		×路桥公司 ××监理	××公路建设项目××－××标 K××＋×××大桥第×联第×跨左幅×#－1 箱梁预制成品中间检验申请单及附件	20160903	29	含监理抽检
6		×路桥公司 ××监理	××公路建设项目××－××标 K××＋×××大桥第×联第×跨左幅×#－1 箱梁预制预应力筋加工和张拉中间检验申请单及附件	20160904	38	含监理抽检
7		×路桥公司 ××监理	××公路建设项目××－××标 K××＋×××大桥第×联第×跨左幅×#－1 箱梁预制预应力管道压浆中间检验申请单及附件	20160905	38	含监理抽检
8		×路桥公司 ××监理	××公路建设项目××－××标 K××＋×××大桥第×联第×跨左幅×#－2 箱梁预制模板中间检验申请单及附件	20160804	46	含监理抽检
9		×路桥公司 ××监理	××公路建设项目××－××标 K××＋×××大桥第×联第×跨左幅×#－2 箱梁预制钢筋加工及安装中间检验申请单及附件	20160805	52	含监理抽检
10		×路桥公司 ××监理	××公路建设项目××－××标 K××＋×××大桥第×联第×跨左幅×#－2 箱梁预制混凝土浇筑中间检验申请单及附件	20160807	64	含监理抽检
11		×路桥公司 ××监理	××公路建设项目××－××标 K××＋×××大桥第×联第×跨左幅×#－2 箱梁预制成品中间检验申请单及附件	20160905	72	含监理抽检
12		×路桥公司 ××监理	××公路建设项目××－××标 K××＋×××大桥第×联第×跨左幅×#－2 箱梁预制预应力筋加工和张拉中间检验申请单及附件	20160907	80	含监理抽检
13		×路桥公司 ××监理	××公路建设项目××－××标 K××＋×××大桥第×联第×跨左幅×#－2 箱梁预制预应力管道压浆中间检验申请单及附件	20160908	80	含监理抽检
14		×路桥公司 ××监理	……第×跨左幅×#－3、－4、……箱梁预制各中间检验申请单及附件按梁的编号结合工艺流程依次排列	……	……	含监理抽检

卷 内 目 录

表 12-50

（例 12.3-31：桥梁——预制箱梁二）

序号	文件编号	责任者	文件材料题名	日期	页号	备注
1		×路桥公司 ××监理	××公路建设项目××－××标 K××＋×××大桥第×联第×跨右幅×#－5 箱梁预制模板中间检验申请单及附件	20160810	1	含监理抽检
2		×路桥公司 ××监理	××公路建设项目××－××标 K××＋×××大桥第×联第×跨右幅×#－5 箱梁预制梁钢筋加工及安装中间检验申请单及附件	20160812	7	含监理抽检
3		×路桥公司 ××监理	××公路建设项目××－××标 K××＋×××大桥第×联第×跨右幅×#－5 箱梁预制混凝土浇筑中间检验申请单及附件	20160815	16	含监理抽检
4		×路桥公司 ××监理	××公路建设项目××－××标 K××＋×××大桥第×联第×跨右幅×#－5 箱梁预制成品中间检验申请单及附件	20160913	25	含监理抽检
5		×路桥公司 ××监理	××公路建设项目××－××标 K××＋×××大桥第×联第×跨右幅×#－5 箱梁预制预应力筋加工和张拉中间检验申请单及附件	20160914	34	含监理抽检
6		×路桥公司 ××监理	××公路建设项目××－××标 K××＋×××大桥第×联第×跨右幅×#－5 箱梁预制预应力管道压浆中间检验申请单及附件	20160915	34	含监理抽检
7		×路桥公司 ××监理	××公路建设项目××－××标 K××＋×××大桥第×联第×跨右幅×#－6 箱梁预制模板中间检验申请单及附件	20160822	41	含监理抽检
8		×路桥公司 ××监理	××公路建设项目××－××标 K××＋×××大桥第×联第×跨右幅×#－6 箱梁预制钢筋加工及安装中间检验申请单及附件	20160824	47	含监理抽检
9		×路桥公司 ××监理	××公路建设项目××－××标 K××＋×××大桥第×联第×跨右幅×#－6 箱梁预制混凝土浇筑中间检验申请单及附件	20160825	56	含监理抽检
10		×路桥公司 ××监理	××公路建设项目××－××标 K××＋×××大桥第×联第×跨右幅×#－6 箱梁预制成品中间检验申请单及附件	20160923	64	含监理抽检
11		×路桥公司 ××监理	××公路建设项目××－××标 K××＋×××大桥第×联第×跨右幅×#－6 箱梁预制预应力筋加工和张拉中间检验申请单及附件	20160924	72	含监理抽检
12		×路桥公司 ××监理	××公路建设项目××－××标 K××＋×××大桥第×联第×跨右幅×#－6 箱梁预制预应力管道压浆中间检验申请单及附件	20160925	72	含监理抽检
13		×路桥公司 ××监理	……第×跨右幅×#－7、－8、……箱梁预制各中间检验申请单及附件按梁的编号结合工艺流程依次排列	……	……	……

左2至1#－左7板梁预制检验申请批复单及附件

例12.3-33：桥梁——板梁预制(二)。

一联板梁预制的《工程检验认可书》《工程报验单》(或《中间交工证书》)已归入第一个案卷中。从该联板梁预制的第二个案卷起，案卷题名中不应再出现"工程检验认可书、工程报验单(或中间交工证书)"字样，拟写案卷题名时应注意。

一槽板梁预制的《中间检验申请单》(或《检验申请批复单》)及附件的文件材料数量较少时，可将几槽合并组成一卷。同一槽板梁预制的文件材料不要分散在两个案卷中。桥梁——板梁预制(二)中间检验文件案卷题名拟写方式可参考如下示例：

××公路建设项目××－××标K××＋××中桥1#－左10～左15,2#－左2～左7板梁预制中间检验申请单及附件

或

××公路建设项目××－××标K××＋×××中桥1#－左10至左15、2#－左2至左7板梁预制检验申请批复单及附件

例12.3-32、例12.3-33《卷内目录》拟写方式见表12-51和表12-52。或将表12-51、表12-52中各文件材料题名依次调整为："……中间交工证书、……开工报告、……检验申请批复单及附件"。

如果每片板梁预制混凝土浇筑、预应力筋加工和张拉、预应力管道压浆均填报《中间检验申请单》(或《检验申请批复单》)的，其整理、组卷方式看参照箱梁预制的案例(例12.3-30、31)。

例12.3-34：桥梁——箱(板)梁安装。

箱(板)梁安装的《工程检验认可书》《工程报验单》(或《中间交工证书》)应按联填报，《中间检验申请单》(或《检验申请批复单》)一般应按跨填报。箱(板)梁安装的文件材料数量较少的，整理、组卷时可与其他分项合并，将每一联箱(板)梁安装的文件放在该联箱(板)梁预制文件的最后，并在拟写案卷题名时予以注明。也可单独组卷(如本案例)，其案卷题名拟写方式可参考如下示例：

××公路建设项目××－××标K××＋××大桥第×联箱(板)梁安装工程检验认可书、工程报验单及附件

或

××公路建设项目××－××标K××＋×××大桥箱(板)梁安装中间交工证书、开工报告、检验申请批复单及附件、分项工程质量评定表

卷 内 目 录   表12-51

(例12.3-32：桥梁——板梁预制一)

序号	文件编号	责任者	文件材料题名	日期	页号	备注
1		×路桥公司 ××监理	××公路建设项目××－××标K××＋×××中桥板梁预制工程检验认可书、工程报验单	20161015	1	
2		×路桥公司 ××监理	××公路建设项目××－××标K××＋×××中桥第1#－左2板梁预制模板中间检验申请单及附件	20160801	4	含监理抽检

序号	文件编号	责任者	文件材料题名	日期	页号	备注
3		×路桥公司 ××监理	××公路建设项目××－××标 K××＋×××中桥第 1#－左 2 板梁预制钢筋加工及安装中间检验申请单及附件	20160801	9	含监理抽检
4		×路桥公司 ××监理	××公路建设项目××－××标 K××＋×××中桥第 1#－左 2 至 1#－左 7 板梁预制混凝土浇筑中间检验申请单及附件	20160805	16	含监理抽检
5		×路桥公司 ××监理	××公路建设项目××－××标 K××＋×××中桥第 1#－左 2 板梁预制成品中间检验申请单及附件	20160903	25	含监理抽检
6		×路桥公司 ××监理	××公路建设项目××－××标 K××＋×××中桥第 1#－左 2 至 1#－左 7 板梁预制预应力筋加工和张拉中间检验申请单及附件	20160803	31	含监理抽检
7		×路桥公司 ××监理	××公路建设项目××－××标 K××＋×××中桥第 1#－左 2 至 1#－左 7 板梁预制预应力管道压浆中间检验申请单及附件	20160804	43	含监理抽检
8		×路桥公司 ××监理	××公路建设项目××－××标 K××＋×××中桥第 1#－左 3 板梁预制模板中间检验申请单及附件	20160802	45	含监理抽检
9		×路桥公司 ××监理	××公路建设项目××－××标 K××＋×××中桥第 1#－左 3 板梁预制钢筋加工及安装中间检验申请单及附件	20160802	50	含监理抽检
10		×路桥公司 ××监理	××公路建设项目××－××标 K××＋×××中桥第 1#－左 3 板梁预制成品中间检验申请单及附件	20160903	60	含监理抽检
11		×路桥公司 ××监理	××公路建设项目××－××标 K××＋×××中桥第 1#－左 4 板梁预制模板中间检验申请单及附件	20160803	65	含监理抽检
12		×路桥公司 ××监理	××公路建设项目××－××标 K××＋×××中桥第 1#－左 4 板梁预制钢筋加工及安装中间检验申请单及附件	20160803	70	含监理抽检
13		×路桥公司 ××监理	××公路建设项目××－××标 K××＋×××中桥第 1#－左 4 板梁预制成品中间检验申请单及附件	20160903	76	含监理抽检
14		……	……第 1#－左 5、6、7 板梁预制模板、钢筋加工及安装、成品中间检验申请单及附件按梁的编号结合工艺流程依次排列	……	……	

卷 内 目 录

表 12-52

（例 12.3-33：桥梁——板梁预制二）

序号	文件编号	责任者	文件材料题名	日期	页号	备注
1		×路桥公司 ××监理	××公路建设项目××－××标 K××＋×××中桥第 1#－左10板梁预制模板中间检验申请单及附件	20160806	1	含监理抽检
2		×路桥公司 ××监理	××公路建设项目××－××标 K××＋×××中桥第 1#－左10板梁预制钢筋加工及安装中间检验申请单及附件	20160806	6	含监理抽检
3		×路桥公司 ××监理	××公路建设项目××－××标 K××＋×××中桥第 1#－左10至1#－左15板梁预制混凝土浇筑中间检验申请单及附件	20160808	10	含监理抽检
4		×路桥公司 ××监理	××公路建设项目××－××标 K××＋×××中桥第 1#－左10板梁预制成品中间检验申请单及附件	20160906	18	含监理抽检
5		×路桥公司 ××监理	××公路建设项目××－××标 K××＋×××中桥第 1#－左10至1#－左15板梁预制板梁预制预应力筋加工和张拉中间检验申请单及附件	20160809	25	含监理抽检
6		×路桥公司 ××监理	××公路建设项目××－××标 K××＋×××中桥第 1#－左10至1#－左15板梁预制预应力管道压浆中间检验申请单及附件	20160810	33	含监理抽检
7		×路桥公司 ××监理	××公路建设项目××－××标 K××＋×××中桥第 1#－左10板梁预制模板中间检验申请单及附件	20160808	35	含监理抽检
8		×路桥公司 ××监理	××公路建设项目××－××标 K××＋×××中桥第 1#－左10板梁预制钢筋加工及安装中间检验申请单及附件	20160808	40	含监理抽检
8		×路桥公司 ××监理	××公路建设项目××－××标 K××＋×××中桥第 1#－左10板梁预制成品中间检验申请单及附件	20160906	45	含监理抽检
10		……	……第1#－左11、12、13、14、15板梁预制模板、钢筋加工及安装、成品中间检验申请单及附件按梁的编号结合工艺流程依次排列	……	……	……
11		……	……第2#－左3、4、5、6、7板梁预制各中间检验申请单及附件按梁的编号结合工艺流程依次排列	……	……	……

例 12.3-34《卷内目录》拟写方式见表 12-53。或将表 12-53 中各文件材料题名依次调整为："……中间交工证书、……开工报告、……检验申请批复单及附件、……分项工程质量评定表"。

例 12.3-35：桥梁——现浇箱梁（一）。

桥梁现浇箱梁中间检验文件材料以联为单位进行组卷。《工程检验认可书》《工程报验单》（或《中间交工证书》）应整幅填报，不应左、右幅分开填报；整理、组卷时应放在左幅底腹板《施工放样报验单》的前面。底腹板及顶板的《施工放样报验单》、模板、钢筋加工及安装、混凝土浇筑《中间检验申请单》（或《检验申请批复单》）应分别填报，成品、预应力筋加工和张拉、预应力管道压浆的《中间检验申请单》（或《检验申请批复单》）应以半幅箱梁为单位各填报一份。

桥梁——现浇箱梁（一）中间检验文件案卷题名拟写方式可参考如下示例：

××公路建设项目××－××标K××＋××大桥第×联现浇箱梁工程检验认可书、工程报验单，第×联左幅现浇箱梁施工放样报验单、中间检验申请单及附件

或

××公路建设项目××－××标K××＋×××大桥第×联现浇箱梁中间交工证书、开工报告，第×联左幅现浇箱梁施工放样报验单、检验申请批复单及附件

例 12.3-36：桥梁——现浇箱梁（二）。

现浇箱梁分左右幅的，一般文件材料数量较多，通常可组成两卷，左右幅各一卷。《工程检验认可书》《工程报验单》（或《中间交工证书》）已归入左幅的案卷中，在整理右幅现浇箱梁文件材料时，不必再归入。在拟写案卷题名时应注意。

桥梁——现浇箱梁（二）中间检验文件案卷题名拟写方式可参考如下示例：

××公路建设项目××－××标K××＋××大桥第×联右幅现浇箱梁施工放样报验单、中间检验申请单及附件

或

××公路建设项目××－××标K××＋×××大桥第×联右幅现浇箱梁施工放样报验单、单及附件，第×联现浇箱梁分项工程质量评定表

例 12.3-35、例 12.3-36《卷内目录》拟写方式见表 12-54 和表 12-55。或将表 12-54、表 12-55 中各文件材料题名依次调整为："……中间交工证书、……开工报告、……施工放样报验单及附件、……检验申请批复单及附件、……分项工程质量评定表"。

如果一联为整幅浇筑且组成一卷的，案卷题名的拟写相对简单。可参照如下示例：

××公路建设项目××－××标K××＋××大桥第×联现浇箱梁工程检验认可书、工程报验单及附件

或

××公路建设项目××－××标K××＋×××大桥第×联现浇箱梁中间交工证书、开工报告、施工放样报验单、检验申请批复单及附件、分项工程质量评定表

如果一联现浇梁是整幅浇筑，且文件材料数量较多、组成两卷时，可将预应力单独组成一卷。案卷题名拟写，可参照如下示例：

第一卷：××公路建设项目××－××标K××＋××大桥第×联现浇箱梁工程检验认可书、

卷 内 目 录

表 12-53

（例 12.3-34：桥梁——箱（板）梁安装）

序号	文件编号	责任者	文件材料题名	日期	页号	备注
1		××路桥公司 ××监理	××公路建设项目××－××标K××＋××大桥第一联箱（板）梁安装工程检验认可书、工程报验单	20161103	1	
2		××路桥公司 ××监理	××公路建设项目××－××标K××＋××大桥第一联第1跨箱（板）梁安装中间检验申请单及附件	20161007	4	含监理抽检
3		××路桥公司 ××监理	××公路建设项目××－××标K××＋××大桥第一联第2跨箱（板）梁安装中间检验申请单及附件	20161013	9	含监理抽检
4		××路桥公司 ××监理	××公路建设项目××－××标K××＋××大桥第一联第3跨箱（板）梁安装中间检验申请单及附件	20161021	14	含监理抽检
5		××路桥公司 ××监理	××公路建设项目××－××标K××＋××大桥第一联第4跨箱（板）梁安装中间检验申请单及附件	20161101	19	含监理抽检
6		××路桥公司 ××监理	××公路建设项目××－××标K××＋××大桥第二联箱（板）梁安装工程检验认可书、工程报验单	20161208	25	
7		××路桥公司 ××监理	××公路建设项目××－××标K××＋××大桥第二联第5跨箱（板）梁安装中间检验申请单及附件	20161105	28	含监理抽检
8		××路桥公司 ××监理	××公路建设项目××－××标K××＋××大桥第二联第6跨箱（板）梁安装中间检验申请单及附件	20161114	33	含监理抽检
9		××路桥公司 ××监理	××公路建设项目××－××标K××＋××大桥第二联第7跨箱（板）梁安装中间检验申请单及附件	20161122	38	含监理抽检
10		××路桥公司 ××监理	××公路建设项目××－××标K××＋××大桥第二联第8跨箱（板）梁安装中间检验申请单及附件	20161205	43	含监理抽检
11		××路桥公司 ××监理	××公路建设项目××－××标K××＋××大桥第三联箱（板）梁安装工程检验认可书、工程报验单	20170110	47	
12		××路桥公司 ××监理	××公路建设项目××－××标K××＋××大桥第三联第9跨箱（板）梁安装中间检验申请单及附件	20161211	52	含监理抽检
13		××路桥公司 ××监理	××公路建设项目××－××标K××＋××大桥第三联第10跨箱（板）梁安装中间检验申请单及附件	20161221	57	含监理抽检
14		××路桥公司 ××监理	××公路建设项目××－××标K××＋××大桥第三联第11跨箱（板）梁安装中间检验申请单及附件	20161230	62	含监理抽检
15		……	……箱（板）梁安装工程检验认可书、工程报验单、中间检验申请单及附件按联、跨箱（板）梁的编号结合工艺流程依次排列	……	……	……

卷 内 目 录

表 12-54

（例 12.3-35：桥梁现浇箱梁一）

序号	文件编号	责任者	文件材料题名	日期	页号	备注
1		×路桥公司 ××监理	××公路建设项目××-××标 K××+×××大桥第×联现浇箱梁工程检验认可书、工程报验单	20160930	1	
2		×路桥公司 ××监理	××公路建设项目××-××标 K××+×××大桥第×联左幅现浇箱梁底腹板施工放样报验单及附件	20160706	5	含监理抽检
3		×路桥公司 ××监理	××公路建设项目××-××标 K××+×××大桥第×联左幅现浇箱梁底腹板模板中间检验申请单及附件	20160707	15	含监理抽检
4		×路桥公司 ××监理	××公路建设项目××-××标 K××+×××大桥第×联左幅现浇箱梁底腹板钢筋加工及安装中间检验申请单及附件	20160711	21	含监理抽检
5		×路桥公司 ××监理	××公路建设项目××-××标 K××+×××大桥第×联左幅现浇箱梁底腹板混凝土中间检验申请单及附件	20160713	60	含监理抽检
6		×路桥公司 ××监理	××公路建设项目××-××标 K××+×××大桥第×联左幅现浇箱梁顶板施工放样报验单及附件	20160721	66	含监理抽检
7		×路桥公司 ××监理	××公路建设项目××-××标 K××+×××大桥第×联左幅现浇箱梁顶板模板中间检验申请单及附件	20160725	73	含监理抽检
8		×路桥公司 ××监理	××公路建设项目××-××标 K××+×××大桥第×联左幅现浇箱梁顶板钢筋加工及安装中间检验申请单及附件	20160727	79	含监理抽检
9		×路桥公司 ××监理	××公路建设项目××-××标 K××+×××大桥第×联左幅现浇箱梁顶板混凝土中间检验申请单及附件	20160729	118	含监理抽检
10		×路桥公司 ××监理	××公路建设项目××-××标 K××+×××大桥第×联左幅现浇箱成品中间检验申请单及附件	20160827	127	含监理抽检
11		×路桥公司 ××监理	××公路建设项目××-××标 K××+×××大桥第×联左幅现浇箱梁板梁预制预应力筋加工和张拉中间检验申请单及附件	20160829	165	含监理抽检
12		×路桥公司 ××监理	××公路建设项目××-××标 K××+×××大桥第×联左幅现浇箱梁板梁预制预应力管道压浆中间检验申请单及附件	20160830	166-169	含监理抽检

卷 内 目 录

表 12-55

（例 12.3-36：桥梁现浇箱梁二）

序号	文件编号	责任者	文件材料题名	日期	页号	备注
1		×路桥公司 ××监理	××公路建设项目××－××标 K××＋×××大桥第×联右幅现浇箱梁底腹板施工放样报验单及附件	20160806	1	含监理抽检
2		×路桥公司 ××监理	××公路建设项目××－××标 K××＋×××大桥第×联右幅现浇箱梁底腹板模板中间检验申请单及附件	20160807	10	含监理抽检
3		×路桥公司 ××监理	××公路建设项目××－××标 K××＋×××大桥第×联右幅现浇箱梁底腹板钢筋加工及安装中间检验申请单及附件	20160811	16	含监理抽检
4		×路桥公司 ××监理	××公路建设项目××－××标 K××＋×××大桥第×联右幅现浇箱梁底腹板混凝土中间检验申请单及附件	20160813	55	含监理抽检
5		×路桥公司 ××监理	××公路建设项目××－××标 K××＋×××大桥第×联右幅现浇箱梁顶板施工放样报验单及附件	20160821	61	含监理抽检
6		×路桥公司 ××监理	××公路建设项目××－××标 K××＋×××大桥第×联右幅现浇箱梁顶板模板中间检验申请单及附件	20160825	68	含监理抽检
7		×路桥公司 ××监理	××公路建设项目××－××标 K××＋×××大桥第×联右幅现浇箱梁顶板钢筋加工及安装中间检验申请单及附件	20160827	74	含监理抽检
8		×路桥公司 ××监理	××公路建设项目××－××标 K××＋×××大桥第×联右幅现浇箱梁顶板混凝土中间检验申请单及附件	20160829	114	含监理抽检
9		×路桥公司 ××监理	××公路建设项目××－××标 K××＋×××大桥第×联右幅现浇箱成品中间检验申请单及附件	20160927	127	含监理抽检
10		×路桥公司 ××监理	××公路建设项目××－××标 K××＋×××大桥第×联右幅现浇箱梁板梁预制预应力筋加工和张拉中间检验申请单及附件	20160929	160	含监理抽检
11		×路桥公司 ××监理	××公路建设项目××－××标 K××＋×××大桥第×联右幅现浇箱梁板梁预制预应力管道压浆中间检验申请单及附件	20160930	161－164	含监理抽检

工程报验单、施工放样报验单、现浇箱梁模板、钢筋加工及安装、混凝土浇筑、成品中间检验申请单及附件

第二卷：××公路建设项目××－××标K××＋××大桥第×联现浇箱梁预应力中间检验申请单及附件

或

第一卷：××公路建设项目××－××标K××＋×××大桥第×联现浇箱梁中间交工证书、开工报告、施工放样报验单、现浇箱梁模板、钢筋加工及安装、混凝土浇筑、成品检验申请批复单及附件

第二卷：××公路建设项目××－××标K××＋×××大桥第×联现浇箱梁预应力检验申请批复单及附件、第×联现浇箱梁分项工程质量评定表

例12.3-37：桥梁——悬浇梁（一）。

悬浇箱梁中间检验文件材料应以联为单位进行整理、组卷。《工程检验认可书》《工程报验单》（或《中间交工证书》）应以联为单位填报，不应分左右幅（或每块）填报，整理、组卷时应放在左幅第一块悬浇梁《施工放样报验单》的前面。应在左幅第1块悬浇梁各《中间检验申请单》（或《检验申请批复单》）及附件按工艺流程整理后，再整理左幅第2块悬浇梁的文件材料。第3,4…块悬浇梁依次类推。

应将一联左幅所有悬浇梁《施工放样报验单》、各《中间检验申请单》（或《检验申请批复单》）及附件按工艺流程整理完成后，再整理右幅各块悬浇梁的文件材料。同一块悬浇梁的文件材料不要分散在两个案卷中。

桥梁——悬浇梁（一）中间检验文件案卷题名拟写方式可参考如下示例：

××公路建设项目××－××标K××＋××大桥第×联悬浇梁工程检验认可书、工程报验单，左幅第×#墩0#、1#块悬浇梁施工放样报验单，模板、钢筋加工及安装、混凝土浇筑、预应力中间检验申请单及附件

或

××公路建设项目××－××标K××＋×××大桥第×联悬浇梁中间交工证书、开工报告，左幅第×#墩0#、1#块悬浇梁施工放样报验单、模板、钢筋加工及安装、混凝土浇筑、预应力检验申请批复单及附件

例12.3-38：桥梁——悬浇梁（二）。

一联悬浇箱梁的《工程检验认可书》《工程报验单》（或《中间交工证书》）在整理、组卷时，已经归入该联第一块悬浇梁的案卷中，后面的案卷中只有《施工放样报验单》《中间检验申请单》（或《检验申请批复单》）及附件。成品的《中间检验申请单》（或《检验申请批复单》）左、右幅各报验一次即可，不要每块悬浇梁都报验；整理、组卷时，应将其放在该幅编号最大的悬浇梁后面，在拟写案卷题名时应予以注明。

桥梁——悬浇梁（二）中间检验文件案卷题名拟写方式可参考如下示例：

××公路建设项目××－××标K××＋××大桥左幅第×联第×#墩7#、8#块悬浇梁施工放样报验单，模板、钢筋加工及安装、混凝土浇筑、预应力中间检验申请单及附件，左幅第×#墩悬浇梁成品中间检验申请单及附件

或

××公路建设项目××－××标 K××＋×××大桥左幅第×#墩 7#、8#块悬浇梁施工放样报验单、模板、钢筋加工及安装、混凝土浇筑、预应力检验申请批复单及附件,左幅第×#墩悬浇梁成品检验申请批复单及附件

例 12.3-37、例 12.3-38《卷内目录》拟写方式见表 12-56 和表 12-57。或将表 12-56、表 12-57 中各文件材料题名依次调整为:"……中间交工证书、……开工报告、……施工放样报验单及附件、……检验申请批复单及附件"。

整幅浇筑的,每块悬浇梁的文件按编号依次排列即可,并将"例 12.3-37、例 12.3-38"案卷题名、文件材料题名中的"左幅"字样删除。

单个悬浇块的模板、钢筋加工及安装分底腹板、顶板两次报验的,文件材料题名拟写方式参见"例 12.3-37"的 0#块、"例 12.3-38"的 8#块;单个悬浇块的模板、钢筋加工及安装分一次(不分底腹板、顶板)报验的,文件材料题名拟写方式参见"例 12.3-37"的 1#块、"例 12.3-38"的 7#块。

例 12.3-39:桥梁——桥面板(一)。

桥面板中间检验文件材料应按梁段结合工艺流程进行整理、组卷。《工程检验认可书》《工程报验单》(或《中间交工证书》)可按梁段填报,在整理、组卷时放在该梁段编号最小的面板预制模板《中间检验申请单》(或《检验申请批复单》)前面。模板、钢筋加工及安装、混凝土浇筑、成品《中间检验申请单》(或《检验申请批复单》)一般以"组"为单位填报,"例 12.3-39"《卷内目录》中的"C1－19、C1－20"为"组"的编号。

桥面板各组的《中间检验申请单》(或《检验申请批复单》)及附件应按"组"的编号结合工艺流程依次排列。应在整理完第 1 组桥面板预制的文件材料后,再整理第 2 组桥面板预制的文件材料。桥面板预制文件材料一般数量较多,可组成数卷。同一组桥面板预制的文件材料不要分散在两个案卷中。

桥梁——桥面板(一)中间检验文件案卷题名拟写方式可参考如下示例:

××公路建设项目××－××标 K××＋××大桥主桥 NB15 梁段桥面板预制工程检验认可书、工程报验单,NB15 梁段 C1－19～C1－28 桥面板预制中间检验申请单及附件

或

××公路建设项目××－××标 K××＋×××大桥主桥 NB15 梁段桥面板预制中间交工证书、开工报告,NB15 梁段 C1－19 至 C1－28 桥面板预制检验申请批复单及附件

例 12.3-40:桥梁——桥面板(二)。

一个梁段桥面板预制的《工程检验认可书》《工程报验单》(或《中间交工证书》)在整理、组卷时,已经归入该梁段编号最小的桥面板案卷中,后面的案卷中只有《中间检验申请单》(或《检验申请批复单》)及附件,在拟写案卷题名时应注意。

桥梁——桥面板(二)中间检验文件案卷题名拟写方式可参考如下示例:

××公路建设项目××－××标 K××＋××大桥主桥 NB15 梁段 S1－19～S1－28 桥面板预制中间检验申请单及附件

或

××公路建设项目××－××标 K××＋×××大桥主桥 NB15 梁段 S1－19 至 S1－28 桥面板预制检验申请批复单及附件,NB15 梁段桥面板预制分项工程质量评定表

卷 内 目 录

表 12-56

（例 12.3-37：桥梁悬浇梁一）

序号	文件编号	责任者	文件材料题名	日期	页号	备注
1		×路桥公司 ××监理	××公路建设项目××－××标 K××＋×××大桥第×联悬浇梁工程检验认可书、工程报验单及附件	20170428	1	
2		×路桥公司 ××监理	××公路建设项目××－××标 K××＋×××大桥第×联第×墩左幅0#块悬浇梁施工放样报验单及附件	20161101	5	含监理抽检
3		×路桥公司 ××监理	××公路建设项目××－××标 K××＋×××大桥第×联第×墩左幅0#块悬浇梁底腹板模板中间检验申请单及附件	20161103	14	含监理抽检
4		×路桥公司 ××监理	××公路建设项目××－××标 K××＋×××大桥第×联第×墩左幅0#块悬浇梁底腹板钢筋加工及安装中间检验申请单及附件	20161104	18	含监理抽检
5		×路桥公司 ××监理	××公路建设项目××－××标 K××＋×××大桥第×联第×墩左幅0#块悬浇梁顶板模板中间检验申请单及附件	20161105	30	含监理抽检
6		×路桥公司 ××监理	××公路建设项目××－××标 K××＋×××大桥第×联第×墩左幅0#块悬浇梁顶板钢筋加工及安装中间检验申请单及附件	20161105	34	含监理抽检
7		×路桥公司 ××监理	××公路建设项目××－××标 K××＋×××大桥第×联第×墩左幅0#块悬浇梁混凝土浇筑中间检验申请单及附件	20161106	45	含监理抽检
8		×路桥公司 ××监理	××公路建设项目××－××标 K××＋×××大桥第×联第×墩左幅0#块悬浇梁预应力筋加工和张拉中间检验申请单及附件	20161122	53	含监理抽检
9		×路桥公司 ××监理	××公路建设项目××－××标 K××＋×××大桥第×联第×墩左幅0#块悬浇梁预应力管道压浆中间检验申请单及附件	20161123	67	含监理抽检
10		×路桥公司 ××监理	××公路建设项目××－××标 K××＋×××大桥第×联第×墩左幅1#块悬浇梁施工放样报验单及附件	20161201	71	含监理抽检
11		×路桥公司 ××监理	××公路建设项目××－××标 K××＋×××大桥第×联第×墩左幅1#块悬浇梁模板中间检验申请单及附件	20161201	80	含监理抽检
12		×路桥公司 ××监理	××公路建设项目××－××标 K××＋×××大桥第×联第×墩左幅1#块悬浇梁钢筋加工及安装中间检验申请单及附件	20161202	84	含监理抽检
13		×路桥公司 ××监理	××公路建设项目××－××标 K××＋×××大桥第×联第×墩左幅1#块悬浇梁混凝土浇筑中间检验申请单及附件	20161205	90	含监理抽检
14		×路桥公司 ××监理	××公路建设项目××－××标 K××＋×××大桥第×联第×墩左幅1#块悬浇梁预应力筋加工和张拉中间检验申请单及附件	20161215	101	含监理抽检
15		×路桥公司 ××监理	××公路建设项目××－××标 K××＋×××大桥第×联第×墩左幅1#块悬浇梁预应力预应力筋加工和张拉中间检验申请单及附件	20161216	110－113	含监理抽检

卷 内 目 录

表 12-57

（例 12.3-38：桥梁悬浇梁二）

序号	文件编号	责任者	文件材料题名	日期	页号	备注
1		×路桥公司 ××监理	××公路建设项目××－××标 K××＋×××大桥第×联第×墩左幅7#块悬浇梁施工放样报验单及附件	20170311	1	含监理抽检
2		×路桥公司 ××监理	××公路建设项目××－××标 K××＋×××大桥第×联第×墩左幅7#块悬浇梁模板中间检验申请单及附件	20170311	6	含监理抽检
3		×路桥公司 ××监理	××公路建设项目××－××标 K××＋×××大桥第×联第×墩左幅7#块悬浇梁钢筋加工及安装中间检验申请单及附件	20170311	11	含监理抽检
4		×路桥公司 ××监理	××公路建设项目××－××标 K××＋×××大桥第×联第×墩左幅7#块悬浇梁混凝土浇筑中间检验申请单及附件	20170314	18	含监理抽检
5		×路桥公司 ××监理	××公路建设项目××－××标 K××＋×××大桥第×联第×墩左幅7#块悬浇梁预应力筋加工和张拉中间检验申请单及附件	20170320	26	含监理抽检
6		×路桥公司 ××监理	××公路建设项目××－××标 K××＋×××大桥第×联第×墩左幅7#块悬浇梁预应力管道压浆中间检验申请单及附件	20170321	35	含监理抽检
7		×路桥公司 ××监理	××公路建设项目××－××标 K××＋×××大桥第×联第×墩左幅8#块悬浇梁施工放样报验单及附件	20170324	39	含监理抽检
8		×路桥公司 ××监理	××公路建设项目××－××标 K××＋×××大桥第×联第×墩左幅8#块悬浇梁底腹板模板中间检验申请单及附件	20170325	42	含监理抽检
9		×路桥公司 ××监理	××公路建设项目××－××标 K××＋×××大桥第×联第×墩左幅8#块悬浇梁底腹板钢筋加工及安装中间检验申请单及附件	20170325	50	含监理抽检
10		×路桥公司 ××监理	××公路建设项目××－××标 K××＋×××大桥第×联第×墩左幅8#块悬浇梁顶板模板中间检验申请单及附件	20170326	58	含监理抽检
11		×路桥公司 ××监理	××公路建设项目××－××标 K××＋×××大桥第×联第×墩左幅8#块悬浇梁顶板钢筋加工及安装中间检验申请单及附件	20170326	64	含监理抽检
12		×路桥公司 ××监理	××公路建设项目××－××标 K××＋×××大桥第×联第×墩左幅8#块悬浇梁混凝土浇筑中间检验申请单及附件	20170328	72	含监理抽检
13		×路桥公司 ××监理	××公路建设项目××－××标 K××＋×××大桥第×联第×墩左幅8#块悬浇梁预应力筋加工和张拉中间检验申请单及附件	20170416	78	含监理抽检
14		×路桥公司 ××监理	××公路建设项目××－××标 K××＋×××大桥第×联第×墩左幅8#块悬浇梁预应力管道压浆中间检验申请单及附件	20170416	86	含监理抽检
15		×路桥公司 ××监理	××公路建设项目××－××标 K××＋×××大桥第×联第×墩左幅悬浇梁成品中间检验申请单及附件	20170426	90－110	含监理抽检

例 12.3-41：桥梁——桥面板（三）。

一个梁段桥面板安装、现浇的《工程检验认可书》《工程报验单》（或《中间交工证书》）、《中间检验申请单》（或《检验申请批复单》）文件材料数量较少，可合并组成一卷，在拟写案卷题名时应注明"桥面板安装"、"现浇桥面板"字样。

桥梁——桥面板（三）中间检验文件案卷题名拟写方式可参考如下示例：

××公路建设项目 ×× - ×× 标 K ×× + ×× 大桥主桥 NB15 梁段桥面板安装、现浇桥面板工程检验认可书、工程报验单及附件

或

××公路建设项目 ×× - ×× 标 K ×× + ××× 大桥主桥 NB15 梁段桥面板安装、现浇桥面板中间交工证书、开工报告、检验申请批复单及附件、分项工程质量评定表

例 12.3-39 ～ 例 12.3-41《卷内目录》拟写方式见表 12-58 ～ 表 12-60。或将表 12-58 ～ 表 12-60 中各文件材料题名依次调整为："—中间交工证书、—开工报告、—检验申请批复单及附件、—分项工程质量评定表"。

例 12.3-42：桥梁——节段梁（一）。

节段梁中间检验文件材料应以跨为单位进行整理、组卷。《工程检验认可书》《工程报验单》（或《中间交工证书》）可按跨半幅填报（也可按整幅、一联填报），在整理、组卷时放在该垮编号最小的节段预制模板《中间检验申请单》（或《检验申请批复单》）前面。每个节段梁预制的《中间检验申请单》（或《检验申请批复单》）及附件应按照节段的编号结合工艺流程依次排列。应在整理完第 1 个节段梁预制的文件材料后，再整理第 2 个节段梁预制的文件材料。节段梁预制的文件材料较多，整理时可组成数卷。一个节段梁预制的文件材料不要分散在两个案卷中。

桥梁——节段梁（一）中间检验文件案卷题名拟写方式可参考如下示例：

××公路建设项目 ×× - ×× 标 K ×× + ×× 大桥主 7#墩左幅节段梁工程检验认可书、工程报验单，主 7#墩左幅 1# ~5#节段梁预制中间检验申请单及附件

或

××公路建设项目 ×× - ×× 标 K ×× + ××× 大桥主 7#墩左幅节段梁中间交工证书、开工报告，主 7#墩左幅 1# -5#节段梁预制检验申请批复单及附件

《卷内目录》拟写方式见表 12-61。

例 12.3-43：桥梁——节段梁（二）。

节段梁的《工程检验认可书》《工程报验单》（或《中间交工证书》）已经归入上一个案卷，本卷中只有节段梁预制《中间检验申请单》（或《检验申请批复单》）及附件，在拟写案卷题名时应注意。

桥梁——节段梁（二）中间检验文件案卷题名拟写方式可参考如下示例：

××公路建设项目 ×× - ×× 标 K ×× + ×× 大桥主 7#墩左幅 6# ~10#节段梁预制中间检验申请单及附件

或

××公路建设项目 ×× - ×× 标 K ×× + ××× 大桥主 7#墩左幅 6# -10#节段梁预制检验申请批复单及附件

卷 内 目 录

表 12-58

（例 12.3-39：桥梁——桥面板一）

序号	文件编号	责任者	文件材料题名	日期	页号	备注
1		××路桥公司 ××监理	××公路建设项目××－××标K××＋××大桥主桥NB15梁段桥面板预制工程检验认可书、工程报验单	20170514	1	
2		××路桥公司 ××监理	××公路建设项目××－××标K××＋××大桥主桥NB15梁段C1－19桥面板预制模板中间检验申请单及附件	20170223	4	含监理抽检
3		××路桥公司 ××监理	××公路建设项目××－××标K××＋××大桥主桥NB15梁段C1－19预制桥面板钢筋加工及安装中间检验申请单及附件	20170223	5	含监理抽检
4		××路桥公司 ××监理	××公路建设项目××－××标K××＋××大桥主桥NB15梁段C1－19预制桥面板混凝土浇筑申请报告单及附件	20170223	10	含监理抽检
5		××路桥公司 ××监理	××公路建设项目××－××标K××＋××大桥主桥NB15梁段C1－19预制桥面板成品中间检验申请单及附件	20170323	13	含监理抽检
6		××路桥公司 ××监理	××公路建设项目××－××标K××＋××大桥主桥NB15梁段C1－20桥面板预制模板中间检验申请单及附件	20170225	18	含监理抽检
7		××路桥公司 ××监理	××公路建设项目××－××标K××＋××大桥主桥NB15梁段C1－20预制桥面板钢筋加工及安装中间检验申请单及附件	20170225	22	含监理抽检
8		××路桥公司 ××监理	××公路建设项目××－××标K××＋××大桥主桥NB15梁段C1－20预制桥面板混凝土浇筑申请报告单及附件	20170225	27	含监理抽检
9		××路桥公司 ××监理	××公路建设项目××－××标K××＋××大桥主桥NB15梁段C1－20预制桥面板成品中间检验申请单及附件	20170325	30	含监理抽检
10		……	……主桥NB15梁段C1－21,22,23,24,25,26,27预制桥面板模板、钢筋、混凝土、成品的中间检验申请单及附件按面板的编号结合工艺流程依次排列	……	……	……
11		××路桥公司 ××监理	××公路建设项目××－××标K××＋××大桥主桥NB15梁段C1－28预制桥面板模板中间检验申请单及附件	20170310	162	含监理抽检
12		××路桥公司 ××监理	××公路建设项目××－××标K××＋××大桥主桥NB15梁段C1－28预制桥面板钢筋加工及安装中间检验申请单及附件	20170310	166	含监理抽检
13		××路桥公司 ××监理	××公路建设项目××－××标K××＋××大桥主桥NB15梁段C1－28预制桥面板混凝土浇筑申请报告单及附件	20170310	171	含监理抽检
14		××路桥公司 ××监理	××公路建设项目××－××标K××＋××大桥主桥NB15梁段C1－28预制桥面板成品中间检验申请单及附件	20170417	174－179	含监理抽检

卷 内 目 录　　　　　　　　　　表 12-59

（例 12.3-40：桥梁——桥面板二）

序号	文件编号	责任者	文件材料题名	日期	页号	备注
1		××路桥公司 ××监理	××公路建设项目××－××标 K××＋××大桥主桥 NB15 梁段 S1－19 桥面板预制模板中间检验申请单及附件	20170308	1	含监理抽检
2		××路桥公司 ××监理	××公路建设项目××－××标 K××＋××大桥主桥 NB15 梁段 S1－19 桥面板预制钢筋加工及安装中间检验申请单及附件	20170308	5	含监理抽检
3		××路桥公司 ××监理	××公路建设项目××－××标 K××＋××大桥主桥 NB15 梁段 S1－19 预制桥面板混凝土浇筑申请报告单及附件	20170308	10	含监理抽检
4		××路桥公司 ××监理	××公路建设项目××－××标 K××＋××大桥主桥 NB15 梁段 S1－19 预制桥面板成品中间检验申请单及附件	20170405	13	含监理抽检
5		××路桥公司 ××监理	××公路建设项目××－××标 K××＋××大桥主桥 NB15 梁段 S1－20 预制桥面板模板中间检验申请单	20170309	19	含监理抽检
6		××路桥公司 ××监理	××公路建设项目××－××标 K××＋××大桥主桥 NB15 梁段 S1－20 预制桥面板钢筋加工及安装中间检验申请单及附件	20170309	23	含监理抽检
7		××路桥公司 ××监理	××公路建设项目××－××标 K××＋××大桥主桥 NB15 梁段 S1－20 预制桥面板混凝土浇筑申请报告单及附件	20170309	28	含监理抽检
8		××路桥公司 ××监理	××公路建设项目××－××标 K××＋××大桥主桥 NB15 梁段 S1－20 预制桥面板成品中间检验申请单及附件	20170406	31	含监理抽检
9	……		……主桥 NB15 梁段预制桥面板 S1－21,22,23,24,25,26,27 模板、钢筋、混凝土、成品中间检验申请单及附件按面板的编号结合工艺流程依次排列	……	……	……
10		××路桥公司 ××监理	××公路建设项目××－××标 K××＋××大桥主桥 NB15 梁段 S1－28 预制桥面板模板中间检验申请单及附件	20170317	159	含监理抽检
11		××路桥公司 ××监理	××公路建设项目××－××标 K××＋××大桥主桥 NB15 梁段 S1－28 预制桥面板钢筋加工及安装中间检验申请单及附件	20170317	163	含监理抽检
12		××路桥公司 ××监理	××公路建设项目××－××标 K××＋××大桥主桥 NB15 梁段 S1－28 预制桥面板混凝土浇筑申请报告单及附件	20170317	168	含监理抽检
13		××路桥公司 ××监理	××公路建设项目××－××标 K××＋××大桥主桥 NB15 梁段 S1－28 预制桥面板成品中间检验申请单及附件	20170414	171－175	含监理抽检

卷 内 目 录

表 12-60

（例 12.3-41：桥梁——桥面板三）

序号	文件编号	责任者	文件材料题名	日期	页号	备注
1		××路桥公司 ××监理	××公路建设项目××－××标 K××＋××大桥主桥 NB15 梁段桥面板安装工程检验认可书、工程报验单	20170921	1	
2		××路桥公司 ××监理	××公路建设项目××－××标 K××＋××大桥主桥 NB15－1 桥面板安装中间检验申请单及附件	20170907	3	含监理抽检
3		××路桥公司 ××监理	××公路建设项目××－××标 K××＋××大桥主桥 NB15－2 桥面板安装中间检验申请单及附件	20170921	7	含监理抽检
4		××路桥公司 ××监理	××公路建设项目××－××标 K××＋××大桥主桥 NB15 梁段现浇桥面板工程检验认可书、工程报验单	20171026	11	
5		××路桥公司 ××监理	××公路建设项目××－××标 K××＋××大桥主桥 NB15－1 梁段现浇桥面板模板中间检验申请单及附件	20170909	14	含监理抽检
6		××路桥公司 ××监理	××公路建设项目××－××标 K××＋××大桥主桥 NB15－1 梁段现浇桥面板钢筋加工及安装中间检验申请单及附件	20170909	18	含监理抽检
7		××路桥公司 ××监理	××公路建设项目××－××标 K××＋××大桥主桥 NB15－1 梁段现浇桥面板混凝土浇筑申请报告单及附件	20170910	22	含监理抽检
8		××路桥公司 ××监理	××公路建设项目××－××标 K××＋××大桥主桥 NB15－1 梁段现浇桥面板成品中间检验申请单及附件	20171010	25	含监理抽检
9		××路桥公司 ××监理	××公路建设项目××－××标 K××＋××大桥主桥 NB15－2 梁段现浇桥面板模板中间检验申请单及附件	20170926	30	含监理抽检
10		××路桥公司 ××监理	××公路建设项目××－××标 K××＋××大桥主桥 NB15－2 梁段现浇桥面板钢筋加工及安装中间检验申请单及附件	20170926	34	含监理抽检
11		××路桥公司 ××监理	××公路建设项目××－××标 K××＋××大桥主桥 NB15－2 梁段现浇桥面板混凝土浇筑申请报告单及附件	20170926	38	含监理抽检
12		××路桥公司 ××监理	××公路建设项目××－××标 K××＋××大桥主桥 NB15－2 梁段现浇桥面板成品中间检验申请单及附件	20171024	41	含监理抽检
13		××路桥公司 ××监理	××公路建设项目××－××标 K××＋××大桥主桥 NB15 梁段现浇桥面板横向预应力筋加工和张拉中间检验申请单及附件	20171026	46	含监理抽检
14		××路桥公司 ××监理	××公路建设项目××－××标 K××＋××大桥主桥 NB15 梁段现浇桥面板预应力管道压浆中间检验申请单及附件	20171027	78－81	含监理抽检

卷 内 目 录 表 12-61

（例 12.3-42：桥梁——节段梁一）

序号	文件编号	责任者	文件材料题名	日期	页号	备注
1		××路桥公司 ××监理	××公路建设项目××－××标 K××＋××大桥主 7#墩左幅节段梁工程检验认可书、工程报验单	20170817	1	
2		××路桥公司 ××监理	××公路建设项目××－××标 K××＋××大桥 7#墩左幅节段梁预制－1 模板中间检验申请单及附件	20161220	3	含监理抽检
3		××路桥公司 ××监理	××公路建设项目××－××标 K××＋××大桥 7#墩左幅节段梁预制－1 钢筋加工及安装中间检验申请单及附件	20161220	7	含监理抽检
4		××路桥公司 ××监理	××公路建设项目××－××标 K××＋××大桥 7#墩左幅节段梁预制－1 预应力管道安装中间检验申请单及附件	20161220	11	含监理抽检
5		××路桥公司 ××监理	××公路建设项目××－××标 K××＋××大桥 7#墩左幅节段梁预制－1 混凝土浇筑中间检验申请单及附件	20161220	15	含监理抽检
6		××路桥公司 ××监理	××公路建设项目××－××标 K××＋××大桥 7#墩左幅节段梁预制－1 成品中间检验申请单及附件	20170517	31	含监理抽检
7		……	……大桥主 7#墩左幅节段梁预制－1，－2，－3，－4 模板、钢筋、预应力管道、混凝土、成品等中间检验申请单及附件可按节段梁的编号结合工艺流程依次排列	……	……	……
8		××路桥公司 ××监理	××公路建设项目××－××标 K××＋××大桥 7#墩左幅节段梁预制－5 模板中间检验申请单及附件	20160828	139	含监理抽检
9		××路桥公司 ××监理	××公路建设项目××－××标 K××＋××大桥 7#墩左幅节段梁预制－5 钢筋加工及安装中间检验申请单及附件	20160828	143	含监理抽检
10		××路桥公司 ××监理	××公路建设项目××－××标 K××＋××大桥 7#墩左幅节段梁预制－5 预应力管道安装中间检验申请单及附件	20160828	147	含监理抽检
11		××路桥公司 ××监理	××公路建设项目××－××标 K××＋××大桥 7#墩左幅节段梁预制－5 混凝土浇筑中间检验申请单及附件	20160829	151	含监理抽检
12		××路桥公司 ××监理	××公路建设项目××－××标 K××＋××大桥 7#墩左幅节段梁预制－5 成品中间检验申请单及附件	20160926	157	含监理抽检
13		××路桥公司 ××监理	××公路建设项目××－××标 K××＋××大桥 7#墩左幅节段梁预制－5 转向块模板中间检验申请单及附件	20161115	169	含监理抽检
14		××路桥公司 ××监理	××公路建设项目××－××标 K××＋××大桥 7#墩左幅节段梁预制－5 转向块钢筋加工及安装中间检验申请单及附件	20161115	173	含监理抽检
15		……	……大桥主 7#墩左幅节段梁预制－5 转向块混凝土浇筑、成品中间检验申请单及附件应依次排列	……	……	含监理抽检

《卷内目录》拟写方式见表 12-62。

例 12.3-44：桥梁——节段梁（三）。

一跨节段梁的文件材料数量较多，应在各节段梁预制整理完成后（一跨节段梁预制通常要组成数卷），再整理拼装、湿接缝、各预应力的《中间检验申请单》（或《检验申请批复单》）及附件。文件材料数量较少的，一跨节段梁拼装、湿接缝、各预应力的《中间检验申请单》（或《检验申请批复单》）及附件应组成一卷。预应力《中间检验申请单》（或《检验申请批复单》）及附件文件材料数量较多的，应将一跨节段梁拼装、湿接缝的《中间检验申请单》（或《检验申请批复单》）及附件组成一卷，预应力《中间检验申请单》（或《检验申请批复单》）及附件应单独组卷。

桥梁——节段梁（三）中间检验文件案卷题名拟写方式可参考如下示例：

××公路建设项目 ××－×× 标 K××＋×× 大桥主 7#墩左幅节段梁拼装、湿接缝、预应力等中间检验申请单及附件

或

××公路建设项目 ××－×× 标 K××＋××× 大桥主 7#墩左幅节段梁拼装、湿接缝、预应力等检验申请批复单及附件，7#墩左幅节段梁分项工程质量评定表

例 12.3-42～例 12.3-44《卷内目录》拟写方式见"表 12-61～表 12-63"。或将"表 12-61～表 12-63"中各文件材料题名依次调整为："……中间交工证书、……开工报告、……检验申请批复单及附件、……分项工程质量评定表"。

例 12.3-45：桥梁——钢箱梁（一）。

钢箱梁构造与安装文件材料以大节段（由几个梁段组成）为单位组卷，数量多的可组成数卷。应在第 1 个梁段的文件材料整理、组卷完成后，再整理第 2 个梁段。同一个梁段的文件材料不要分散在两个案卷中。每个梁段的文件按照工艺流程依次排列。一个梁段的各工序由不同施工单位承担的，在编制《卷内目录》填写"责任者"一栏时应予以区分（见"例 12.3-45"《卷内目录》中第 3,4,11,12 条目录）。

桥梁——钢箱梁（一）中间检验文件案卷题名拟写方式。可参考如下示例：

××公路建设项目 ××－×× 标 K××＋×× 大桥钢箱梁构造与安装第一轮上游幅大节段工程检验认可书、工程报验单、施工放样报验单，第 JA8U,JA7U 梁段板单元中间检验申请单及附件

或

××公路建设项目 ××－×× 标 K××＋××× 大桥钢箱梁构造与安装第一轮上游幅大节段中间交工证书、开工报告、施工放样报验单及附件，第 JA8U、JA7U 梁段板单元检验申请批复单及附件

例 12.3-46：桥梁——钢箱梁（二）。

钢箱梁构造与安装的《工程检验认可书》《工程报验单》（或《中间交工证书》）已归入上一个案卷，本案卷为 JA78U 梁段拼装的《中间检验申请单》（或《检验申请批复单》）及附件。后面的案卷依次为 JA6U,JA5U 两个梁段的《中间检验申请单》（或《检验申请批复单》）及附件，JA56U 梁段的拼装《中间检验申请单》（或《检验申请批复单》）及附件，等等

桥梁——钢箱梁（二）中间检验文件案卷题名拟写方式可参考如下示例：

卷 内 目 录　　　　　　　　　　　　　表 12-62

（例 12.3-43：桥梁——节段梁二）

序号	文件编号	责任者	文件材料题名	日期	页号	备注
1		××路桥公司 ××监理	××公路建设项目××－××标 K××＋×× 大桥主 7# 墩左幅－6 节段梁预制模板中间检验申请单及附件	20160627	1	含监理抽检
2		××路桥公司 ××监理	××公路建设项目××－××标 K××＋×× 大桥主 7# 墩左幅－6 节段梁预制钢筋加工及安装中间检验申请单及附件	20160627	5	含监理抽检
3		××路桥公司 ××监理	××公路建设项目××－××标 K××＋×× 大桥主 7# 墩左幅－6 节段梁预制预应力管道安装中间检验申请单及附件	20160627	9	含监理抽检
4		××路桥公司 ××监理	××公路建设项目××－××标 K××＋×× 大桥主 7# 墩左幅－6 节段梁预制混凝土浇筑中间检验申请单及附件	20160627	13	含监理抽检
5		××路桥公司 ××监理	××公路建设项目××－××标 K××＋×× 大桥主 7# 墩左幅－6 节段梁预制成品中间检验申请单及附件	20160725	19	含监理抽检
6		××路桥公司 ××监理	××公路建设项目××－××标 K××＋×× 大桥主 7# 墩左幅－6 节段梁预制转向块模板中间检验申请单及附件	20161005	31	含监理抽检
7		××路桥公司 ××监理	××公路建设项目××－××标 K××＋×× 大桥主 7# 墩左幅－6 节段梁预制转向块钢筋加工及安装中间检验申请单及附件	20161005	35	含监理抽检
8		××路桥公司 ××监理	××公路建设项目××－××标 K××＋×× 大桥主 7# 墩左幅－6 节段梁预制转向块混凝土浇筑中间检验申请单及附件	20161005	39	含监理抽检
9		××路桥公司 ××监理	××公路建设项目××－××标 K××＋×× 大桥主 7# 墩左幅－6 节段梁预制转向块成品中间检验申请单及附件	20161102	45	含监理抽检
10			……大桥主 7#墩左幅－7、－8、－9 节段梁预制模板、钢筋、预应力管道、混凝土、成品等中间检验申请单及附件，按节段梁的编号结合工艺流程依次排列	……	……	……
11		××路桥公司 ××监理	××公路建设项目××－××标 K××＋×× 大桥主 7# 墩左幅－10 节段梁预制模板中间检验申请单及附件	20160705	142	含监理抽检
12		××路桥公司 ××监理	××公路建设项目××－××标 K××＋×× 大桥主 7# 墩左幅－10 节段梁预制钢筋加工及安装中间检验申请单及附件	20160705	146	含监理抽检
13		××路桥公司 ××监理	××公路建设项目××－××标 K××＋×× 大桥主 7# 墩左幅－10 节段梁预制预应力管道安装中间检验申请单及附件	20160705	150	含监理抽检
14		××路桥公司 ××监理	××公路建设项目××－××标 K××＋×× 大桥主 7# 墩左幅－10 节段梁预制混凝土浇筑中间检验申请单及附件	20160705	154	含监理抽检
15		××路桥公司 ××监理	××公路建设项目××－××标 K××＋×× 大桥主 7# 墩左幅－10 节段梁预制成品中间检验申请单及附件	20160803	160－171	含监理抽检

卷 内 目 录

表 12-63

（例 12.3-44：桥梁——节段梁三）

序号	文件编号	责任者	文件材料题名	日期	页号	备注
1		××路桥公司 ××监理	××公路建设项目××－××标 K××＋××大桥主 7#墩～8#墩左幅节段梁拼装中间检验申请单及附件	20170120	1	含监理抽检
2		××路桥公司 ××监理	××公路建设项目××－××标 K××＋××大桥主 7#墩～8#墩左幅节段梁湿接缝模板中间检验申请单及附件	20161223	35	含监理抽检
3		××路桥公司 ××监理	××公路建设项目××－××标 K××＋××大桥主 7#墩～8#墩段左幅节段梁湿接缝混凝土浇筑中间检验申请单及附件	20161223	39	含监理抽检
4		××路桥公司 ××监理	××公路建设项目××－××标 K××＋××大桥主 7#墩～8#墩左幅节段梁湿接缝成品中间检验申请单及附件	20170120	45	含监理抽检
5		××路桥公司 ××监理	××公路建设项目××－××标 K××＋××大桥主 7#墩～8#墩左幅节段梁体外索中间检验申请单及附件	20161229	55	含监理抽检
6		××路桥公司 ××监理	××公路建设项目××－××标 K××＋××大桥主 7#墩～8#墩左幅节段梁预应力筋的加工及张拉体内竖向索中间检验申请单及附件	20170108	80	含监理抽检
7		××路桥公司 ××监理	××公路建设项目××－××标 K××＋××大桥主 7#墩～8#墩左幅节段梁预应力筋的加工及张拉体内复板索中间检验申请单及附件	20170405	90	含监理抽检
8		××路桥公司 ××监理	××公路建设项目××－××标 K××＋××大桥主 7#墩～8#墩左幅节段梁预应力筋的加工及张拉体内顶板索中间检验申请单及附件	20170405	112	含监理抽检
9		××路桥公司 ××监理	××公路建设项目××－××标 K××＋××大桥主 7#墩～8#墩左幅节段梁预应力筋的加工及张拉体内底板索中间检验申请单及附件	20170705	126	含监理抽检
10		××路桥公司 ××监理	××公路建设项目××－××标 K××＋××大桥主 7#墩～8#墩左幅节段预应力筋的张拉体内横向索中间检验申请单及附件	20170815	135	含监理抽检
11		××路桥公司 ××监理	××公路建设项目××－××标 K××＋××大桥 7#墩－8#墩左幅节段预应力管道压浆中间检验申请单及附件	20170816	220－224	含监理抽检

××公路建设项目××-××标K××+××大桥钢箱梁构造与安装第一轮上游幅大节段第JA78U梁段拼装中间检验申请单及附件

或

××公路建设项目××-××标K××+×××大桥钢箱梁构造与安装第一轮上游幅大节段第JA78U梁段拼装检验申请批复单及附件

例12.3-47：桥梁——钢箱梁(三)。

应在一个大节段梁段制作的《中间检验申请单》(或《检验申请批复单》)及附件、梁段拼装的《中间检验申请单》(或《检验申请批复单》)及附件全部整理完成后,再整理该大节段拼装、防腐、运输、安装的《中间检验申请单》(或《检验申请批复单》)及附件。应在第1个大节段的所有文件材料(梁段的制作、梁段的拼装、本大节段拼装、防腐、运输、安装的《中间检验申请单》或《检验申请批复单》及附件)全部整理完成后,再整理第2个大节段的文件材料。

桥梁——钢箱梁(三)中间检验文件案卷题名拟写方式可参考如下示例：

××公路建设项目××-××标K××+××大桥钢箱梁构造与安装第一轮上游幅大节段拼装、防腐、运输、安装中间检验申请单及附件

或

××公路建设项目××-××标K××+×××大桥钢箱梁构造与安装第一轮上游幅大节段拼装、防腐、运输、安装检验申请批复单及附件,第一轮上游幅大节段分项工程质量评定表

例12.3-45~例12.3-47《卷内目录》拟写方式分别见表12-64~表12-66。或将表12-64~表12-66中各文件材料题名依次调整为："⋯⋯中间交工证书、⋯⋯开工报告、⋯⋯施工放样报验单及附件、⋯⋯检验申请批复单及附件、⋯⋯分项工程质量评定表"。

例12.3-45~例12.3-47所列举的为体量较大钢箱梁的案例,供参考。

例12.3-48：桥梁——钢桁梁。

钢桁梁中间检验文件材料以分项工程为单位进行整理、组卷。先整理杆件预拼的《工程检验认可书》《工程报验单》(或《中间交工证书》)、《中间检验申请单》(或《检验申请批复单》)及附件等所有文件材料,再整理拼装架设、涂装等相关文件材料。文件材料数量较少的,几个分项可合为一卷(本案例为文件数量较少的)。

杆件为购买半成品的,用《建筑材料报验单》报验;杆件为施工单位加工生产的,用《工程检验认可书》《工程报验单》(或《中间交工证书》)、《中间检验申请单》(或《检验申请批复单》)报验。

混凝土桥面板浇筑应单独组卷,其组卷方法可参照例12.3-39~例12.3-41。

桥梁——钢桁梁中间检验文件案卷题名拟写方式可参考如下示例：

××公路建设项目××标段K××+××大桥钢桁梁杆件预拼、拼装架设、涂装等工程检验认可书、工程报验单及附件

或

××公路建设项目××标段K××+×××大桥钢桁梁杆件预拼、拼装架设、涂装等中间交工证书、开工报告、检验申请批复单及附件、分项工程质量评定表

卷 内 目 录

表 12-64

（例 12.3-45：桥梁——钢箱梁一）

序号	文件编号	责任者	文件材料题名	日期	页号	备注
1		××路桥公司 ××监理	××公路建设项目××－××标K××＋××大桥钢箱梁构造与安装第一轮上游幅大节段工程检验认可书、工程报验单	20170918	1	
2		××路桥公司 ××监理	××公路建设项目××－××标K××＋××大桥钢箱梁构造与安装第一轮上游幅大节段施工放样报验单及附件	20170415	3	含监理抽检
3		中铁××公司 ××监理	××公路建设项目××－××标K××＋××大桥钢箱梁构造与安装第一轮上游幅大节段第JA8U梁段顶板单元中间检验申请单及附件	20161230	12	含监理抽检
4		中铁××公司 ××监理	××公路建设项目××－××标K××＋××大桥钢箱梁构造与安装第一轮上游幅大节段第JA8U梁段底板单元中间检验申请单及附件	20161223	27	含监理抽检
5		××路桥公司 ××监理	××公路建设项目××－××标K××＋××大桥钢箱梁构造与安装第一轮上游幅大节段第JA8U梁段腹板单元中间检验申请单及附件	20170401	49	含监理抽检
6		××路桥公司 ××监理	××公路建设项目××－××标K××＋××大桥钢箱梁构造与安装第一轮上游幅大节段第JA8U梁段腹板接板中间检验申请单及附件	20170324	54	含监理抽检
7		××路桥公司 ××监理	××公路建设项目××－××标K××＋××大桥钢箱梁构造与安装第一轮上游幅大节段第JA8U梁段隔板中间检验申请单及附件	20170413	59	含监理抽检
8		××路桥公司 ××监理	××公路建设项目××－××标K××＋××大桥钢箱梁构造与安装第一轮上游幅大节段第JA8U梁段隔板接板中间检验申请单及附件	20170314	70	含监理抽检
9		××路桥公司 ××监理	××公路建设项目××－××标K××＋××大桥钢箱梁构造与安装第一轮上游幅大节段第JA8U梁段挑臂单元中间检验申请单及附件	20170302	81	含监理抽检
10		××路桥公司 ××监理	××公路建设项目××－××标K××＋××大桥钢箱梁构造与安装第一轮上游幅大节段第JA8U梁段横肋单元中间检验申请单及附件	20170407	102	含监理抽检
11		中铁××公司 ××监理	××公路建设项目××－××标K××＋××大桥钢箱梁构造与安装第一轮上游幅大节段第JA7U梁段顶板单元中间检验申请单及附件	20161224	111	含监理抽检
12		中铁××公司 ××监理	××公路建设项目××－××标K××＋××大桥钢箱梁构造与安装第一轮上游幅大节段第JA7U梁段底板单元中间检验申请单及附件	20161216	126	含监理抽检
13		××路桥公司 ××监理	××公路建设项目××－××标K××＋××大桥钢箱梁构造与安装第一轮上游幅大节段第JA7U梁段腹板单元中间检验申请单及附件	20170506	130	含监理抽检
14		××路桥公司 ××监理	××公路建设项目××－××标K××＋××大桥钢箱梁构造与安装第一轮上游幅大节段第JA7U梁段腹板接板中间检验申请单及附件	20170302	135	含监理抽检
15		……	……段第JA7U梁段隔板接板、挑臂单元、横肋单元各中间检验申请单及附件按照工艺流程依次排列	……	……	……

卷 内 目 录　　　　　　　　　　　　　　表 12-65

（例 12.3-46：桥梁——钢箱梁二）

序号	文件编号	责任者	文件材料题名	日期	页号	备注
1		××路桥公司 ××监理	××公路建设项目××－××标K××＋××大桥钢箱梁构造与安装第一轮上游幅大节段第JA7U梁段底板拼装中间检验申请单及附件	20170415	1	含监理抽检
2		××路桥公司 ××监理	××公路建设项目××－××标K××＋××大桥钢箱梁构造与安装第一轮上游幅大节段第JA8U梁段底板拼装中间检验申请单及附件	20170415	5	含监理抽检
3		中铁××公司 ××监理	××公路建设项目××－××标K××＋××大桥钢箱梁构造与安装第一轮上游幅大节段第JA7U梁段腹板、隔板拼装中间检验申请单及附件	20170523	11	含监理抽检
4		中铁××公司 ××监理	××公路建设项目××－××标K××＋××大桥钢箱梁构造与安装第一轮上游幅大节段第JA8U梁段腹板、隔板拼装中间检验申请单及附件	20170523	15	含监理抽检
5		××路桥公司 ××监理	××公路建设项目××－××标K××＋××大桥钢箱梁构造与安装第一轮上游幅大节段第JA7U梁段拼装完工中间检验申请单及附件	20170607	19	含监理抽检
6		××路桥公司 ××监理	××公路建设项目××－××标K××＋××大桥钢箱梁构造与安装第一轮上游幅大节段第JA8U梁段拼装完工中间检验申请单及附件	20170607	34	含监理抽检
7		××路桥公司 ××监理	××公路建设项目××－××标K××＋××大桥钢箱梁构造与安装第一轮上游幅大节段第JA78U梁段拼装节段完工中间检验申请单及附件	20170906	42	含监理抽检
8		××路桥公司 ××监理	××公路建设项目××－××标K××＋××大桥钢箱梁构造与安装第一轮上游幅大节段梁段预拼装中间检验申请单及附件	20170609	68	含监理抽检
9		××路桥公司 ××监理	××公路建设项目××－××标K××＋××大桥钢箱梁构造与安装第一轮上游幅大节段第JA7U梁段桥面块体拼装中间检验申请单及附件	20170510	76	含监理抽检
10		××路桥公司 ××监理	××公路建设项目××－××标K××＋××大桥钢箱梁构造与安装第一轮上游幅大节段第JA8U梁段桥面块体拼装中间检验申请单及附件	20170510	96	含监理抽检
11		中铁××公司 ××监理	××公路建设项目××－××标K××＋××大桥钢箱梁构造与安装第一轮上游幅大节段第JA78U梁段拼装防腐中间检验申请单及附件	20171001	117－128	含监理抽检

卷 内 目 录　　　　表 12-66

（例 12.3-47：桥梁——钢箱梁三）

序号	文件编号	责任者	文件材料题名	日期	页号	备注
1		中铁××公司××监理	××公路建设项目××－××标 K××＋××大桥钢箱梁构造与安装第一轮上游幅大节段拼装中间检验申请单及附件	20170916	1	含监理抽检
2		××路桥公司××监理	××公路建设项目××－××标 K××＋××大桥钢箱梁构造与安装第一轮上游幅大节段防腐中间检验申请单及附件	20171011	194	含监理抽检
3		中铁××公司××监理	××公路建设项目××－××标 K××＋××大桥钢箱梁构造与安装第一轮上游幅大节段运输中间检验申请单及附件	20171031	204	
4		××路桥公司××监理	××公路建设项目××－××标 K××＋××大桥钢箱梁构造与安装第一轮上游幅大节段安装中间检验申请单及附件	20171011	208－212	含监理抽检

《卷内目录》拟写方式见表12-67。或将表12-67中各文件材料题名依次调整为："……中间交工证书、……开工报告、……检验申请批复单及附件、……分项工程质量评定表"。

例12.3-49:桥梁——斜拉索。

斜拉索中间检验文件材料以分项工程为单位进行整理、组卷。每根斜拉索的《工程检验认可书》《工程报验单》(或《中间交工证书》)应与相应的制作、防护、安装《中间检验申请单》(或《检验申请批复单》)及附件放在一起,各文件应按照斜拉索的编号结合工艺流程(制作、防护、安装)依次排列。应先将第1根斜拉索的文件材料整理、组卷,之后再整理第2根斜拉索的文件材料。同一根斜拉索的文件材料不要分散在两个案卷中。斜拉索制作、防护与安装由不同施工单位承担的,在编制《卷内目录》填写"责任者"栏时应予以区分(见"例12.3-49:桥梁——斜拉索"《卷内目录》中的第4,8,12条)。

桥梁——斜拉索中间检验文件案卷题名拟写方式可参考如下示例:

××公路建设项目××-××标K××+××大桥南塔SB1-1~SZ×-×斜拉索工程检验认可书、工程报验单及附件

或

××公路建设项目××-××标K××+×××大桥第SB1-1至SZ×-×斜拉索斜拉索中间交工证书、开工报告、检验申请批复单及附件、分项工程质量评定表

《卷内目录》拟写方式见表12-68。或将表12-68中各文件材料题名依次调整为:"—中间交工证书、—开工报告、—检验申请批复单及附件、—分项工程质量评定表"。

例12.3-50:桥梁——悬索桥主缆架设与防护。

悬索桥主缆架设与防护中间检验文件材料以分项工程为单位进行整理、组卷,卷内文件按构件编号结合工艺流程依次排列。文件材料数量较少的,在整理、组卷时可将架设与防护文件材料合并为一卷(如本案例)。

桥梁——悬索桥主缆架设与防护中间检验文件案卷题名拟写方式可参考如下示例:

××公路建设项目××-××标K××+××大桥左幅主缆架设及防护工程检验认可书、工程报验单及附件

或

××公路建设项目××-××标K××+×××大桥左幅主缆架设及防护中间交工证书、开工报告、施工放样报验单、检验申请批复单及附件、分项工程质量评定表

《卷内目录》拟写方式见表12-69。

例12.3-51:桥梁——悬索桥主索鞍制作防护与安装。

悬索桥主索鞍制作防护与安装中间检验文件材料以分项工程为单位进行整理、组卷,文件材料按构件的编号结合工艺流程依次排列。文件材料数量较少的,主索鞍制作防护与安装在整理、组卷时可以合并为一卷(如本案例)。

桥梁悬索桥主索鞍制作防护与安装中间检验文件案卷题名拟写方式可参考如下示例:

××公路建设项目××-××标K××+××大桥PM50~PM52主索鞍制作防护与安装工程检验认可书、工程报验单及附件

或

××公路建设项目××-××标K××+×××大桥PM50-PM52主索鞍制作与防护、安装中

卷 内 目 录

表 12-67

（例 12.3-48：桥梁——钢桁梁）

序号	文件编号	责任者	文件材料题名	日期	页号	备注
1		××路桥公司 ××监理	××公路建设项目××标段 K××＋××大桥钢桁梁杆件预拼工程检验认可书、工程报验单及附件	20170915	1	
2		××路桥公司 ××监理	××公路建设项目××标段 K××＋××大桥1#截段钢桁梁杆件预拼中间检验申请单及附件	20170612	9	含监理抽检
3		××路桥公司 ××监理	××公路建设项目××标段 K××＋××大桥2#截段钢桁梁杆件预拼中间检验申请单及附件	20170614	15	含监理抽检
4		……	第3#,4#……截段钢桁梁杆件预拼中间检验申请单及附件等文件同上,按照截段的编号依次排列	……	……	含监理抽检
5		××路桥公司 ××监理	××公路建设项目××标段 K××＋××大桥钢桁梁拼装架设工程检验认可书、工程报验单	20170828	35	
6		××路桥公司 ××监理	××公路建设项目××标段 K××＋××大桥第1#截段钢桁梁拼装架设中间检验申请单及附件	20170812	39	含监理抽检
7		××路桥公司 ××监理	××公路建设项目××标段 K××＋××大桥第2#截段钢桁梁拼装架设中间检验申请单及附件	20170813	45	含监理抽检
8		……	第3#,4#……截段钢桁梁拼装架设中间检验申请单及附件等文件同上,按照截段的编号依次排列	……	……	含监理抽检
9		××路桥公司 ××监理	××公路建设项目××标段 K××＋××大桥钢桁梁涂装工程检验认可书、工程报验单	20170908	65	
10		××路桥公司 ××监理	××公路建设项目××标段 K××＋××大桥第1#截段钢桁梁涂装中间检验申请单及附件	20170828	69	含监理抽检
11		××路桥公司 ××监理	××公路建设项目××标段 K××＋××大桥第2#截段钢桁梁涂装中间检验申请单及附件	20170830	75	含监理抽检
12		……	第3#,4#……截段钢桁梁涂装中间检验申请单及附件等文件同上,按照截段的编号依次排列	……	……	……

卷 内 目 录 表 12-68

（例 12.3-49：桥梁——斜拉索）

序号	文件编号	责任者	文件材料题名	日期	页号	备注
1		××路桥公司 ××监理	××公路建设项目××－××标 K××＋××大桥南塔 SB1－1 斜拉索工程检验认可书、工程报验单	20170815	1	
2		××路桥公司 ××监理	××公路建设项目××－××标 K××＋××大桥南塔 SB1－1 斜拉索制作中间检验申请单及附件	20170120	3	含监理抽检
3		××路桥公司 ××监理	××公路建设项目××－××标 K××＋××大桥南塔 SB1－1 斜拉索防护中间检验申请单及附件	20170122	9	含监理抽检
4		中铁××公司 ××监理	××公路建设项目××－××标 K××＋××大桥南塔 SB1－1 斜拉索安装中间检验申请单及附件	20170813	12	含监理抽检
5		××路桥公司 ××监理	××公路建设项目××－××标 K××＋××大桥南塔 SB1－2 斜拉索工程检验认可书、工程报验单	20170819	16	
6		××路桥公司 ××监理	××公路建设项目××－××标 K××＋××大桥南塔 SB1－2 斜拉索制作中间检验申请单及附件	20170123	18	含监理抽检
7		××路桥公司 ××监理	××公路建设项目××－××标 K××＋××大桥南塔 SB1－2 斜拉索防护中间检验申请单及附件	20170125	24	含监理抽检
8		中铁××公司 ××监理	××公路建设项目××－××标 K××＋××大桥南塔 SB1－2 斜拉索安装中间检验申请单及附件	20170817	28	含监理抽检
9		××路桥公司 ××监理	××公路建设项目××－××标 K××＋××大桥南塔 SZ1－1 斜拉索工程检验认可书、工程报验单	20170825	33	
10		××路桥公司 ××监理	××公路建设项目××－××标 K××＋××大桥南塔 SZ1－1 斜拉索制作中间检验申请单及附件	20170128	35	含监理抽检
11		××路桥公司 ××监理	××公路建设项目××标段××车站至××车站高架区间××大桥 SZ1－1 斜拉索防护中间检验申请单及附件	20170202	41	含监理抽检
12		中铁××公司 ××监理	××公路建设项目××标段××车站至××车站高架区间××大桥 SZ1－1 斜拉索安装中间检验申请单及附件	20170823	45	含监理抽检
13	……		……SZ1－2 斜拉索工程检验认可书、工程报验单，制作、防护、安装中间检验申请单及附件同上，按照斜拉索的编号结合工艺流程依次排列	……	……	……

卷 内 目 录

表 12-69

（例 12.3-50：桥梁——悬索桥主缆架设与防护）

序号	文件编号	责任者	文件材料题名	日期	页号	备注
1		××路桥公司 ××监理	××公路建设项目××-××标K××+××大桥左幅主缆架设工程检验认可书、工程报验单	20170811	1	
2		××路桥公司 ××监理	××公路建设项目××-××标K××+××大桥左幅主缆架设施工放样报验单及附件	20170712	3	含监理抽检
3		××路桥公司 ××监理	××公路建设项目××-××标K××+××大桥左幅ZL-1主缆架设支座安装和梁板安装中间检验申请单及附件	20170811	8	含监理抽检
4		中铁××公司 ××监理	××公路建设项目××-××标K××+××大桥左幅ZL-2主缆架设支座安装和梁板安装中间检验申请单及附件	20170712	12	含监理抽检
5		××路桥公司 ××监理	××公路建设项目××-××标K××+××大桥左幅ZL-3主缆架设支座安装和梁板安装中间检验申请单及附件	20170713	16	含监理抽检
6		……	……大桥左幅ZL-3~ZL-33主缆架设支座安装和梁板安装中间检验申请单及附件按编号依次排列……	……	……	含监理抽检
7		××路桥公司 ××监理	××公路建设项目××-××标K××+××大桥左幅ZL-34主缆架设支座安装和梁板安装中间检验申请单及附件	20170723	144	含监理抽检
8		中铁××公司 ××监理	××公路建设项目××-××标K××+××大桥左幅ZL-35主缆架设支座安装和梁板安装中间检验申请单及附件	20170723	148	含监理抽检
9		××路桥公司 ××监理	××公路建设项目××-××标K××+××大桥左幅ZL-36主缆架设支座安装和梁板安装中间检验申请单及附件	20170724	152	含监理抽检
10		××路桥公司 ××监理	××公路建设项目××-××标K××+××大桥左幅ZL-37主缆架设支座安装和梁板安装中间检验申请单及附件	20170724	156	含监理抽检
11		××路桥公司 ××监理	××公路建设项目××-××标K××+××大桥PM49~PM53左幅主缆防护工程检验认可书、工程报验单	20171204	160	
12		中铁××公司 ××监理	××公路建设项目××-××标K××+××大桥PM49~PM53左幅主缆防护中间检验申请单及附件	20171125	163-165	含监理抽检

间交工证书、开工报告、施工放样报验单、检验申请批复单及附件、分项工程质量评定表

例 12.3-52：桥梁——悬索桥散索套制作与防护与安装。

悬索桥散索套制作防护与安装中间检验文件材料以分项工程为单位进行整理、组卷，文件材料按构件的编号结合工艺流程依次排列。文件材料数量较少的，整理、组卷时可以合并为一卷（如本案例）。主缆索股和锚头、锚锭、索夹、吊索和锚头等的制作防护与安装的整理、组卷方式与主索鞍、散索套基本相同。

桥梁——悬索桥散索套制作防护与安装中间检验文件案卷题名拟写方式可参考如下示例：

××公路建设项目××－××标 K××＋××大桥 PM49～PM53 散索套制作防护与安装工程检验认可书、工程报验单及附件

或

××公路建设项目××－××标 K××＋×××大桥 PM49－PM53 散索套制作与防护、安装中间交工证书、开工报告、检验申请批复单及附件、分项工程质量评定表

例 12.3-53：桥梁——悬索桥索夹和索鞍安装。

悬索桥散索夹和索鞍安装中间检验文件材料以分项工程为单位进行整理、组卷，文件材料按构件的编号结合工艺流程依次排列。文件材料数量较多的，在整理、组卷时，可将左右幅分开各组成一卷或数卷。

桥梁——悬索桥索夹和索鞍安装中间检验文件案卷题名拟写方式可参考如下示例：

××公路建设项目××－××标 K××＋××大桥左幅索夹和索鞍安装工程检验认可书、工程报验单及附件

或

××公路建设项目××－××标 K××＋×××大桥左幅索夹和索鞍安装中间交工证书、开工报告、施工放样报验单、检验申请批复单及附件、分项工程质量评定表

例 12.3-50～例 12.3-53《卷内目录》拟写方式见表 12-69～表 12-72。或将表 12-69～表 12-72 中各文件材料题名依次调整为："……中间交工证书、……开工报告、……施工放样报验单及附件、……检验申请批复单及附件、……分项工程质量评定表"。

例 12.3-54：桥梁——桥面铺装。

桥面铺装中间检验文件材料以分项工程为单位组卷，文件材料按联（或跨）的编号结合工艺流程依次排列。《工程检验认可书》《工程报验单》（或《中间交工证书》）放在第一联（或跨）左幅桥面铺装《施工放样报验单》前面。第一联左幅桥面铺装所有文件材料整理完成后，再整理第一联右幅；第一联左右幅整理完成后，再整理第二联。一联的文件材料不要分散在两个案卷中。桥梁护栏的整理方式与桥面铺装基本相同。中（小）桥桥面铺装、护栏等文件材料数量较少，可合并组成一卷。桥梁桥面铺装中间检验文件案卷题名拟写方式可参考如下示例：

××公路建设项目××－××标 K××＋××大桥桥面铺装工程检验认可书、工程报验单及附件

或

××公路建设项目××－××标 K××＋×××大桥桥面铺装中间交工证书、开工报告、施工放样报验单、检验申请批复单及附件、分项工程质量评定表

《卷内目录》拟写方式见表 12-73。

卷 内 目 录

表 12-70

（例 12.3-51：桥梁——悬索桥主索鞍制作防护与安装）

序号	文件编号	责任者	文件材料题名	日期	页号	备注
1		××路桥公司 ××监理	××公路建设项目××－××标 K××＋××大桥 PM50～PM52 主索鞍制作防护工程检验认可书、工 程报验单	20170328	1	
2		××路桥公司 ××监理	××公路建设项目××－××标 K××＋××大桥 PM50 主索鞍制作与防护加工中间检验申请单及 附件	20170328	3	含监理抽检
3		××路桥公司 ××监理	××公路建设项目××－××标 K××＋××大桥 PM51 主索鞍制作与防护加工中间检验申请单及 附件	20170328	59	含监理抽检
4		中铁××公司 ××监理	××公路建设项目××－××标 K××＋××大桥 PM52 主索鞍制作与防护加工中间检验申请单及 附件	20170328	61	含监理抽检
5		××路桥公司 ××监理	××公路建设项目××－××标 K××＋××大桥 PM50 左幅主索鞍安装工程检验认可书、工程报 验单	20170623	63	
6		××路桥公司 ××监理	××公路建设项目××－××标 K××＋××大桥 PM50 左幅主索鞍安装施工放样报验单及附件	20170531	65	含监理抽检
7		××路桥公司 ××监理	××公路建设项目××－××标 K××＋××大桥 PM50 左幅主索鞍安装中间检验申请单及附件	20170610	68	含监理抽检
8		××路桥公司 ××监理	××公路建设项目××－××标 K××＋××大桥 PM50 右幅主索鞍安装工程检验认可书、工程报 验单	20170621	74	
9		中铁××公司 ××监理	××公路建设项目××－××标 K××＋××大桥 PM50 右幅主索鞍安装施工放样报验单及附件	20170603	76	含监理抽检
10		××路桥公司 ××监理	××公路建设项目××－××标 K××＋××大桥 PM50 右幅主索鞍安装中间检验申请单及附件	20170610	79	含监理抽检
11		……	……大桥 PM51,PM52 左右幅主索鞍安装工程检验 认可书、工程报验单、施工放样报验单及附件、中间 检验申请单及附件按编号结合工艺流程依次排列	……	……	……

卷 内 目 录　　　　　　　　　　　　表 12-71

（例 12.3-52：桥梁——悬索桥散索套制作防护与安装）

序号	文件编号	责任者	文件材料题名	日期	页号	备注
1		××路桥公司 ××监理	××公路建设项目××－××标K××＋××大桥PM49～PM53散索套制作防护工程检验认可书、工程报验单	20170210	1	
2		××路桥公司 ××监理	××公路建设项目××－××标K××＋××大桥PM49～PM53散索套制作与防护加工中间检验申请单及附件	20170210	3	含监理抽检
3		××路桥公司 ××监理	××公路建设项目××－××标K××＋××大桥PM49左幅散索套安装工程检验认可书、工程报验单	20170702	13	
4		中铁××公司 ××监理	××公路建设项目××－××标K××＋××大桥PM49左幅散索套安装中间检验申请单及附件	20170702	15	含监理抽检
5		××路桥公司 ××监理	××公路建设项目××－××标K××＋××大桥PM49右幅散索套安装工程检验认可书、工程报验单	20170702	25	
6		××路桥公司 ××监理	××公路建设项目××－××标K××＋××大桥PM49右幅散索套安装中间检验申请单及附件	20170702	27	含监理抽检
7		××路桥公司 ××监理	××公路建设项目××－××标K××＋××大桥PM53左幅散索套安装工程检验认可书、工程报验单	20170703	37	
8		中铁××公司 ××监理	××公路建设项目××－××标K××＋××大桥PM53左幅散索套安装中间检验申请单及附件	20170703	39	含监理抽检
9		××路桥公司 ××监理	××公路建设项目××－××标K××＋××大桥PM53右幅散索套安装工程检验认可书、工程报验单	20170703	49	
10		××路桥公司 ××监理	××公路建设项目××－××标K××＋××大桥PM53右幅散索套安装中间检验申请单及附件	20170703	51～61	含监理抽检

卷 内 目 录

表 12-72

（例 12.3-53：桥梁——悬索桥索夹和索鞍安装）

序号	文件编号	责任者	文件材料题名	日期	页号	备注
1		××路桥公司 ××监理	××公路建设项目××－××标 K××＋××大桥 左幅索夹和吊索安装工程检验认可书、工程报 验单	20170911	1	
2		××路桥公司 ××监理	××公路建设项目××－××标 K××＋××大桥 PM49～PM50 左幅索夹和索鞍安装施工放样报 验单及附件	20170815	3	含监理抽检
3		××路桥公司 ××监理	××公路建设项目××－××标 K××＋××大桥 PM49～PM50 左幅 1#索夹和索鞍安装中间检验 申请单及附件	20170910	6	含监理抽检
4		中铁××公司 ××监理	××公路建设项目××－××标 K××＋××大桥 PM49～PM50 左幅 2#索夹和索鞍安装中间检验 申请单及附件	20170910	10	含监理抽检
5		××路桥公司 ××监理	××公路建设项目××－××标 K××＋××大桥 PM49～PM50 左幅 3#索夹和索鞍安装中间检验 申请单及附件	20170910	14	含监理抽检
6		……	……PM49～PM50 左幅 4#,5#,6#……索夹和索 鞍安装中间检验申请单及附件依次排列	……	……	含监理抽检
7		××路桥公司 ××监理	××公路建设项目××－××标 K××＋××大桥 PM50～PM51 左幅索夹和索鞍安装施工放样报 验单及附件	20170906	40	含监理抽检
8		中铁××公司 ××监理	××公路建设项目××－××标 K××＋××大桥 PM50～PM51 左幅 1#索夹和索鞍安装中间检验 申请单及附件	20170906	43	含监理抽检
9		××路桥公司 ××监理	××公路建设项目××－××标 K××＋××大桥 PM50～PM51 左幅 2#索夹和索鞍安装中间检验 申请单及附件	20170906	47	含监理抽检
10		××路桥公司 ××监理	××公路建设项目××－××标 K××＋××大桥 PM50～PM51 左幅 3#索夹和索鞍安装中间检验 申请单及附件	20170906	51	含监理抽检
11		……	……PM50～PM51 左幅 4#,5#,6#……索夹和索 鞍安装中间检验申请单及附件依次排列	……	……	含监理抽检
12		中铁××公司 ××监理	××公路建设项目××－××标 K××＋××大桥 PM51～PM52 左幅索夹和索鞍安装施工放样报 验单及附件	20170815	145	含监理抽检
13		××路桥公司 ××监理	××公路建设项目××－××标 K××＋××大桥 PM51～PM52 左幅 1#索夹和索鞍安装中间检验 申请单及附件	20170909	148	含监理抽检
14		××路桥公司 ××监理	××公路建设项目××－××标 K××＋××大桥 PM51～PM52 左幅 2#索夹和索鞍安装中间检验 申请单及附件	20170909	152	含监理抽检
15		……	……PM51～PM52 左幅 3#,4#,5#……,PM52～ PM53 左幅索夹和索鞍安装施工放样报验单、中 间检验申请单及附件依次排列	……	……	……

卷 内 目 录

表 12-73

（例 12.3-54：桥梁——桥面铺装）

序号	文件编号	责任者	文件材料题名	日期	页号	备注
1		××路桥公司 ××监理	××公路建设项目××－××标 K××＋××大桥面铺装工程检验认可书、工程报验单	20171102	1	
2		××路桥公司 ××监理	××公路建设项目××－××标 K××＋××大桥第一联左幅桥面铺装施工放样报验单及附件	20170914	4	含监理抽检
3		××路桥公司 ××监理	××公路建设项目××－××标 K××＋××大桥第一联左幅桥面铺装模板中间检验申请单及附件	20170915	9	含监理抽检
4		××路桥公司 ××监理	××公路建设项目××－××标 K××＋××大桥第一联左幅桥面铺装钢筋加工及安装中间检验申请单及附件	20170915	13	含监理抽检
5		××路桥公司 ××监理	××公路建设项目××－××标 K××＋××大桥第一联左幅桥面铺装混凝土浇筑中间检验申请单及附件	20170916	17	含监理抽检
6		××路桥公司 ××监理	××公路建设项目××－××标 K××＋××大桥第一联左幅桥面铺装成品中间检验申请单及附件	20171014	22	含监理抽检
7		××路桥公司 ××监理	××公路建设项目××－××标 K××＋××大桥第一联右幅桥面铺装施工放样报验单及附件	20170928	27	含监理抽检
8		××路桥公司 ××监理	××公路建设项目××－××标 K××＋××大桥第一联右幅桥面铺装模板中间检验申请单及附件	20170928	32	含监理抽检
9		××路桥公司 ××监理	××公路建设项目××－××标 K××＋××大桥第一联右幅桥面铺装钢筋加工及安装中间检验申请单及附件	20170928	36	含监理抽检
10		××路桥公司 ××监理	××公路建设项目××－××标 K××＋××大桥第一联右幅桥面铺装混凝土浇筑中间检验申请单及附件	20170928	41	含监理抽检
11		××路桥公司 ××监理	××公路建设项目××－××标 K××＋××大桥第一联右幅桥面铺装成品中间检验申请单及附件	20171026	46	含监理抽检
12		××路桥公司 ××监理	××公路建设项目××－××标 K××＋××大桥第二联左幅桥面铺装施工放样报验单及附件	20170915	51	含监理抽检
13		××路桥公司 ××监理	××公路建设项目××－××标 K××＋××大桥第二联左幅桥面铺装模板中间检验申请单及附件	20170915	55	含监理抽检
14		……	……大桥第二联左幅桥面铺装钢筋、混凝土、成品中间检验申请单及附件依次排列	……	……	含监理抽检
15		……	……大桥第二联右幅，第三、四……联左右幅桥面铺装施工放样报验单、各中间检验申请单及附件按联的编号结合工艺流程依次排列	……	……	含监理抽检

例 12.3-55：桥梁——桥头搭板。

桥头搭板中间检验文件材料以分项工程为单位组卷，文件材料按构件的编号结合工艺流程依次排列。《工程检验认可书》《工程报验单》（或《中间交工证书》）放在首位。各桥头搭板文件材料的排序为 0#台左幅、0#台右幅、×#台左幅、×#台右幅，每个搭板文件材料的排序为：《施工放样报验单》及附件，模板、钢筋加工及安装、混凝土浇筑、成品《中间检验申请单》（或《检验申请批复单》）及附件。半幅（左或右）的 0#台与 ×#台桥头搭板同时施工的，《施工放样报验单》，模板、钢筋加工及安装、混凝土浇筑、成品《中间检验申请单》（或《检验申请批复单》）应分开报验。

桥梁桥头搭板中间检验文件案卷题名拟写方式可参考如下示例：

××公路建设项目××－××标 K××＋××大桥桥头搭板工程检验认可书、工程报验单及附件

或

××公路建设项目××－××标 K××＋×××大桥桥头搭板中间交工证书、开工报告、施工放样报验单、检验申请批复单及附件、分项工程质量评定表

例 12.3-56：桥梁——伸缩缝。

伸缩缝中间检验文件材料以分项工程为单位进行整理、组卷，文件材料按构件的编号结合工艺流程依次排列。每座桥梁的伸缩缝应单独组卷，不应将几座桥梁的伸缩缝合并组成一卷。一座桥梁伸缩缝文件材料数量较多的，可组成数卷，不应将同一道伸缩缝的文件材料分散在两个案卷中。

桥梁伸缩缝中间检验文件案卷题名拟写方式可参考如下示例：

××公路建设项目××－××标 K××＋××大桥伸缩缝工程检验认可书、工程报验单及附件

或

××公路建设项目××－××标 K××＋×××大桥伸缩缝中间交工证书、开工报告、施工放样报验单、检验申请批复单及附件、分项工程质量评定表

例 12.3-54 ～ 例 12.3-56《卷内目录》拟写方式见"表 12-73 ～ 表 12-75"。或将"表 12-73 ～表 12-75"中各文件材料题名依次调整为："……中间交工证书、……开工报告、……施工放样报验单及附件、……检验申请批复单及附件、……分项工程质量评定表"。

例 12.3-57：隧道——洞口工程。

隧道——洞口工程中间检验文件材料以分项工程为单位进行整理、组卷。《工程检验认可书》《工程报验单》（或《中间交工证书》）放在首位，各《施工放样报验单》《中间检验申请单》（或《检验申请批复单》）及附件按工艺流程依次排列。应在第 1 个洞口（进口或出口）所有文件材料整理、组卷完成后，再整理第 2 个洞口（进口或出口）。文件材料数量较多的，可组成数卷。不要将同一洞口的文件材料分散在两个案卷中。同一隧道左、右线洞口的文件材料不要组在一个案卷中。

隧道——洞口工程中间检验文件案卷题名拟写方式可参考如下示例：

××公路建设项目××－××标 K××＋××－K××＋××隧道左线洞口工程检验认可书、工程报验单及附件

或

××公路建设项目××－××标 K××＋×××－K××＋×××隧道左线洞口工程中间交工

卷 内 目 录

表 12-74

（例 12.3-55：桥梁——桥头搭板）

序号	文件编号	责任者	文件材料题名	日期	页号	备注
1		××路桥公司××监理	××公路建设项目××－××标 K××＋××大桥桥头搭板工程检验认可书、工程报验单及附件	20171103	1	
2		××路桥公司××监理	××公路建设项目××－××标 K××＋××大桥0#台左幅桥头搭板施工放样报验单及附件	20170915	4	含监理抽检
3		××路桥公司××监理	××公路建设项目××－××标 K××＋××大桥0#台左幅桥头搭板模板中间检验申请单及附件	20170915	9	含监理抽检
4		××路桥公司××监理	××公路建设项目××－××标 K××＋××大桥0#台左幅桥头搭板钢筋加工及安装中间检验申请单及附件	20170915	13	含监理抽检
5		××路桥公司××监理	××公路建设项目××－××标 K××＋××大桥0#台左幅桥头搭板混凝土浇筑中间检验申请单及附件	20170916	17	含监理抽检
6		××路桥公司××监理	××公路建设项目××－××标 K××＋××大桥0#台左幅桥头搭板成品中间检验申请单及附件	20171014	22	含监理抽检
7		××路桥公司××监理	××公路建设项目××－××标 K××＋××大桥0#台右幅桥头搭板施工放样报验单及附件	20170928	27	含监理抽检
8		××路桥公司××监理	××公路建设项目××－××标 K××＋××大桥0#台右幅桥头搭板模板中间检验申请单及附件	20170928	32	含监理抽检
9		××路桥公司××监理	××公路建设项目××－××标 K××＋××大桥0#台右幅桥头搭板钢筋加工及安装中间检验申请单及附件	20170928	36	含监理抽检
10		××路桥公司××监理	××公路建设项目××－××标 K××＋××大桥0#台右幅桥头搭板混凝土浇筑中间检验申请单及附件	20170928	41	含监理抽检
11		××路桥公司××监理	××公路建设项目××－××标 K××＋××大桥0#台右幅桥头搭板成品中间检验申请单及附件	20171026	46	含监理抽检
12		××路桥公司××监理	××公路建设项目××－××标 K××＋××大桥××#台左幅桥头搭板施工放样报验单及附件	20170915	51	含监理抽检
13		××路桥公司××监理	××公路建设项目××－××标 K××＋××大桥××#台左幅桥头搭板模板中间检验申请单及附件	20170915	55	含监理抽检
14		……	……大桥××#台左幅桥头搭板钢筋、混凝土、成品中间检验申请单及附件依次排列	……	……	含监理抽检
15		……	……大桥××#台右幅桥头搭板施工放样报验单、各中间检验申请单及附件按工艺流程依次排列	……	……	含监理抽检

卷 内 目 录　　　　　　　　　　　　　　表12-75

（例12.3-56：桥梁——伸缩缝）

序号	文件编号	责任者	文件材料题名	日期	页号	备注
1		××路桥公司 ××监理	××公路建设项目××－××标K××＋××大桥伸缩缝工程检验认可书、工程报验单及附件	20171101	1	
2		××路桥公司 ××监理	××公路建设项目××－××标K××＋××大桥1#伸缩缝施工放样报验单及附件	20170915	4	含监理抽检
3		××路桥公司 ××监理	××公路建设项目××－××标K××＋××大桥1#伸缩缝制作及安装中间检验申请单及附件	20170915	9	含监理抽检
4		××路桥公司 ××监理	××公路建设项目××－××标K××＋××大桥1#伸缩缝混凝土浇筑中间检验申请单及附件	20170915	13	含监理抽检
5		××路桥公司 ××监理	××公路建设项目××－××标K××＋××大桥1#伸缩缝成品中间检验申请单及附件	20171013	17	含监理抽检
6		××路桥公司 ××监理	××公路建设项目××－××标K××＋××大桥2#伸缩缝施工放样报验单及附件	20170916	22	含监理抽检
7		××路桥公司 ××监理	××公路建设项目××－××标K××＋××大桥2#伸缩缝制作及安装中间检验申请单及附件	20170916	27	含监理抽检
8		××路桥公司 ××监理	××公路建设项目××－××标K××＋××大桥2#伸缩缝混凝土浇筑中间检验申请单及附件	20170916	32	含监理抽检
9		××路桥公司 ××监理	××公路建设项目××－××标K××＋××大桥2#伸缩缝成品中间检验申请单及附件	20171014	36	含监理抽检
10		××路桥公司 ××监理	××公路建设项目××－××标K××＋××大桥3#伸缩缝施工放样报验单及附件	20170918	41	含监理抽检
11		××路桥公司 ××监理	××公路建设项目××－××标K××＋××大桥3#伸缩缝制作及安装中间检验申请单及附件	20170918	46	含监理抽检
12		××路桥公司 ××监理	××公路建设项目××－××标K××＋××大桥3#伸缩缝混凝土浇筑中间检验申请单及附件	20170918	51	含监理抽检
13		××路桥公司 ××监理	××公路建设项目××－××标K××＋××大桥3#伸缩缝成品中间检验申请单及附件	20171016	55	含监理抽检
14		……	……大桥4#、5#……伸缩缝施工放样报验单、中间检验申请单及附件按伸缩缝的编号结合工艺流程依次排列	……	……	含监理抽检

证书、开工报告、施工放样报验单、检验申请批复单及附件、分项工程质量评定表

《卷内目录》拟写方式见表12-76。

例 12.3-58：隧道——明洞工程。

隧道——明洞工程中间检验文件材料以分项工程为单位进行整理、组卷。《工程检验认可书》《工程报验单》（或《中间交工证书》）放在首位，各《施工放样报验单》《中间检验申请单》（或《检验申请批复单》）及附件按工艺流程依次排列。应在第 1 处明洞（左线桩号最小的）所有文件材料整理、组卷完成后，再整理第 2 处明洞的文件材料。一个隧道的几个明洞工程可组成一卷，文件材料数量较多的可组成数卷，不要将同一处明洞的文件材料分散在两个案卷中。同一隧道左右线明洞的文件材料不要组在一个案卷中。

隧道——明洞工程中间检验文件案卷题名拟写方式可参考如下示例：

××公路建设项目××－××标Ｋ××＋××－Ｋ××＋××隧道左线明洞工程检验认可书、工程报验单及附件

或

××公路建设项目××－××标Ｋ××＋×××－Ｋ××＋×××隧道左线明洞中间交工证书、开工报告、施工放样报验单、检验申请批复单及附件、分项工程质量评定表

《卷内目录》拟写方式见表12-77。

例 12.3-59：隧道——洞身开挖。

隧道——洞身开挖中间检验文件材料以分项工程为单位进行整理、组卷。《工程检验认可书》《工程报验单》（或《中间交工证书》）放在首位，各《施工放样报验单》《中间检验申请单》（或《检验申请批复单》）及附件按桩号结合工艺流程依次排列。应在第 1 个施工段落（桩号最小的）洞身开挖所有文件材料整理、组卷完成后，再整理第 2 个施工段落。文件材料数量少的，可几个施工段落合并成一卷。不要将同一施工段落洞身开挖的文件材料分散在两个案卷中。同一隧道左、右线洞身开挖的文件材料不要组在一个案卷中。

隧道——洞身开挖中间检验文件案卷题名拟写方式可参考如下示例：

××公路建设项目××－××标Ｋ××＋××－Ｋ××＋××隧道ZK1＋084～ZK1＋138.5左线洞身开挖工程检验认可书、工程报验单及附件

或

××公路建设项目××－××标Ｋ××＋×××－Ｋ××＋×××隧道ZK1＋084－ZK1＋138.5左线洞身开挖中间交工证书、开工报告、施工放样报验单、检验申请批复单及附件、分项工程质量评定表

例 12.3-60：隧道——喷射混凝土支护。

隧道——喷射混凝土支护中间检验文件材料以分项工程为单位整理、组卷。《工程检验认可书》《工程报验单》（或《中间交工证书》）放在首位，各施工段落《中间检验申请单》（或《检验申请批复单》）及附件按桩号依次排列。文件材料数量少的，可将几个施工段落或分项合并成一卷，合并时不要将同一施工段落或分项的文件材料分散在两个案卷中。同一隧道左、右线喷射混凝土支护的文件材料不要组在一个案卷中。超前小导管、锚杆等支护工程的整理、组卷方式与之基本相同。

隧道——喷射混凝土支护中间检验文件案卷题名拟写方式可参考如下示例：

卷 内 目 录

表 12-76

（例 12.3-57：隧道——洞口工程）

序号	文件编号	责任者	文件材料题名	日期	页号	备注
1		××路桥公司 ××监理	××公路建设项目××－××标 K××＋××－K× ×＋××隧道左线洞口工程检验认可书、工程报 验单	20170410	1	
2		××路桥公司 ××监理	××公路建设项目××－××标 K××＋××－K× ×＋××隧道左线进口洞口开挖施工放样报验单 及附件	20170223	4	含监理抽检
3		××路桥公司 ××监理	××公路建设项目××－××标 K××＋××－K× ×＋××隧道左线进口洞口开挖中间检验申请单 及附件	20170223	7	含监理抽检
4		××路桥公司 ××监理	××公路建设项目××－××标 K××＋××－K× ×＋××隧道左线进口洞口模板中间检验申请单 及附件	20170224	10	含监理抽检
5		××路桥公司 ××监理	××公路建设项目××－××标 K××＋××－K× ×＋××隧道左线进口洞口钢筋加工及安装中间 检验申请单及附件	20170226	13	含监理抽检
6		××路桥公司 ××监理	××公路建设项目××－××标 K××＋××－K× ×＋××隧道左线进口洞口混凝土浇筑中间检验 申请单及附件	20170226	16	含监理抽检
7		××路桥公司 ××监理	××公路建设项目××－××标 K××＋××－K× ×＋××隧道左线进口洞口防护中间检验申请单 及附件	20170226	20	含监理抽检
8		××路桥公司 ××监理	××公路建设项目××－××标 K××＋××－K× ×＋××隧道左线进口洞口成品中间检验申请单 及附件	20170326	24	含监理抽检
9		××路桥公司 ××监理	××公路建设项目××－××标 K××＋××－K× ×＋××隧道左线出口洞口开挖施工放样报验单 及附件	20170225	28	含监理抽检
10		××路桥公司 ××监理	××公路建设项目××－××标 K××＋××－K× ×＋××隧道左线出口洞口开挖中间检验申请单 及附件	20170225	31	含监理抽检
11		××路桥公司 ××监理	××公路建设项目××－××标 K××＋××－K× ×＋××隧道左线出口洞口模板中间检验申请单 及附件	20170226	36	含监理抽检
12		××路桥公司 ××监理	××公路建设项目××－××标 K××＋××－K× ×＋××隧道左线出口洞口钢筋加工及安装中间 检验申请单及附件	20170226	39	含监理抽检
13		××路桥公司 ××监理	××公路建设项目××－××标 K××＋××－K× ×＋××隧道左线出口洞口混凝土浇筑中间检验 申请单及附件	20170226	42	含监理抽检
14		……	……隧道左线出口洞口防护、成品中间检验申请单 及附件	……	……	……

卷 内 目 录   表 12-77

（例 12.3-58：隧道——明洞工程）

序号	文件编号	责任者	文件材料题名	日期	页号	备注
1		××路桥公司 ××监理	××公路建设项目××－××标 K××＋××－K ××＋××隧道左线明洞工程检验认可书、工程 报验单	20170410	1	
2		××路桥公司 ××监理	××公路建设项目××－××标 K××＋××－K ××＋××隧道 K××＋××－K××＋××左线 明洞施工放样报验单及附件	20170223	4	含监理抽检
3		××路桥公司 ××监理	××公路建设项目××－××标 K××＋××－K ××＋××隧道 K××＋××－K××＋××左线 明洞混凝土浇筑中间检验申请单及附件	20170223	7	含监理抽检
4		××路桥公司 ××监理	××公路建设项目××－××标 K××＋××－K ××＋××隧道 K××＋××－K××＋××左线 明洞防水层中间检验申请单及附件	20170224	12	含监理抽检
5		××路桥公司 ××监理	××公路建设项目××－××标 K××＋××－K ××＋××隧道 K××＋××－K××＋××左线 明洞回填中间检验申请单及附件	20170226	15	含监理抽检
6		……	……隧道下一个明洞施工放样报验单,浇筑、防 水层、回填各中间检验申请单及附件按明洞的桩 号结合工艺流程依次排列	……	……	……

××公路建设项目××－××标Kxx＋xx－Kxx＋xx隧道左线ZK1＋208～ZK1＋302喷射混凝土支护工程检验认可书、工程报验单及附件

或

××公路建设项目××－××标Kxx＋xxx－Kxx＋xxx隧道左线ZK1＋208－ZK1＋302喷射混凝土支护中间交工证书、开工报告、检验申请批复单及附件、分项工程质量评定表

例12.3-57～例12.3-60《卷内目录》拟写方式见表12-76～表12-79。或将表12-76～表12-79中各文件材料题名依次调整为："……中间交工证书、……开工报告、……施工放样报验单及附件、……检验申请批复单及附件、……分项工程质量评定表"。

例12.3-61：隧道——衬砌。

隧道混凝土衬砌中间检验文件材料以分项工程为单位整理、组卷。《工程检验认可书》《工程报验单》(或《中间交工证书》)放在首位,各施工段落《施工放样报验单》《中间检验申请单》(或《检验申请批复单》)及附件按工艺流程依次排列。应在第1个施工段落整理完以后,再整理第2个施工段落。同一个施工段落的文件材料不要分散在两个案卷中。文件材料数量少的,可几个分项合并成一卷,合并时不要将同一分项的文件材料分散在两个案卷中。同一隧道左、右线衬砌的文件材料不要组在一个案卷中。

隧道——衬砌中间检验文件案卷题名拟写方式可参考如下示例：

××公路建设项目××－××标Kxx＋xx－Kxx＋xx隧道左线ZK0＋915～ZK0＋955混凝土衬砌工程检验认可书、工程报验单及附件

或

××公路建设项目××－××标Kxx＋xxx－Kxx＋xxx隧道左线ZK0＋915－ZK0＋955混凝土衬砌中间交工证书、开工报告、施工放样报验单、检验申请批复单及附件、分项工程质量评定表

例12.3-62：隧道——衬砌底板混凝土。

隧道——衬砌混凝土底板、仰拱、仰拱填充、回填注浆等中间检验文件材料都以分项工程为单位整理、组卷,按施工段落结合工艺流程依次排列。文件材料数量少的,可几个分项合并成一卷,合并时不要将同一分项的文件材料分散在两个案卷中。同一隧道左、右线衬砌混凝土底板、仰拱、填充、回填注浆等的文件材料不要组在一个案卷中。

隧道——衬砌底板混凝土中间检验文件案卷题名拟写方式可参考如下示例：

××公路建设项目××－××标Kxx＋xx－Kxx＋xx隧道左线ZK0＋915～ZK0＋955衬砌混凝土底板工程检验认可书、工程报验单及附件

或

××公路建设项目××－××标Kxx＋xxx－Kxx＋xxx隧道左线ZK0＋915－ZK0＋955衬砌混凝土底板中间交工证书、开工报告、施工放样报验单、检验申请批复单及附件、分项工程质量评定表

例12.3-61、例12.3-62《卷内目录》拟写方式见表12-80和表12-81。或将表12-80、表12-81中各文件材料题名依次调整为："……中间交工证书、……开工报告、……施工放样报验单及附件、……检验申请批复单及附件、……分项工程质量评定表"。

卷 内 目 录　　　　　　　　　　表 12-78

（例 12.3-59：隧道——洞身开挖）

序号	文件编号	责任者	文件材料题名	日期	页号	备注
1		××路桥公司 ××监理	××公路建设项目××－××标 K××＋××－K××＋××隧道左线 ZK1＋084～ZK1＋120.5 洞身开挖工程检验认可书、工程报验单及附件	20160814	1	
2		××路桥公司 ××监理	××公路建设项目××－××标 K××＋××－K××＋××隧道左线 ZK1＋084～ZK1＋102.5 上台阶洞身开挖施工放样报验单及附件	20160722	3	含监理抽检
3		××路桥公司 ××监理	××公路建设项目××－××标 K××＋××－K××＋××隧道左线 ZK1＋084～ZK1＋102.5 上台阶洞身开挖中间检验申请单及附件	20160727	6	含监理抽检
4		××路桥公司 ××监理	××公路建设项目××－××标 K××＋××－K××＋××隧道左线 ZK1＋102.5～ZK1＋120.5 上台阶洞身开挖施工放样报验单及附件	20160728	20	含监理抽检
5		××路桥公司 ××监理	××公路建设项目××－××标 K××＋××－K××＋××隧道左线 ZK1＋102.5～ZK1＋120.5 上台阶洞身开挖中间检验申请单及附件	20160801	23	含监理抽检
6		××路桥公司 ××监理	××公路建设项目××－××标 K××＋××－K××＋××隧道左线 ZK1＋084～ZK1＋102.5 下台阶洞身开挖施工放样报验单及附件	20160803	37	含监理抽检
7		××路桥公司 ××监理	××公路建设项目××－××标 K××＋××－K××＋××隧道左线 ZK1＋084～ZK1＋102.5 下台阶洞身开挖中间检验申请单及附件	20160808	40	含监理抽检
8		××路桥公司 ××监理	××公路建设项目××－××标 K××＋××－K××＋××隧道左线 ZK1＋102.5～ZK1＋120.5 下台阶洞身开挖施工放样报验单及附件	20160810	52	含监理抽检
9		××路桥公司 ××监理	××公路建设项目××－××标 K××＋××－K××＋××隧道左线 ZK1＋102.5～ZK1＋120.5 下台阶洞身开挖中间检验申请单及附件	20160812	55	含监理抽检
10		××路桥公司 ××监理	××公路建设项目××－××标 K××＋××－K××＋××隧道左线 ZK1＋120.5～ZK1＋138.5 洞身开挖工程检验认可书、工程报验单及附件	20160827	63	
11		××路桥公司 ××监理	××公路建设项目××－××标 K××＋××－K××＋××隧道左线 ZK1＋120.5～ZK1＋130.5 上台阶洞身开挖施工放样报验单及附件	20160815	66	含监理抽检
12		××路桥公司 ××监理	××公路建设项目××－××标 K××＋××－K××＋××隧道左线 ZK1＋120.5～ZK1＋130.5 上台阶洞身开挖中间检验申请单及附件	20160817	70	含监理抽检
13		……	……隧道左线 ZK1＋120.5～ZK1＋138.5 施工段落内其他各段洞身开挖施工放样报验单、中间检验申请单及附件按桩号结合工艺流程依次排列	……	……	……

卷 内 目 录

表 12-79

（例 12.3-60：隧道——喷射混凝土支护）

序号	文件编号	责任者	文件材料题名	日期	页号	备注
1		××路桥公司 ××监理	××公路建设项目××－××标 K××＋××－K××＋××隧道左线 ZK1＋208～ZK1＋302 喷射混凝土支护工程检验认可书、工程报验单及附件	20161201	1	
2		××路桥公司 ××监理	××公路建设项目××－××标 K××＋××－K××＋××隧道左线 ZK1＋208～ZK1＋218 全断面喷射混凝土支护中间检验申请单及附件	20161102	3	含监理抽检
3		××路桥公司 ××监理	××公路建设项目××－××标 K××＋××－K××＋××隧道左线 ZK1＋218～ZK1＋228 全断面喷射混凝土支护中间检验申请单及附件	20161105	18	含监理抽检
4		××路桥公司 ××监理	××公路建设项目××－××标 K××＋××－K××＋××隧道左线 ZK1＋228～ZK1＋238 全断面喷射混凝土支护中间检验申请单及附件	20161108	33	含监理抽检
5		××路桥公司 ××监理	××公路建设项目××－××标 K××＋××－K××＋××隧道左线 ZK1＋238～ZK1＋248 全断面喷射混凝土支护中间检验申请单及附件	20161111	48	含监理抽检
6		××路桥公司 ××监理	××公路建设项目××－××标 K××＋××－K××＋××隧道左线 ZK1＋248～ZK1＋257 全断面喷射混凝土支护中间检验申请单及附件	20161115	63	含监理抽检
7		××路桥公司 ××监理	××公路建设项目××－××标 K××＋××－K××＋××隧道左线 ZK1＋257～ZK1＋266 全断面喷射混凝土支护中间检验申请单及附件	20161118	78	含监理抽检
8		××路桥公司 ××监理	××公路建设项目××－××标 K××＋××－K××＋××隧道左线 ZK1＋266～ZK1＋275 全断面喷射混凝土支护中间检验申请单及附件	20161121	93	含监理抽检
9		××路桥公司 ××监理	××公路建设项目××－××标 K××＋××－K××＋××隧道左线 ZK1＋275～ZK1＋284 全断面喷射混凝土支护中间检验申请单及附件	20161124	108	含监理抽检
10		××路桥公司 ××监理	××公路建设项目××－××标 K××＋××－K××＋××隧道左线 ZK1＋284～ZK1＋293 全断面喷射混凝土支护中间检验申请单及附件	20161127	123	含监理抽检
11		××路桥公司 ××监理	××公路建设项目××－××标 K××＋××－K××＋××隧道左线 ZK1＋293～ZK1＋302 全断面喷射混凝土支护中间检验申请单及附件	20161201	138－148	含监理抽检

卷 内 目 录

表 12-80

(例 12.3-61:隧道——衬砌)

序号	文件编号	责任者	文件材料题名	日期	页号	备注
1		××路桥公司 ××监理	××公路建设项目××-××标 K××+××-K××+××隧道左线 ZK0+915～ZK0+925 混凝土衬砌工程检验认可书、工程报验单及附件	20170402	1	
2		××路桥公司 ××监理	××公路建设项目××-××标 K××+××-K××+××隧道左线 ZK0+915～ZK0+925 混凝土衬砌施工放样报验单及附件	20170301	4	含监理抽检
3		××路桥公司 ××监理	××公路建设项目××-××标 K××+××-K××+××隧道左线 ZK0+915～ZK0+925 混凝土衬砌模板中间检验申请单及附件	20170301	7	含监理抽检
4		××路桥公司 ××监理	××公路建设项目××-××标 K××+××-K××+××隧道左线 ZK0+915～ZK0+925 混凝土衬砌钢筋加工及安装中间检验申请单及附件	20170301	11	含监理抽检
5		××路桥公司 ××监理	××公路建设项目××-××标 K××+××-K××+××隧道左线 ZK0+915～ZK0+925 混凝土衬砌混凝土浇筑中间检验申请单及附件	20170303	15	含监理抽检
6		××路桥公司 ××监理	××公路建设项目××-××标 K××+××-K××+××隧道左线 ZK0+915～ZK0+925 混凝土衬砌成品中间检验申请单及附件	20170401	20	含监理抽检
7		××路桥公司 ××监理	××公路建设项目××-××标 K××+××-K××+××隧道左线 ZK0+925～ZK0+935 混凝土衬砌工程检验认可书、工程报验单及附件	20170410	26	
8		××路桥公司 ××监理	××公路建设项目××-××标 K××+××-K××+××隧道左线 ZK0+925～ZK0+935 混凝土衬砌施工放样报验单及附件	20170308	29	含监理抽检
9		××路桥公司 ××监理	××公路建设项目××-××标 K××+××-K××+××隧道左线 ZK0+925～ZK0+935 混凝土衬砌模板中间检验申请单及附件	20170308	33	含监理抽检
10		××路桥公司 ××监理	××公路建设项目××-××标 K××+××-K××+××隧道左线 ZK0+925～ZK0+935 混凝土衬砌钢筋加工及安装中间检验申请单及附件	20170308	37	含监理抽检
11		××路桥公司 ××监理	××公路建设项目××-××标 K××+××-K××+××隧道左线 ZK0+925～ZK0+935 混凝土衬砌混凝土浇筑中间检验申请单及附件	20170309	41	含监理抽检
12		××路桥公司 ××监理	××公路建设项目××-××标 K××+××-K××+××隧道左线 ZK0+925～ZK0+935 混凝土衬砌成品中间检验申请单及附件	20170407	45	含监理抽检
13		……	……隧道左线 ZK0+935～ZK0+945,ZK0+945～ZK0+955 混凝土衬砌工程检验认可书、工程报验单、施工放样报验单、中间检验申请单及附件按桩号结合工艺流程依次排列	……	……	……

卷 内 目 录

表 12-81

（例 12.3-62：隧道——衬砌底板混凝土）

序号	文件编号	责任者	文件材料题名	日期	页号	备注
1		××路桥公司 ××监理	××公路建设项目××－××标 K××＋××－K××＋×× 隧道左线 ZK0＋915～ZK0＋925 衬砌混凝土底板工程检验认可书、工程报验单及附件	20170602	1	
2		××路桥公司 ××监理	××公路建设项目××－××标 K××＋××－K××＋×× 隧道左线 ZK0＋915～ZK0＋925 衬砌混凝土底板施工放样报验单及附件	20170501	4	含监理抽检
3		××路桥公司 ××监理	××公路建设项目××－××标 K××＋××－K××＋×× 隧道左线 ZK0＋915～ZK0＋925 衬砌混凝土底板模板中间检验申请单及附件	20170501	8	含监理抽检
4		××路桥公司 ××监理	××公路建设项目××－××标 K××＋××－K××＋×× 隧道左线 ZK0＋915～ZK0＋925 衬砌混凝土底板钢筋加工及安装中间检验申请单及附件	20170501	12	含监理抽检
5		××路桥公司 ××监理	××公路建设项目××－××标 K××＋××－K××＋×× 隧道左线 ZK0＋915～ZK0＋925 衬砌混凝土底板混凝土浇筑中间检验申请单及附件	20170503	16	含监理抽检
6		××路桥公司 ××监理	××公路建设项目××－××标 K××＋××－K××＋×× 隧道左线 ZK0＋915～ZK0＋925 衬砌混凝土底板成品中间检验申请单及附件	20170601	21	含监理抽检
7		××路桥公司 ××监理	××公路建设项目××－××标 K××＋××－K××＋×× 隧道左线 ZK0＋925～ZK0＋935 衬砌混凝土底板工程检验认可书、工程报验单及附件	20170610	26	
8		××路桥公司 ××监理	××公路建设项目××－××标 K××＋××－K××＋×× 隧道左线 ZK0＋925～ZK0＋935 衬砌混凝土底板施工放样报验单及附件	20170508	30	含监理抽检
9		××路桥公司 ××监理	××公路建设项目××－××标 K××＋××－K××＋×× 隧道左线 ZK0＋925～ZK0＋935 衬砌混凝土底板模板中间检验申请单及附件	20170508	34	含监理抽检
10		××路桥公司 ××监理	××公路建设项目××－××标 K××＋××－K××＋×× 隧道左线 ZK0＋925～ZK0＋935 衬砌混凝土底板钢筋加工及安装中间检验申请单及附件	20170508	38	含监理抽检
11		××路桥公司 ××监理	××公路建设项目××－××标 K××＋××－K××＋×× 隧道左线 ZK0＋925～ZK0＋935 衬砌混凝土底板混凝土浇筑中间检验申请单及附件	20170509	43	含监理抽检
12		××路桥公司 ××监理	××公路建设项目××－××标 K××＋××－K××＋×× 隧道左线 ZK0＋925～ZK0＋935 衬砌混凝土底板成品中间检验申请单及附件	20170607	47	含监理抽检
13	……		……隧道左线 ZK0＋935～ZK0＋945,ZK0＋945～ZK0＋955 衬砌混凝土底板工程检验认可书、工程报验单、施工放样报验单、中间检验申请单及附件按桩号结合工艺流程依次排列	……	……	……

例 12.3-63：隧道——明挖维护结构——地下连续墙。

隧道维护结构地下连续墙的中间检验文件材料以分项工程（或施工段落）为单位整理、组卷。《工程检验认可书》《工程报验单》（或《中间交工证书》）放在首位，各《施工放样报验单》，成槽、钢筋加工及安装、混凝土浇筑、成品等《中间检验申请单》（或《检验申请批复单》）及附件按连续墙的桩号（或编号）结合工艺流程依次排列。应在第 1 段落连续墙的中间检验文件材料整理完成后，再整理第 2 个施工段落。文件材料数量较多的，可组成数卷。一个施工段落连续墙的文件材料不要分散在两个案卷中。维护结构的其他各分项的（水泥搅拌桩、钢支撑、冠梁等）整理、组卷方式与地下连续墙基本相同。

隧道地下连续墙中间检验文件案卷题名拟写方式可参考如下示例：

××公路建设项目××－××标 K××＋××－K××＋×× 隧道明挖段围护结构 JD11 地下连续墙工程检验认可书、工程报验单及附件

或

××公路建设项目××－××标 K××＋×××－K××＋××× 隧道明挖段围护结构 JD11 地下连续墙中间交工证书、开工报告、施工放样报验单、检验申请批复单及附件、分项工程质量评定表

例 12.3-64：隧道——明挖主体结构。

明挖隧道主体结构的中间检验文件材料以分项工程（或施工段落）为单位整理、组卷。《工程检验认可书》《工程报验单》（或《中间交工证书》）放在首位，各《施工放样报验单》，模板、钢筋、混凝土《中间检验申请单》（或《检验申请批复单》）按底板、侧墙、中墙……的顺序结合工艺流程依次排列。一个分项工程（或施工段落）主体结构底板、侧墙、中墙……成品的《中间检验申请单》（或《检验申请批复单》）无须分别填报，可以按一个分项工程（或施工段落）填报一份成品的《中间检验申请单》（或《检验申请批复单》），将底板、侧墙、中墙……的混凝土抗压强度报告、高程及偏位复测记录等依次归入。

隧道主体结构的中间检验文件材料数量较多的，可组成数卷。应在第 1 个施工段落所有文件材料整理完以后，再整理第 2 个施工段落，同一个施工段落的文件材料不要分散在两个案卷中。文件材料数量少的，可将几个分项合并成一卷，合并时不要将同一分项的文件材料分散在两个案卷中。同一隧道左、右线主体结构的文件材料不要组在一个案卷中。

主体结构中间检验文件案卷题名拟写方式可参考如下示例：

××公路建设项目××－××标 K××＋××－K××＋×× 隧道明挖段 JD11 主体结构工程检验认可书、工程报验单及附件

或

××公路建设项目××－××标 K××＋×××－K××＋××× 隧道明挖段 JD11 主体结构中间交工证书、开工报告、施工放样报验单、检验申请批复单及附件、分项工程质量评定

例 12.3-63、例 12.3-64《卷内目录》拟写方式见表 12-82、表 12-83。或将表 12-82、表 12-83 中各文件材料题名依次调整为："……中间交工证书、……开工报告、……施工放样报验单及附件、……检验申请批复单及附件、……分项工程质量评定表"。

不建议将明挖隧道主体结构的底板、侧墙、中墙等文件材料分开整理、组卷，即将一个隧道所有的底板中间检验文件材料整理完成后，再整理所有的侧墙、中墙等中间检验文件材料。

卷 内 目 录

表 12-82

（例 12.3-63：隧道——明挖维护结构地下连续墙）

序号	文件编号	责任者	文件材料题名	日期	页号	备注
1		××路桥公司 ××监理	××公路建设项目××－××标K××＋××－K××＋××隧道明挖段围护结构JD11地下连续墙工程检验认可书、工程报验单及附件	20170901	1	
2		××路桥公司 ××监理	××公路建设项目××－××标K××＋××－K××＋××隧道明挖段围护结构JD11地下连续墙施工放样报验单及附件	20170402	4	含监理抽检
3		××路桥公司 ××监理	××公路建设项目××－××标K××＋××－K××＋××隧道明挖段围护结构JD11 WN11－1地下连续墙成槽中间检验申请单及附件	20170406	8	含监理抽检
4		××路桥公司 ××监理	××公路建设项目××－××标K××＋××－K××＋××隧道明挖段围护结构JD11 WN11－1地下连续墙钢筋加工及安装中间检验申请单及附件	20170406	11	含监理抽检
5		××路桥公司 ××监理	××公路建设项目××－××标K××＋××－K××＋××隧道明挖段围护结构JD11 WN11－1地下连续墙混凝土浇筑中间检验申请单及附件	20170407	15	含监理抽检
6		××路桥公司 ××监理	××公路建设项目××－××标K××＋××－K××＋××隧道明挖段围护结构JD11 WN11－1地下连续墙成品中间检验申请单及附件	20170505	19	含监理抽检
7		××路桥公司 ××监理	××公路建设项目××－××标K××＋××－K××＋××隧道明挖段围护结构JD11 WN11－2地下连续墙成槽中间检验申请单及附件	20170408	22	含监理抽检
8		××路桥公司 ××监理	××公路建设项目××－××标K××＋××－K××＋××隧道明挖段围护结构JD11 WN11－2地下连续墙钢筋加工及安装中间检验申请单及附件	20170408	25	含监理抽检
9		××路桥公司 ××监理	××公路建设项目××－××标K××＋××－K××＋××隧道围护结构JD11 WN11－2地下连续墙混凝土浇筑中间检验申请单及附件	20170409	29	含监理抽检
10		××路桥公司 ××监理	××公路建设项目××－××标K××＋××－K××＋××隧道明挖段围护结构JD11 WN11－2地下连续墙成品中间检验申请单及附件	20170507	34	含监理抽检
11		××路桥公司 ××监理	××公路建设项目××－××标K××＋××－K××＋××隧道明挖段围护结构JD11 WN11－3地下连续墙成槽中间检验申请单及附件	20170410	37	含监理抽检
12		××路桥公司 ××监理	××公路建设项目××－××标K××＋××－K××＋××隧道围护结构JD11 WN11－3地下连续墙钢筋加工及安装中间检验申请单及附件	20170410	40	含监理抽检
13		××路桥公司 ××监理	××公路建设项目××－××标K××＋××－K××＋××隧道明挖段围护结构JD11 WN11－3地下连续墙混凝土浇筑中间检验申请单及附件	20170411	44	含监理抽检
14		××路桥公司 ××监理	××公路建设项目××－××标K××＋××－K××＋××隧道明挖段围护结构JD11 WN11－3地下连续墙成品中间检验申请单及附件	20170509	48	含监理抽检
15		……	……围护结构JD11 WN11－3，－4……地下连续墙各筑中间检验申请单及附件按照编号结合工艺流程依次排列	……	……	……

183

卷内目录

表 12-83

(例 12.3-64:隧道——明挖主体结构)

序号	文件编号	责任者	文件材料题名	日期	页号	备注
1		××路桥公司 ××监理	××公路建设项目××－××标 K×× + ×× － K×× + ××隧道明挖段 JD11 主体结构工程检验认可书、工程报验单及附件	20170812	1	
2		××路桥公司 ××监理	××公路建设项目××－××标 K×× + ×× － K×× + ××隧道明挖段 JD11 主体结构底板施工放样报验单及附件	20170602	4	含监理抽检
3		××路桥公司 ××监理	××公路建设项目××－××标 K×× + ×× － K×× + ××隧道明挖段 JD11 主体结构底板模板中间检验申请单及附件	20170606	8	含监理抽检
4		××路桥公司 ××监理	××公路建设项目××－××标 K×× + ×× － K×× + ××隧道明挖段 JD11 主体结构底板钢筋加工及安装中间检验申请单及附件	20170606	11	含监理抽检
5		××路桥公司 ××监理	××公路建设项目××－××标 K×× + ×× － K×× + ××隧道明挖段 JD11 主体结构底板混凝土浇筑中间检验申请单及附件	20170607	15	含监理抽检
6		××路桥公司 ××监理	××公路建设项目××－××标 K×× + ×× － K×× + ××隧道明挖段 JD11 主体结构侧墙施工放样报验单及附件	20170614	19	含监理抽检
7		××路桥公司 ××监理	××公路建设项目××－××标 K×× + ×× － K×× + ××隧道明挖段 JD11 主体结构侧墙模板中间检验申请单及附件	20170615	22	含监理抽检
8		××路桥公司 ××监理	××公路建设项目××－××标 K×× + ×× － K×× + ××隧道明挖段 JD11 主体结构侧墙钢筋加工及安装中间检验申请单及附件	20170615	25	含监理抽检
9		××路桥公司 ××监理	××公路建设项目××－××标 K×× + ×× － K×× + ××隧道明挖段 JD11 主体结构侧墙混凝土浇筑中间检验申请单及附件	20170615	28	含监理抽检
10		××路桥公司 ××监理	××公路建设项目××－××标 K×× + ×× － K×× + ××隧道明挖段 JD11 主体结构中墙施工放样报验单及附件	20170622	31	含监理抽检
11		××路桥公司 ××监理	××公路建设项目××－××标 K×× + ×× － K×× + ××隧道明挖段 JD11 主体结构中墙模板中间检验申请单及附件	20170623	34	含监理抽检
12		××路桥公司 ××监理	××公路建设项目××－××标 K×× + ×× － K×× + ××隧道明挖段 JD11 主体结构中墙钢筋加工及安装中间检验申请单及附件	20170623	37	含监理抽检
13		××路桥公司 ××监理	××公路建设项目××－××标 K×× + ×× － K×× + ××隧道明挖段 JD11 主体结构中墙混凝土浇筑中间检验申请单及附件	20170623	42	含监理抽检
14		……	……隧道明挖段 JD11 主体结构中板、顶板等模板、钢筋、混凝土浇筑中间检验申请单及附件按照部位结合工艺流程依次排列	……	……	……
15		××路桥公司 ××监理	××公路建设项目××－××标 K×× + ×× － K×× + ××隧道明挖段 JD11 主体结构成品中间检验申请单及附件	20170811	68 － 80	含监理抽检

例 12.3-65:隧道——盾构管片预制(一)。

管片预制中间检验文件材料以分项工程为单位组卷。《工程检验认可书》《工程报验单》(或《中间交工证书》)放在该分项编号最小的管片制作模具《中间检验申请单》(或《检验申请批复单》)的前面。管片模具、钢筋、混凝土、成品各《中间检验申请单》(或《检验申请批复单》)及附件按管片编号结合工艺流程依次排列。应在第 1 环管片预制整理、组卷完成后,再整理第 2 环。同一环管片预制的文件材料不要分散在两个案卷中。应在所有左线的管片预制文件材料整理、组卷完成后,再整理右线。左、右线管片预制的各文件材料尽量不要组在一个案卷里面。如果原始文件材料中没有注明管片编号,只注明生产日期,则按日期依次排列,并将案卷题名及《卷内目录》文件材料题名中的"第 × 环"改为"× 年 × 月 × 日"。钢管片应单独整理、组卷。

盾构管片预制中间检验文件案卷题名拟写方式可参考如下示例:

××公路建设项目××－××标 K××＋××－K××＋×× 隧道左线第 0001～0100 环管片预制工程检验认可书、工程报验单,左线第 0001～0005 环管片预制中间检验申请单及附件

或

××公路建设项目××－××标 K××＋×××－K××＋××× 隧道左线第 0001 环－0100 管片预制中间交工证书、开工报告,左线第 0001 环－0005 管片预制检验申请批复单及附件

例 12.3-66:隧道——盾构管片预制(二)。

管片预制以分项工程为单位组卷,《工程检验认可书》《工程报验单》(或《中间交工证书》)已放在该分项编号最小的管片制作模具中间检验申请单的前面,本卷中只有《中间检验申请单》(或《检验申请批复单》)及附件,在拟写案卷题名时应注意。盾构管片预制(二)中间检验文件案卷题名拟写方式可参考如下示例:

××公路建设项目××－××标 K××＋××－K××＋×× 隧道左线第 0006～0010 环管片预制中间检验申请单及附件

或

××公路建设项目××－××标 K××＋×××－K××＋××× 隧道左线第 0006 环－0010 管片预制检验申请批复单及附件

例 12.3-67:隧道——盾构掘进与管片拼装(含掘进、拼装、成型隧道、二次注浆等)。

盾构掘进与管片拼装中间检验文件材料以分项工程为单位整理、组卷。《工程检验认可书》《工程报验单》(或《中间交工证书》)放在该分项编号最小环掘进的《中间检验申请单》(或《检验申请批复单》)前面,其他文件材料按环的编号结合工艺流程依次排列。同一环盾构掘进与管片拼装的文件材料不要分散在两个案卷中。在施工过程中,可以将"拌浆记录、同步注浆记录、二次注浆记录等"处理为盾构掘进《中间检验申请单》(或《检验申请批复单》)的附件。壁后注浆可以不单独报验。

盾构掘进与管片拼装中间检验文件案卷题名拟写方式可参考如下示例:

××公路建设项目××－××标 K××＋××－K××＋×× 隧道左线第 0001～0100 环盾构掘进与管片拼装工程检验认可书、工程报验单,左线第 0001～0010 环盾构掘进与管片拼装中间检验申请单及附件

或

××公路建设项目××－××标 K××＋×××－K××＋×××隧道左线第0001－0100环盾构掘进与管片拼装中间交工证书、开工报告，左线第0001环－0010环盾构掘进与管片拼装检验申请批复单及附件

例12.3-65～例12.3-67《卷内目录》拟写方式见表12-84～表12-86。或将表12-84～表12-86中各文件材料题名依次调整为："……中间交工证书、……开工报告、……检验申请批复单及附件"。

例12.3-68：交安设施——标志。

标志工程中间检验文件材料以分项工程为单位进行整理、组卷。《工程检验认可书》《工程报验单》(或《中间交工证书》)放在该分项桩号最小的标志基础《施工放样报验单》前面，其他文件材料按桩号结合工艺流程依次排列。标志工程尽量一处一报验。应在第1处标志工程的文件材料整理完成后，再整理第2处标志工程，同一处标志工程的文件材料不要分散在两个案卷中。一个分项工程文件材料数量较多的，可组成数卷，一个分项工程文件材料数量较少的，可将几个分项合并成一卷。不要将一个分项(或一处)的文件材料分散在两个案卷中。本案例为一个分项工程组成一卷。

标志工程中间检验文件案卷题名拟写方式可参考如下示例：

××公路建设项目××－××标 K34＋000－K40＋000标志工程检验认可书、工程报验单及附件

或

××公路建设项目××－××标 K34＋000－K40＋000标志工程中间交工证书、开工报告、施工放样报验单、检验申请批复单及附件、分项工程质量评定表

《卷内目录》拟写方式见表12-87。

如果一个案卷中包含了两个或两个以上分项工程的，拟写案卷题名时应将本卷中所含分项工程的起止桩号标注上。

如果一个分项工程组成数卷时，从第二卷起，案卷题名中只有施工放样报验单、中间检验申请单(或《检验申请批复单》)及附件。具体拟写方式可参考如下示例：

第一卷：××公路建设项目××－××标 K34＋000－K40＋000标志工程检验认可书、工程报验单，K34＋000－K36＋400标志工程施工放样报验单、中间检验申请单及附件

第二卷：××公路建设项目××－××标 K36＋900－K40＋000标志工程施工放样报验单、中间检验申请单及附件

或

第一卷：××公路建设项目××－××标 K34＋000－K40＋000标志中间交工证书、开工报告，K34＋000－K36＋400标志工程施工放样报验单、检验申请批复单及附件

第二卷：××公路建设项目××－××标 K36＋900－K40＋000标志工程施工放样报验单、检验申请批复单及附件，K34＋000－K40＋000标志分项工程质量评定表

例12.3-69：交安设施——标线。

标线工程中间检验文件材料以分项工程为单位进行整理、组卷。《工程检验认可书》《工程报验单》(或《中间交工证书》)放在该分项桩号最小的左幅标线《施工放样报验单》前面，其他文件材料按桩号结合工艺流程依次排列。应在第1个施工段落的文件材料整理完成后(先

卷 内 目 录

表 12-84

（例 12.3-65：隧道——盾构管片预制一）

序号	文件编号	责任者	文件材料题名	日期	页号	备注
1		中铁×局 ××监理	××公路建设项目××－××标K××＋××－K××＋××隧道左线第0001～0100环管片预制工程检验认可书、工程报验单	20170325	1	
2		中铁×局 ××监理	××公路建设项目××－××标K××＋××－K××＋××隧道左线第0001环管片预制模板中间检验申请单及附件	20170113	3	含监理抽检
3		中铁×局 ××监理	××公路建设项目××－××标K××＋××－K××＋××隧道左线第0001环管片预制钢筋加工及安装中间检验申请单及附件	20170111	6	含监理抽检
4		中铁×局 ××监理	××公路建设项目××－××标K××＋××－K××＋××隧道左线第0001环管片预制混凝土浇筑中间检验申请单及附件	20170113	21	含监理抽检
5		中铁×局 ××监理	××公路建设项目××－××标K××＋××－K××＋××隧道左线第0001环管片预制构件成品中间检验申请单及附件	20170210	42	含监理抽检
6		中铁×局 ××监理	××公路建设项目××－××标K××＋××－K××＋××隧道左线第0002环管片预制模板中间检验申请单及附件	20170103	51	含监理抽检
7		中铁×局 ××监理	××公路建设项目××－××标K××＋××－K××＋××隧道左线第0002环管片预制钢筋加工及安装中间检验申请单及附件	20161231	54	含监理抽检
8		中铁×局 ××监理	××公路建设项目××－××标K××＋××－K××＋××隧道第0002环管片预制混凝土浇筑中间检验申请单及附件	20170103	69	含监理抽检
9		中铁×局 ××监理	××公路建设项目××－××标K××＋××－K××＋××隧道左线第0002环管片预制构件成品中间检验申请单及附件	20170402	87	含监理抽检
10		……	……×隧道左线第0003,0004环管片预制模板、钢筋、混凝土、成品中间检验申请单及附件按照环的编号结合工艺流程依次排列…	……	……	
11		中铁×局 ××监理	××公路建设项目××－××标K××＋××－K××＋××隧道左线第0005环管片预制模板中间检验申请单及附件	20161109	190	含监理抽检
12		中铁×局 ××监理	××公路建设项目××－××标K××＋××－K××＋××隧道左线第0005环管片预制钢筋加工及安装中间检验申请单及附件	20161108	193	含监理抽检
13		中铁×局 ××监理	××公路建设项目××－××标K××＋××－K××＋××隧道左线第0005环管片预制混凝土浇筑中间检验申请单及附件	20161111	208	含监理抽检
14		中铁×局 ××监理	××公路建设项目××－××标K××＋××－K××＋××隧道左线第0005环管片预制构件成品中间检验申请单及附件	20161209	229－236	含监理抽检

卷 内 目 录

表 12-85

（例 12.3-66：隧道——盾构管片预制二）

序号	文件编号	责任者	文件材料题名	日期	页号	备注
1		中铁×局××监理	××公路建设项目××－××标 K××＋××－K××＋××隧道左线第 0006 环管片预制模板中间检验申请单及附件	20170210	1	含监理抽检
2		中铁×局××监理	××公路建设项目××－××标 K××＋××－K××＋××隧道左线第 0006 环管片预制钢筋加工及安装中间检验申请单及附件	20170210	5	含监理抽检
3		中铁×局××监理	××公路建设项目××－××标 K××＋××－K××＋××隧道左线第 0006 环管片预制混凝土浇筑中间检验申请单及附件	20170210	19	含监理抽检
4		中铁×局××监理	××公路建设项目××－××标 K××＋××－K××＋××隧道左线第 0006 环管片预制构件成品中间检验申请单及附件	20170310	40	含监理抽检
5		中铁×局××监理	××公路建设项目××－××标 K××＋××－K××＋××隧道左线第 0007 环管片预制模板中间检验申请单及附件	20170212	47	含监理抽检
6		中铁×局××监理	××公路建设项目××－××标 K××＋××－K××＋××隧道左线第 0007 环管片预制钢筋加工及安装中间检验申请单及附件	20170212	52	含监理抽检
7		中铁×局××监理	××公路建设项目××－××标 K××＋××－K××＋××隧道左线第 0007 环管片预制混凝土浇筑中间检验申请单及附件	20170212	65	含监理抽检
8		中铁×局××监理	××公路建设项目××－××标 K××＋××－K××＋××隧道左线第 0007 环管片预制构件成品中间检验申请单及附件	20170312	80	含监理抽检
9		……	……×隧道左线第 0008,0009 环管片预制模板、钢筋、混凝土、成品中间检验申请单及附件按照环的编号结合工艺流程依次排列…	……	……	
10		中铁×局××监理	××公路建设项目××－××标 K××＋××－K××＋××隧道左线第 0010 环管片预制模板中间检验申请单及附件	20170218	185	含监理抽检
11		中铁×局××监理	××公路建设项目××－××标 K××＋××－K××＋××隧道左线第 0010 环管片预制钢筋加工及安装中间检验申请单及附件	20170218	190	含监理抽检
12		中铁×局××监理	××公路建设项目××－××标 K××＋××－K××＋××隧道左线第 0010 环管片预制混凝土浇筑中间检验申请单及附件	20170218	204	含监理抽检
13		中铁×局××监理	××公路建设项目××－××标 K××＋××－K××＋××隧道左线第 0010 环管片预制构件成品中间检验申请单及附件	20170318	221－233	含监理抽检

卷 内 目 录

表 12-86

（例 12.3-67：隧道——盾构掘进与管片拼装）

序号	文件编号	责任者	文件材料题名	日期	页号	备注
1		中铁×局 ××监理	××公路建设项目××－××标K××＋××－K ××＋××隧道左线第 0001～0100 环盾构掘进 与拼装工程检验认可书、工程报验单及附件	20170808	1	
2		中铁×局 ××监理	××公路建设项目××－××标K××＋××－K ××＋××隧道左线第 0001 环盾构掘进中间检 验申请单及附件	20170112	4	含监理抽检
3		中铁×局 ××监理	××公路建设项目××－××标K××＋××－K ××＋××隧道左线第 0001 环盾构管片拼装中 间检验申请单及附件	20170112	7	含监理抽检
4		中铁×局 ××监理	××公路建设项目××－××标K××＋××－K ××＋××隧道左线第 0001 环成型隧道中间检 验申请单及附件	20170115	10	含监理抽检
5		中铁×局 ××监理	××公路建设项目××－××标K××＋××－K ××＋××隧道左线第 0002 环盾构掘进中间检 验申请单及附件	20170116	14	含监理抽检
6		中铁×局 ××监理	××公路建设项目××－××标K××＋××－K ××＋××隧道左线第 0002 环盾构管片拼装中 间检验申请单及附件	20170116	18	含监理抽检
7		中铁×局 ××监理	××公路建设项目××－××标K××＋××－K ××＋××隧道左线第 0002 环成型隧道中间检 验申请单及附件	20170118	22	含监理抽检
8		中铁×局 ××监理	××公路建设项目××－××标K××＋××－K ××＋××隧道左线第 0002 环二次注浆中间检 验申请单及附件	20170118	26	含监理抽检
9		中铁×局 ××监理	××公路建设项目××－××标K××＋××－K ××＋××隧道左线第 0003 环盾构掘进中间检 验申请单及附件	20170120	29	含监理抽检
10		中铁×局 ××监理	××公路建设项目××－××标K××＋××－K ××＋××隧道左线第 0003 环盾构管片拼装中 间检验申请单及附件	20170120	33	含监理抽检
11		中铁×局 ××监理	××公路建设项目××－××标K××＋××－K ××＋××隧道左线第 0003 环成型隧道中间检 验申请单及附件	20170122	37	含监理抽检
12		……	……第 0003,0004～0009 环掘进、拼装、成型隧 道、二次注浆（如有）中间检验申请单及附件按环 的编号或里程桩号应结合工艺流程依次排列	……	……	
13		中铁×局 ××监理	××公路建设项目××－××标K××＋××－K ××＋××隧道左线第 0010 环盾构掘进中间检 验申请单及附件	20170220	151	含监理抽检
14		中铁×局 ××监理	××公路建设项目××－××标K××＋××－K ××＋××隧道左线第 0010 环盾构管片拼装中 间检验申请单及附件	20170220	155	含监理抽检
15		中铁×局 ××监理	××公路建设项目××－××标K××＋××－K ××＋××隧道左线第 0010 环成型隧道中间检 验申请单及附件	20170222	158－162	含监理抽检

卷 内 目 录

表 12-87

（例 12.3-68：交安设施——标志工程）

序号	文件编号	责任者	文件材料题名	日期	页号	备注
1		××工程公司 ××监理	××公路建设项目××－××标 K34＋000－K40＋000 标志工程检验认可书、工程报验单	20170916	1	
2		××工程公司 ××监理	××公路建设项目××－××标 K34＋400 右侧标志基础施工放样报验单及附件	20170802	3	含监理抽检
3		××工程公司 ××监理	××公路建设项目××－××标 K34＋400 右侧标志基础中间检验申请单及附件	20170901	7	含监理抽检
4		××工程公司 ××监理	××公路建设项目××－××标 K34＋400 右侧标志安装中间检验申请单及附件	20170903	10	含监理抽检
5		××工程公司 ××监理	××公路建设项目××－××标 K34＋900 右侧标志基础施工放样报验单及附件	20170802	14	含监理抽检
6		××工程公司 ××监理	××公路建设项目××－××标 K34＋900 右侧标志基础中间检验申请单及附件	20170901	18	含监理抽检
7		××工程公司 ××监理	××公路建设项目××－××标 K34＋900 右侧标志安装中间检验申请单及附件	20170903	22	含监理抽检
8		××工程公司 ××监理	××公路建设项目××－××标 K36＋040 左侧标志基础施工放样报验单及附件	20170802	26	含监理抽检
9		××工程公司 ××监理	××公路建设项目××－××标 K36＋040 左侧标志基础中间检验申请单及附件	20170901	29	含监理抽检
10		××工程公司 ××监理	××公路建设项目××－××标 K36＋040 左侧标志安装中间检验申请单及附件	20170903	33	含监理抽检
11		……	……下一里程桩号标志施工放样报验单、中间检验申请单及附件按桩号结合工艺流程依次排列	……	……	
12		××工程公司 ××监理	××公路建设项目××－××标 K39＋160 右侧标志基础施工放样报验单及附件	20170815	111	含监理抽检
13		××工程公司 ××监理	××公路建设项目××－××标 K39＋160 右侧标志基础中间检验申请单及附件	20170912	115	含监理抽检
14		××工程公司 ××监理	××公路建设项目××－××标 K39＋160 右侧标志安装中间检验申请单及附件	20170913	119－126	含监理抽检

左后右),再整理第 2 个施工段落。同一施工段落的文件材料不要分散在两个案卷中。一个分项工程文件材料数量较多的,可组成数卷;文件材料数量较少的,可将几个分项合并成一卷。

标线工程中间检验文件案卷题名拟写方式可参考如下示例:

××公路建设项目××－××标 K0＋342.76－K4＋460 标线工程检验认可书、工程报验单及附件

或

××公路建设项目××－××标 K0＋342.76－K4＋460 标线中间交工证书、开工报告、施工放样报验单、检验申请批复单及附件、分项工程质量评定表

《卷内目录》拟写方式见表 12-88。

轮廓标、突起路标、防眩板等的整理、组卷方式与标线工程基本相同。

例 12.3-70:交安设施——护栏。

护栏工程中间检验文件材料以分项工程为单位进行整理、组卷。《工程检验认可书》《工程报验单》(或《中间交工证书》)放在该分项桩号最小的左幅护栏《施工放样报验单》前面,其他文件材料按桩号结合工艺流程依次排列。应在第 1 个施工段落的文件材料整理完成后(左、中、右),再整理第 2 个施工段落。同一施工段落(左、中、右)的文件材料不要分散在两个案卷中。一个分项工程文件材料数量较多的,可组成数卷;文件材料数量较少的,可将几个分项合并成一卷。本案例为一个分项组成一卷。

护栏工程中间检验文件案卷题名拟写方式可参考如下示例:

××公路建设项目××－××标 K0＋342.76－K3＋420 波型梁护栏工程检验认可书、工程报验单及附件

或

××公路建设项目××－××标 K0＋342.76－K3＋420 波型梁护栏中间交工证书、开工报告、施工放样报验单、检验申请批复单及附件、分项工程质量评定表

《卷内目录》拟写方式见表 12-89。

例 12.3-71:交安设施——隔离栅。

隔离栅工程中间检验文件材料以分项工程为单位进行整理、组卷。《工程检验认可书》《工程报验单》(或《中间交工证书》)应放在该分项桩号最小的左幅隔离栅《施工放样报验单》的前面,其他文件材料按桩号结合工艺流程依次排列。应在第 1 个施工段落的文件材料整理完成后(先左后右),再整理第 2 个施工段落。同一施工段落(左、右)的文件材料不要分散在两个案卷中。一个分项工程文件材料数量较多的,可组成数卷;文件数量较少的,可将几个分项合并成一卷。本案例为一个分项组成一卷。

隔离栅工程中间检验文件案卷题名拟写方式可参考如下示例:

××公路建设项目××－××标 K0＋342.76－K3＋420 隔离栅工程检验认可书、工程报验单及附件

或

××公路建设项目××－××标 K0＋342.76－K3＋420 隔离栅中间交工证书、开工报告、施工放样报验单、检验申请批复单及附件、分项工程质量评定表

卷 内 目 录

表 12-88

（例 12.3-69：交安设施——标线）

序号	文件编号	责任者	文件材料题名	日期	页号	备注
1		××工程公司 ××监理	××公路建设项目××－××标 K0＋342.76－K4＋460 标线工程检验认可书、工程报验单及附件	20170910	1	
2		××工程公司 ××监理	××公路建设项目××－××标 K0＋342.76－K1＋342.82 左幅标线施工放样报验单及附件	20170902	3	含监理抽检
3		××工程公司 ××监理	××公路建设项目××－××标 K0＋342.76－K1＋342.82 左幅标线中间检验申请单及附件	20170902	5	含监理抽检
4		××工程公司 ××监理	××公路建设项目××－××标 K0＋342.76－K1＋342.82 右幅标线施工放样报验单及附件	20170903	15	含监理抽检
5		××工程公司 ××监理	××公路建设项目××－××标 K0＋342.76－K1＋342.82 右幅标线中间检验申请单及附件	20170803	18	含监理抽检
6		××工程公司 ××监理	××公路建设项目××－××标 K1＋342.82－K3＋420 左幅标线施工放样报验单及附件	20170904	28	含监理抽检
7		××工程公司 ××监理	××公路建设项目××－××标 K1＋342.82－K3＋420 左幅标线中间检验申请单及附件	20170904	31	含监理抽检
8		××工程公司 ××监理	××公路建设项目××－××标 K1＋342.82－K3＋420 右幅标线施工放样报验单及附件	20170906	41	含监理抽检
9		××工程公司 ××监理	××公路建设项目××－××标 K1＋342.82－K3＋420 右幅标线中间检验申请单及附件	20170906	44	含监理抽检
10		××工程公司 ××监理	××公路建设项目××－××标 K3＋420－K4＋460 左幅标线施工放样报验单及附件	20170907	54	含监理抽检
11		××工程公司 ××监理	××公路建设项目××－××标 K3＋420－K4＋460 左幅标线中间检验申请单及附件	20170907	57	含监理抽检
12		××工程公司 ××监理	××公路建设项目××－××标 K3＋420－K4＋460 右幅标线施工放样报验单及附件	20170909	67	含监理抽检
13		××工程公司 ××监理	××公路建设项目××－××标 K3＋420－K4＋460 右幅标线中间检验申请单及附件	20170909	70－80	含监理抽检

卷 内 目 录

表 12-89

（例 12.3-70；交安设施——护栏工程）

序号	文件编号	责任者	文件材料题名	日期	页号	备注
1		××工程公司 ××监理	××公路建设项目××－××标 K0＋342.76－K3＋420 波型梁护栏工程检验认可书、工程报验单及附件	20170916	1	
2		××工程公司 ××监理	××公路建设项目××－××标 K0＋342.76－K1＋342.81 左幅波型梁护栏施工放样报验单及附件	20170902	3	含监理抽检
3		××工程公司 ××监理	××公路建设项目××－××标 K0＋342.76－K1＋342.81 左幅波型梁护栏立柱安装中间检验申请单及附件	20170902	6	含监理抽检
4		××工程公司 ××监理	××公路建设项目××－××标 K0＋342.76－K1＋342.81 左幅波型梁护栏安装中间检验申请单及附件	20170906	10	含监理抽检
5		××工程公司 ××监理	××公路建设项目××－××标 K0＋342.76－K1＋342.81 中分带波型梁护栏施工放样报验单及附件	20170903	18	含监理抽检
6		××工程公司 ××监理	××公路建设项目××－××标 K0＋342.76－K1＋342.81 中分带波型梁护栏立柱安装中间检验申请单及附件	20170904	21	含监理抽检
7		××工程公司 ××监理	××公路建设项目××－××标 K0＋342.76－K1＋342.81 中分带波型梁护栏安装中间检验申请单及附件	20170907	26	含监理抽检
8		××工程公司 ××监理	××公路建设项目××－××标 K0＋342.76－K1＋342.81 右幅波型梁护栏施工放样报验单及附件	20170906	35	含监理抽检
9		××工程公司 ××监理	××公路建设项目××－××标 K0＋342.76－K1＋342.81 右幅波型梁护栏立柱安装中间检验申请单及附件	20170906	38	含监理抽检
10		××工程公司 ××监理	××公路建设项目××－××标 K0＋342.76－K1＋342.81 右幅波型梁护栏安装中间检验申请单及附件	20170907	44	含监理抽检
11		××工程公司 ××监理	××公路建设项目××－××标 K1＋342.81－K3＋420 左幅波型梁护栏施工放样报验单及附件	20170907	52	含监理抽检
12		××工程公司 ××监理	××公路建设项目××－××标 K1＋342.81－K3＋4201 左幅波型梁护栏立柱安装中间检验申请单及附件	20170909	55	含监理抽检
13		××工程公司 ××监理	××公路建设项目××－××标 K1＋342.81－K3＋420 左幅波型梁护栏安装中间检验申请单及附件	20170910	60	含监理抽检
14		……	……标 K1＋342.81－K3＋420 中分带、右幅波型梁护栏施工放样报验单、中间检验申请单及附件依次排列	……	……	……

例 12.3-68 ～ 例 12.3-71《卷内目录》拟写方式见表 12-87 ～ 表 12-90。或将表 12-87 ～ 表 12-90 中各文件材料题名依次调整为："……中间交工证书、……开工报告、……施工放样报验单及附件、……检验申请批复单及附件、……分项工程质量评定表"。

如果一个案卷中包含了两个或两个以上分项工程,在拟写案卷题名时应将本卷中所含分项工程的起止桩号标注上。例如,如果将 K0 + 342.76 – K3 + 420、K3 + 420 – K6 + 231 两个隔离栅分项工程的文件材料组成一卷,则案卷题名应拟写为:

××公路建设项目 ×× – ×× 标 K0 + 342.76 – K6 + 231 隔离栅工程检验认可书、工程报验单及附件

或

××公路建设项目 ×× – ×× 标 K0 + 342.76 – K6 + 231 隔离栅中间交工证书、开工报告、施工放样报验单、检验申请批复单及附件、分项工程质量评定表

标志、标线、护栏、防眩设施等一个案卷中包含了两个或两个以上分项工程的,其案卷题名拟写方式可参照此示例。

标志、标线、护栏、隔离栅等工程开工报告、建筑材料报验单及附件应以合同段为单位分别单独组卷,开工报告的整理、组卷方法参见"例 12.3-3"。《建筑材料报验单》及附件的整理、组卷方法参见"例 12.3-8"。

例 12.3-72:监控系统。

监控系统可变标志、车辆检测器、闭路电视等中间检验文件材料以分项工程为单位分别进行整理、组卷。《工程检验认可书》《工程报验单》(或《中间交工证书》)放在该分项桩号(或编号)最小的《中间检验申请单》(或《检验申请批复单》)前面,其他文件材料按桩号(或编号)依次排列。应在第 1 个分项工程的文件材料整理完成后(先左后右),再整理第 2 个分项工程。一个分项工程文件材料数量较少的,可将几个分项合并成一卷。在合并时,不要将一个分项的文件材料分散在两个案卷中。监控系统、通信系统、收费系统的整理、组卷方式基本相同。

监控系统中间检验文件案卷题名拟写方式可参考如下示例:

××公路建设项目 ×× – ×× 标监控系统可变标志、车辆检测器、闭路电视监视系统等工程检验认可书、工程报验单及附件

或

××公路建设项目 ×× – ×× 标监控系统可变标志、车辆检测器、闭路电视监视系统等中间交工证书、开工报告、检验申请批复单及附件、分项工程质量评定表

例 12.3-73:通信系统。

通信系统的通信管道与光电缆线路、光纤数字传输、数字程控交换、无线移动通信系统、通信电源等的中间检验文件材料以分项工程为单位分别进行整理、组卷。《工程检验认可书》《工程报验单》(或《中间交工证书》)应放在该分项桩号(或部位编号)最小的《中间检验申请单》(或《检验申请批复单》)前面,其他文件材料按桩号(或编号)依次排列。

通信系统中间检验文件案卷题名拟写方式可参考如下示例:

××公路建设项目 ×× – ×× 标通信系统管道与光电缆敷设、光纤数字传输、数字程控交换、无线移动通信系统、通信电源等工程检验认可书、工程报验单及附件

卷 内 目 录

表 12-90

（例 12.3-71：交安设施——隔离栅工程）

序号	文件编号	责任者	文件材料题名	日期	页号	备注
1		××工程公司 ××监理	××公路建设项目××－××标 K0＋342.76－K3＋420 隔离栅工程检验认可书、工程报验单及附件	20170912	1	
2		××工程公司 ××监理	××公路建设项目××－××标 K0＋342.76－K1＋342.81 左幅隔离栅基础施工放样报验单及附件	20170803	3	含监理抽检
3		××工程公司 ××监理	××公路建设项目××－××标 K0＋342.76－K1＋342.81 左幅隔离栅基础中间检验申请单及附件	20170902	6	含监理抽检
4		××工程公司 ××监理	××公路建设项目××－××标 K0＋342.76－K1＋342.81 左幅隔离栅安装中间检验申请单及附件	20170906	14	含监理抽检
5		××工程公司 ××监理	××公路建设项目××－××标 K0＋342.76－K1＋342.81 右幅隔离栅基础施工放样报验单及附件	20170805	24	含监理抽检
6		××工程公司 ××监理	××公路建设项目××－××标 K0＋342.76－K1＋342.81 右幅隔离栅基础中间检验申请单及附件	20170904	27	含监理抽检
7		××工程公司 ××监理	××公路建设项目××－××标 K0＋342.76－K1＋342.81 右幅隔离栅安装中间检验申请单及附件	20170907	35	含监理抽检
8		××工程公司 ××监理	××公路建设项目××－××标 K1＋342.81－K3＋420 左幅隔离栅基础施工放样报验单及附件	20170806	45	含监理抽检
9		××工程公司 ××监理	××公路建设项目××－××标 K1＋342.81－K3＋420 左幅隔离栅基础中间检验申请单及附件	20170906	48	含监理抽检
10		××工程公司 ××监理	××公路建设项目××－××标 K1＋342.81－K3＋420 左幅隔离栅安装中间检验申请单及附件	20170907	54	含监理抽检
11		××工程公司 ××监理	××公路建设项目××－××标 K1＋342.81－K3＋420 右幅隔离栅基础施工放样报验单及附件	20170807	64	含监理抽检
12		××工程公司 ××监理	××公路建设项目××－××标 K1＋342.81－K3＋420 右幅隔离栅基础中间检验申请单及附件	20170909	67	含监理抽检
13		××工程公司 ××监理	××公路建设项目××－××标 K1＋342.81－K3＋420 右幅隔离栅安装中间检验申请单及附件	20170910	73－84	含监理抽检

或

××公路建设项目××－××标通信系统管道与光电缆线路、光纤数字传输、数字程控交换、无线移动通信系统、通信电源等中间交工证书、开工报告、检验申请批复单及附件、分项工程质量评定表

例 12.3-74：收费系统。

收费系统出入口车道设备、收费站及收费中心设备与软件、IC 卡及发卡编号系统、闭路电视监视系统等中间检验文件材料以分项工程为单位分别进行整理、组卷。《工程检验认可书》《工程报验单》(或《中间交工证书》)应放在该分项站点编号最小的《中间检验申请单》(或《检验申请批复单》)前面,其他文件材料按桩号(或编号)依次排列。

收费系统中间检验文件案卷题名拟写方式可参考如下示例：

××公路建设项目××－××标收费系统出入口车道设备、收费站及收费中心设备与软件、IC 卡及发卡编号系统、闭路电视监视系统等的工程检验认可书、工程报验单及附件

或

××公路建设项目××－××标收费系统出入口车道设备、收费站及收费中心设备与软件、IC 卡及发卡编号系统、闭路电视监视系统等中间交工证书、开工报告、检验申请批复单及附件、分项工程质量评定表

例 12.3-72 ~ 例 12.3-74《卷内目录》拟写方式见表 12-91 ~ 表 12-93。或将表 12-91 ~ 表 12-93 中各文件材料题名依次调整为："……中间交工证书、……开工报告、……检验申请批复单及附件、……分项工程质量评定表"。

例 12.3-75：房建工程——施工管理。

房建工程施工管理文件材料可按合同段为单位单独组卷,归入该服务区(或收费站)体量较大单体的案卷中。卷内文件材料可按照项目所在地区住建部门的规定依次排列。

房建工程施工管理文件案卷题名拟写方式可参考如下示例：

××公路建设项目××－××标××服务区办公楼工程概况、项目施工管理人员名单、施工现场质量管理检查记录、施工检测计划、施工日志、开工报告、竣工报告等

《卷内目录》拟写方式见表 12-94。

例 12.3-76：房建工程——施工技术。

房建工程施工技术文件材料的整理、组卷方式与管理文件基本相同,卷内文件材料可按照项目所在地区住建部门的规定依次排列。施工组织设计文件材料数量较多的,可单独组卷。各施工技术方案、技术交底、图纸会审、设计变更、洽商单、技术核定单、设计变更通知单等在拟写文件材料题名时,应注明施工技术方案、技术交底等的具体内容,如××施工技术方案报审表及附件、关于××的技术核定单等。此部分文件材料数量较多的,可组成数卷。组卷时应尽量不要把同一事由的文件材料(如技术交底、施工技术方案等)分散在两个案卷中。

房建工程施工技术文件案卷题名拟写方式可参考如下示例：

××公路建设项目××－××标××服务区办公楼施工组织设计、施工技术方案、技术交底、图纸会审、设计变更、洽商记录、技术核定单、工程测量定位记录、放线验收记录等

《卷内目录》拟写方式见表 12-95。

卷 内 目 录

表 12-91

（例 12.3-72：监控系统）

序号	文件编号	责任者	文件材料题名	日期	页号	备注
1		××公司 ××监理	××公路建设项目××－××标监控系统可变标志工程检验认可书、工程报验单及附件	20180112	1	
2		××公司 ××监理	××公路建设项目××－××标监控系统××（处）可变标志中间检验申请单及附件	20180101	3	含监理抽检
3		××公司 ××监理	××公路建设项目××－××标监控系统××（处）可变标志中间检验申请单及附件	20180102	15	含监理抽检
4		……	……下一处可变标志中间检验申请单及附件同上，按桩号或站点的编号依次排列	……	……	含监理抽检
5		××公司 ××监理	××公路建设项目××－××标监控系统车辆检测器工程检验认可书、工程报验单及附件	20180114	64	
6		××公司 ××监理	××公路建设项目××－××标监控系统××（处）车辆检测器中间检验申请单及附件	20180105	66	含监理抽检
7		××公司 ××监理	××公路建设项目××－××标监控系统××（处）车辆检测器中间检验申请单及附件	20180106	90	含监理抽检
8		……	……下一处车辆检测器中间检验申请单及附件同上，按桩号或站点的编号依次排列	……	……	含监理抽检
9		××公司 ××监理	××公路建设项目××－××标监控系统闭路电视监视系统工程检验认可书、工程报验单及附件	20180116	140	
10		××公司 ××监理	××公路建设项目××－××标监控系统闭路电视监视系统中间检验申请单及附件	20180115	142－151	含监理抽检

卷 内 目 录

表 12-92

（例 12.3-73：通信系统）

序号	文件编号	责任者	文件材料题名	日期	页号	备注
1		××公司 ××监理	××公路建设项目××－××标通信系统通信管道工程检验认可书、工程报验单及附件	20180101	1	
2		××公司 ××监理	××公路建设项目××－××标通信系统 K××＋××－××K××＋××（或××处）通信管道中间检验申请单及附件	20171121	3	含监理抽检
3		……	……下一施工段落（或××处）通信管道中间检验申请单及附件同上	……	……	
4		××公司 ××监理	××公路建设项目××－××标通信系统光电缆敷设工程检验认可书、工程报验单及附件	20180113	41	
5		××公司 ××监理	××公路建设项目××－××标通信系统光电缆敷设 K××＋××－××K××＋××（或××处）中间检验申请单及附件	20181207	43	含监理抽检
6		……	……下一施工段落（或××处）光电缆敷设中间检验申请单及附件	……	……	
7		××公司 ××监理	××公路建设项目××－××标通信系统光纤数字传输系统工程检验认可书、工程报验单及附件	20180302	76	
8		××公司 ××监理	××公路建设项目××－××标通信系统光纤数字传输系统中间检验申请单及附件	20180301	79	含监理抽检
9		××公司 ××监理	××公路建设项目××－××标通信系统数字程控交换系统工程检验认可书、工程报验单及附件	20180304	91	
10		××公司 ××监理	××公路建设项目××－××标通信系统数字程控交换系统中间检验申请单及附件	20180304	93	含监理抽检
11		××公司 ××监理	××公路建设项目××－××标通信系统无线移动通信系统工程检验认可书、工程报验单及附件	20180316	102	
12		××公司 ××监理	××公路建设项目××－××标通信系统无线移动通信系统中间检验申请单及附件	20180315	105	含监理抽检
13		××公司 ××监理	××公路建设项目××－××标通信系统通信电源工程检验认可书、工程报验单及附件	20180316	120	
14		××公司 ××监理	××公路建设项目××－××标通信系统通信电源中间检验申请单及附件	20180315	122－142	含监理抽检

卷 内 目 录

表 12-93

（例 12.3-74：收费系统）

序号	文件编号	责任者	文件材料题名	日期	页号	备注
1		××公司 ××监理	××公路建设项目××-××标收费系统入口车道设备工程检验认可书、工程报验单及附件	20180102	1	
2		××公司 ××监理	××公路建设项目××-××标收费系统××收费系统入口车道设备通信管道中间检验申请单及附件	20171118	3	含监理抽检
3		……	……下一××收费系统入口车道设备通信管道中间检验申请单及附件	……	……	
4		××公司 ××监理	××公路建设项目××-××标收费系统出口车道设备工程检验认可书、工程报验单及附件	20180103	41	
5		××公司 ××监理	××公路建设项目××-××标收费系统××收费系统出口车道设备通信管道中间检验申请单及附件	20171121	43	含监理抽检
6		……	……下一××收费系统出口车道设备通信管道中间检验申请单及附件	……	……	
7		××公司 ××监理	××公路建设项目××-××标收费系统收费站设备与软件工程检验认可书、工程报验单	20180303	82	
8		××公司 ××监理	××公路建设项目××-××标收费系统收费站设备与软件中间检验申请单及附件	20180302	85	含监理抽检
9		××公司 ××监理	××公路建设项目××-××标收费系统收费中心设备及软件工程检验认可书、工程报验单及附件	20180304	98	
10		××公司 ××监理	××公路建设项目××-××标收费系统收费中心设备与软件中间检验申请单及附件	20180304	100	含监理抽检
11		××公司 ××监理	××公路建设项目××-××标收费系统 IC 卡及发卡编号系统工程检验认可书、工程报验单及附件	20180314	112	
12		××公司 ××监理	××公路建设项目××-××标收费系统 IC 卡及发卡编号系统间检验申请单及附件	20180313	114	含监理抽检
13		××公司 ××监理	××公路建设项目××-××标收费系统闭路电视监视系统工程检验认可书、工程报验单及附件	20180316	131	
14		××公司 ××监理	××公路建设项目××-××标收费系统闭路电视监视系统间检验申请单及附件	20180315	133	含监理抽检
15		……	……下一分项工程检验认可书、工程报验单、中间检验申请单依次排列	……	……	……

卷 内 目 录　　　　　　　　　　　　　　　　　表 12-94

（例 12.3-75：房建工程——施工管理）

序号	文件编号	责任者	文件材料题名	日期	页号	备注
1		××建筑公司 ××监理	××公路建设项目××－××标××服务区办公楼 工程概况	20170301	1	
2		××建筑公司 ××监理	××公路建设项目××－××标××服务区办公楼 工程项目施工管理人员名单及岗位证书	20170309	2	
3		××建筑公司 ××监理	××公路建设项目××－××标××服务区办公楼 特种施工人员汇总表及资质证书	20170311	34	
4		××建筑公司 ××监理	××公路建设项目××－××标××服务区办公楼 工程施工现场质量管理检查记录	20170320	45	
5		××建筑公司 ××监理	××公路建设项目××－××标××服务区办公楼 分包单位资质报审表及附件	20170320	46	
6		××建筑公司 ××监理	××公路建设项目××－××标××服务区办公楼 建设单位质量事故勘察记录	20171122	70	
7		××建筑公司 ××监理	××公路建设项目××－××标××服务区办公楼 建设单位质量事故报告书	20171121	72	
8		××建筑公司 ××监理	××公路建设项目××－××标××服务区办公楼 施工检测计划	20170311	75	
9		××建筑公司 ××监理	××公路建设项目××－××标××服务区办公楼 见证试验检测汇总表	20171128	82	
10		×建筑公司	××公路建设项目××－××标××服务区办公楼 ×年×月×日至×年×月×日施工日志	……	84	
11		××建筑公司 ××监理	××公路建设项目××－××标××服务区办公楼 开工报告	20170125	230	
12		××建筑公司 ××监理	××公路建设项目××－××标××服务区办公楼 工程竣工报告	20180311	231－231	

例12.3-77：房建工程——桩基(一)。

房建桩基工程文件材料以分部(子分部)为单位单独组卷,卷内文件可按照项目所在地区住建部门的规定依次排列。各原材料(预制桩、水泥、砂石等)每次进场报验均应拟写一个文件材料题名,并用材料类型、型号、报验日期等信息加以区分。混凝土试块强度报告、砂浆试块强度报告等也应每批次拟写一个文件材料题名,并用结构部位、试验类型、试验日期等信息加以区分。复试报告、检测报告等一般由第三方检测单位出具,在编制《卷内目录》的"责任者"一栏时应填写相应的检测单位。桩基施工单位应注意竣工图的编制、归档工作。

房建工程——桩基(一)案卷题名拟写方式可参考如下示例:

××公路建设项目××－××标××服务区办公楼桩基工程开工报告、竣工报告、测量定位放线记录、建筑材料进场报验及复试报告、试验检测记录、隐蔽工程验收记录等

《卷内目录》拟写方式见表12-96。

例12.3-78：房建工程——桩基(二)。

房建桩基工程施工验收记录、浇筑记录、测量记录及各种试验检测报告等文件材料数量较少的,可与桩基子分部、分项工程及检验批质量验收记录、工序报验单等合并组卷(如本案例),也可单独组卷,卷内文件材料按项目所在地区住建部门的规定依次排列。各检验批质量验收记录、工序报验单等应以检验批为单位逐一拟写卷内文件材料题名,并用桩的编号、施工区域等信息加以区分。

房建工程——桩基(二)案卷题名拟写方式可参考如下示例:

××公路建设项目××－××标××服务区办公楼桩基施工验收记录、浇筑记录、测量记录、试验检测报告,桩基子分部、分项工程、检验批质量验收记录、工序报验单及施工记录等

《卷内目录》拟写方式见表12-97。

例12.3-79：房建工程——地基及基础。

公路工程建设项目中的收费站、服务区等房建工程的体量一般不大,地基与基础的分部、子分部、分项、检验批质量验收记录、工序报验单及施工记录等一般可组成一卷,各文件材料排列顺序可参考本案例。由于版面有限,本案例的每个分项工程质量验收记录后面只附了一份检验批质量验收记录及工序报验单,在实际施工过程中,一个分项工程质量验收记录后面应附上该分项所有检验批、工序报验单等。应在第1个分项工程、检验批质量验收记录、工序报验单、施工记录等文件材料整理完成后,再整理第2个分项工程的相关文件材料。

房建工程地基及基础中间检验文件案卷题名拟写方式可参考如下示例:

××公路建设项目××－××标××服务区办公楼地基及基础分部、子分部、分项工程、检验批质量验收记录、工序报验单及施工记录

《卷内目录》拟写方式见表12-98。

土建工程建筑材料出厂合格证书及进场检(试)验报告、施工试验报告及见证检测报告、隐蔽工程验收记录、预制构件(预拌混凝土)合格证、地基基础、主体、结构检验及抽样检测文件材料等可按事由(建筑材料、检测报告等)单独整理、组卷,卷内文件材料可按项目所在地区住

卷 内 目 录

表 12-95

（例 12.3-76：房建工程——施工技术）

序号	文件编号	责任者	文件材料题名	日期	页号	备注
1		××建筑公司 ××监理	××公路建设项目××－××标××服务区办公楼施工组织设计报审表及附件	20170314	1	
2		××建筑公司 ××监理	××公路建设项目××－××标××服务区办公楼土方开挖专项施工技术方案报审表及附件	20170315	52	
3		……	……(其他)各专项施工技术方案报审表及附件依次排列	……	……	
4		×建筑公司	××公路建设项目××－××标××服务区办公楼工程基础钢筋加工及安装的技术交底记录	20170318	98	
5		……	……(其他)各技术交底记录依次排列	……	……	
6		×建筑公司	××公路建设项目××－××标××服务区办公楼图纸会审、设计变更、洽商单、技术核定单等变更文件汇总表	20171201	117	
7		××建筑公司 ××监理	××公路建设项目××－××标××服务区办公楼地基与基础图纸会审记录	20170317	119	
8		……	……(其他)各图纸会审记录依次排列	……	……	
9		××建筑公司 ××监理	××公路建设项目××－××标××服务区办公楼地基与基础设计交底记录	20170318	129	
10		……	……(其他)各设计交底记录依次排列	……	……	
11		××建筑公司 ××监理	××公路建设项目××－××标××服务区办公楼一层大厅结构进行局部调整的设计变更通知单	20170415	148	
12		……	……(其他)各设计变更通知单依次排列	……	……	
13		××建筑公司 ××监理	××公路建设项目××－××标××服务区办公楼关于钢筋代换的技术核定单	20170410	161	
14		……	……(其他)各技术核定单依次排列	……	……	
15		××建筑公司 ××监理	××公路建设项目××－××标××服务区办公楼工程测量定位记录、放线验收记录	20171115	181－185	

卷 内 目 录

表 12-96

（例 12.3-77；房建工程——桩基一）

序号	文件编号	责任者	文件材料题名	日期	页号	备注
1		××建筑公司 ××监理	××公路建设项目××－××标××服务区办公楼桩基工程开工报告	20170101	1	
2		×设计院	××公路建设项目××－××标××服务区办公楼桩基工程竣工报告	20170428	2	
3		××建筑公司 ××监理	××公路建设项目××－××标××服务区办公楼桩基工程测量定位放线记录	20170122	3	
4		××建筑公司 ××监理	××公路建设项目××－××标××服务区办公楼预制桩质量证明文件汇总表	20170319	6	
5		××建筑公司 ××监理	××公路建设项目××－××标××服务区办公楼工程桩 PHC－500（125）AB－C80 预制桩（钢桩）2017 年 1 月 11 日进场使用报验单及验收记录	20170111	7	
6		……	……(其他批次)预制桩进场使用报验单及验收记录依次排列	……	……	
7		……	……(其他)材料(钢材、水泥、砂石等)质量证明文件汇总表、进场使用报验单及验收记录依次排列	……	……	
8		××检测公司	××公路建设项目××－××标××服务区办公楼桩基工程钢材复验报告	20170315	67	
9		××检测公司	××公路建设项目××－××标××服务区办公楼桩基工程焊条(剂)复验报告	20170319	76	
10		××检测公司	××公路建设项目××－××标××服务区办公楼桩基工程水泥试验报告	20170321	80	
11		……	……(其他)材料试验报告依次排列	……	……	
12		××建筑公司 ××监理	××公路建设项目××－××标××服务区办公楼桩基工程混凝土试块试压报告汇总表	20170411	99	
13		……	……混凝土强度评定及检测报告、砂浆强度评定及检测报告、钢筋连接及焊接等汇总表及报告依次排列	……	……	
14		××检测公司	××公路建设项目××－××标××服务区办公楼桩基工程现场搅拌混凝土配合比检查记录	20170321	110	
15		××建筑公司 ××监理	××公路建设项目××－××标××服务区办公楼桩基隐蔽工程验收记录	20170331	120－116	

卷 内 目 录

表 12-97

（例 12.3-78：房建工程——桩基二）

序号	文件编号	责任者	文件材料题名	日期	页号	备注
1		××建筑公司 ××监理	××公路建设项目××－××标××服务区办公楼钢桩接桩施工验收记录	20170323	1	
2		××建筑公司 ××监理	××公路建设项目××－××标××服务区办公楼预制桩、钢桩施工（锤击）验收记录	20170324	5	
3		××建筑公司 ××监理	××公路建设项目××－××标××服务区办公楼泥浆护壁成孔灌注桩施工验收记录	20170322	9	
4		××建筑公司 ××监理	××公路建设项目××－××标××服务区办公楼桩基钢筋笼制作安放施工验收记录	20170324	15	
5		××建筑公司 ××监理	××公路建设项目××－××标××服务区办公楼桩基混凝土浇筑记录	20170329	23	
6		××建筑公司 ××监理	××公路建设项目××－××标××服务区办公楼桩位测量记录	20170409	35	
7		××建筑公司 ××监理	××公路建设项目××－××标××服务区办公楼试桩记录	20170406	41	
8		……	……其他（静力压桩施工记录、钢桩焊接缝探伤检查报告、桩承载力检测报告等）依次排列	……	……	
9		××检测公司	××公路建设项目××－××标××服务区办公楼桩基桩身质量检测报告	20170419	61	
10		××检测公司	××公路建设项目××－××标××服务区办公楼管桩抗弯性能试验报告	20170419	65	
11		××建筑公司 ××监理	××公路建设项目××－××标××服务区办公楼桩基工程质量控制资料核查记录	20170421	68	
12		××建筑公司 ××监理	××公路建设项目××－××标××服务区办公楼建筑深基坑工程质量控制质量核查记录	20170421	70	
13		××建筑公司 ××监理	××公路建设项目××－××标××服务区办公楼桩基子分部工程质量验收记	20170422	72	
14		××建筑公司 ××监理	××公路建设项目××－××标××服务区办公楼建筑深基坑子分部工程质量验收记	20170422	74	
15		……	……桩基分项、各检验批质量验收记录、工序报验单、施工记录等依次排列	……	……	

卷 内 目 录

表 12-98

(例 12.3-79；房建工程——地基及基础)

序号	文件编号	责任者	文件材料题名	日期	页号	备注
1		××建筑公司 ××监理	××公路建设项目××-××标××服务区办公楼地基及基础分部工程质量验收记录	20170501	1	
2		××建筑公司 ××监理	××公路建设项目××-××标××服务区办公楼地基及基础分部土方子分部工程质量验收记录	20170426	3	
3		××建筑公司 ××监理	××公路建设项目××-××标××服务区办公楼地基及基础分部土方子分部土方开挖分项工程质量验收记录	20170320	6	
4		××建筑公司 ××监理	××公路建设项目××-××标××服务区办公楼地基及基础分部土方子分部土方开挖检验批质量验收记录、工序质量报验单及施工原始记录	20170318	8	
5		××建筑公司 ××监理	××公路建设项目××-××标××服务区办公楼地基及基础分部土方子分部土方回填分项工程质量验收记录	20170426	18	
6		××建筑公司 ××监理	××公路建设项目××-××标××服务区办公楼地基及基础分部土方子分部土方回填检验批质量验收记录、工序质量报验单及施工原始记录	20170425	21	
7		××建筑公司 ××监理	××公路建设项目××-××标××服务区办公楼地基及基础分部混凝土基础子分部工程质量验收记录	20170426	25	
8		××建筑公司 ××监理	××公路建设项目××-××标××服务区办公楼地基及基础分部混凝土基础子分部模板分项工程质量验收记录	20170326	31	
9		××建筑公司 ××监理	××公路建设项目××-××标××服务区办公楼地基及基础分部混凝土基础子分部模板检验批质量验收记录、工序质量报验单及施工原始记录	20170324	35	
10		××建筑公司 ××监理	××公路建设项目××-××标××服务区办公楼地基及基础分部混凝土基础子分部钢筋加工及安装分项工程质量验收记录	20170326	45	
11		××建筑公司 ××监理	××公路建设项目××-××标××服务区办公楼地基及基础分部混凝土基础子分部钢筋加工及安装检验批质量验收记录、工序质量报验单及施工原始记录	20170325	48	
12		××建筑公司 ××监理	××公路建设项目××-××标××服务区办公楼地基及基础分部混凝土基础子分部混凝土浇筑分项工程质量验收记录	20170402	59	
13		××建筑公司 ××监理	××公路建设项目××-××标××服务区办公楼地基及基础分部混凝土基础子分部混凝土浇筑检验批质量验收记录、工序质量报验单及浇筑记录表	20170401	63	
14		××建筑公司 ××监理	××公路建设项目××-××标××服务区办公楼地基及基础分部混凝土基础子分部现浇结构分项工程质量验收记录	20170426	74	
15		××建筑公司 ××监理	××公路建设项目××-××标××服务区办公楼地基及基础分部混凝土基础子分部现浇结构检验批质量验收记录、工序质量报验单	20170425	77-85	

建部门的规定依次排列。一个事由文件材料(如原材料出厂合格证书及进场检(试)验报告)数量较多的,可组成数卷;一个事由文件材料数量较少的,可将几个事由的文件材料组成一卷。同一服务区或收费站几个单体合用同一份建筑材料进场报验、复试报告的,在整理、组卷时可归入体量最大的单体(办公楼或综合楼)的案卷中,其他体量小的单体(水泵房、维修间等)案卷中可不再归入该文件材料。

例 12.3-80:房建工程——主体结构——混凝土结构。

土建工程主体结构分部工程质量验收记录在整理、组卷时应放在第 1 个子分部(混凝土结构)工程质量验收记录前面,后面的文件材料按照子分部、分项工程、检验批质量验收记录、工序质量报验单、施工记录依次排列。砌体结构(如有)文件数量一般较少,其组卷方式与混凝土结构基本相同,可与混凝土结构合并组成一卷。公路工程房建单体的主体结构分部文件材料数量一般不会超过一卷。文件材料数量少的,可与地基及基础合并组成一卷。

房建工程——主体结构——混凝土结构质量验收文件案卷题名拟写方式可参考如下示例:

××公路建设项目××－××标××服务区办公楼主体结构分部、子分部、分项工程、检验批质量验收记录、工序质量报验单及施工记录

《卷内目录》拟写方式见表 12-99。

例 12.3-81:房建工程——装饰分部。

土建工程装饰分部工程质量验收记录在整理、组卷时应放在第 1 个子分部(地面)工程质量验收文件的前面,后面的文件材料可按子分部、分项工程、检验批质量验收记录、工序报验单等依次排列。应将第 1 个子分部、分项工程的文件材料整理完成后,再整理第 2 个子分部、分项工程。文件材料数量少的,可将几个子分部、分项依次排列组成一卷。

装饰分部质量验收文件案卷题名拟写方式可参考如下示例:

××公路建设项目××－××标××服务区办公楼装饰分部、子分部、分项工程质量验收记录、检验批质量验收记录、工序质量报验单及施工记录

《卷内目录》拟写方式见表 12-100。

例 12.3-82:房建工程——屋面分部。

土建工程屋面分部工程质量验收记录在整理、组卷时应放在第 1 个子分部(卷材防水屋面)工程质量验收文件的前面,后面的文件材料可按子分部、分项工程、检验批质量验收记录、工序报验单依次排列,第 1 个子分部、分项工程的文件材料整理完成后,再整理第 2 个子分部、分项工程。文件材料数量少的,可将多个子分部、分项依次排列组成一卷。体量小的单体(如维修间、气罐房、泵房等)也可将屋面分部与地基及基础、主体结构、装饰等分部合并组成一卷。

房建工程屋面分部质量验收文件案卷题名拟写方式可参考如下示例:

××公路建设项目××－××标××服务区办公楼屋面分部、子分部、分项工程质量验收记录、检验批质量验收记录、工序质量报验单及施工记录

《卷内目录》拟写方式见表 12-101。

例 12.3-83:房建工程——给排水与采暖(一)。

给排水与采暖文件材料可分为"工程质量控制、安全和功能检查、感观质量记录等;材料进场报验、复试报告及现场试验检测记录、报告等;分部、分项、检验批质量验收记录等"三个部

卷 内 目 录　　　　　　　　　　　　　　　　表 12-99

（例 12.3-80；房建工程——主体结构——混凝土结构）

序号	文件编号	责任者	文件材料题名	日期	页号	备注
1		××建筑公司 ××监理	××公路建设项目××－××标××服务区办公楼主体结构分部工程质量验收记录	20170608	1	
2		××建筑公司 ××监理	××公路建设项目××－××标××服务区办公楼混凝土结构子分部工程质量验收记录	20170505	4	
3		××建筑公司 ××监理	××公路建设项目××－××标××服务区办公楼混凝土结构模板分项工程质量验收记录	20170405	8	
4		××建筑公司 ××监理	××公路建设项目××－××标××服务区办公楼一层A区混凝土结构模板检验批质量验收记录、工序质量报验单及施工原始记录	20170103	10	
5		××建筑公司 ××监理	××公路建设项目××－××标××服务区办公楼一层B区混凝土结构模板检验批质量验收记录、工序质量报验单及施工原始记录	20170202	13	
6		……	……下一施工区域混凝土结构模板检验批质量验收记录、工序质量报验单等同上	……	……	
7		××建筑公司 ××监理	××公路建设项目××－××标××服务区办公楼混凝土结构钢筋分项工程质量验收记录	20170405	26	
8		××建筑公司 ××监理	××公路建设项目××－××标××服务区办公楼一层A区混凝土结构钢筋加工及安装检验批质量验收记录、工序质量报验单及施工原始记录	20170104	28	
9		××建筑公司 ××监理	……下一施工区域混凝土结构钢筋加工及安装检验批质量验收记录、工序质量报验单及施工原始记录同上	……		
10		××建筑公司 ××监理	××公路建设项目××－××标××服务区办公楼混凝土结构混凝土分项工程质量验收记录	20170503	48	
11		××建筑公司 ××监理	××公路建设项目××－××标××服务区办公楼一层A区混凝土结构混凝土浇筑检验批质量验收记录、工序质量报验单及浇筑记录表	20170104	51	
12		……	……下一施工区域混凝土结构混凝土浇筑检验批质量验收记录、工序质量报验单及浇筑记录表等同上	……	……	
13		××建筑公司 ××监理	××公路建设项目××－××标××服务区办公楼混凝土结构混凝土现浇结构分项工程质量验收记	20170503	70	
14		××建筑公司 ××监理	××公路建设项目××－××标××服务区办公楼一层A区混凝土结构现浇结构检验批质量验收记录、工序质量报验单	20170105	72	
15		……	……下一施工区域混凝土结构现浇结构检验批质量验收记录、工序质量报验单等同上	……	……	

卷 内 目 录　　　　　　　　　　　表 12-100

（例 12.3-81：房建工程——装饰分部）

序号	文件编号	责任者	文件材料题名	日期	页号	备注
1		××建筑公司 ××监理	××公路建设项目××－××标××服务区办公楼装饰分部工程质量验收记录	20170610	1	
2		××建筑公司 ××监理	××公路建设项目××－××标××服务区办公楼装饰分部地面子分部工程质量验收记录	20170507	3	
3		××建筑公司 ××监理	××公路建设项目××－××标××服务区办公楼装饰分部地面子分部基土分项工程质量验收记录	20170418	7	
4		××建筑公司 ××监理	××公路建设项目××－××标××服务区办公楼装饰分部地面子分部一层基土检验批质量验收记录、工序质量报验单及施工原始记录	20170408	10	
5		……	……下一个层次基土检验批质量验收记录、工序质量报验单及施工原始记录同上，按施工区域或层次依次排列	……	……	
6		××建筑公司 ××监理	××公路建设项目××－××标××服务区办公楼装饰分部地面子分部找平层分项工程质量验收记录	20170422	20	
7		××建筑公司 ××监理	××公路建设项目××－××标××服务区办公楼装饰分部地面子分部一层找平层检验批质量验收记录、工序质量报验单及施工原始记录	20170410	23	
8		……	……下一层次找平层检验批质量验收记录、工序质量报验单同上，按施工区域或层次依次排列	……	……	
9		××建筑公司 ××监理	××公路建设项目××－××标××服务区办公楼装饰分部地面子分部水泥砂浆面层分项工程质量验收记录	20170430	30	
10		××建筑公司 ××监理	××公路建设项目××－××标××服务区办公楼装饰分部地面子分部一层水泥砂浆面层检验批质量验收记录、工序质量报验单及施工原始记录	20170423	31	
11		……	……下一个层次水泥砂浆面层检验批质量验收记录、工序质量报验单及施工原始记录同上，按施工区域或层次依次排列	……	……	
12		××建筑公司 ××监理	××公路建设项目××－××标××服务区办公楼装饰分部抹灰子分部工程质量验收记录	20170511	39	
13		××建筑公司 ××监理	××公路建设项目××－××标××服务区办公楼装饰分部抹灰子分部一般抹灰分项工程质量验收记录	20170510	40	
14		××建筑公司 ××监理	××公路建设项目××－××标××服务区办公楼装饰分部抹灰子分部一般抹灰分项一层一般抹灰检验批质量验收记录、工序质量报验单及施工原始记录	20170501	41	
15		……	……下一个层次一般抹灰检验批质量验收记录、工序质量报验单同上，按施工区域或层次依次排列…… ……下一个子部、分项工程、检验批质量验收记录等同上，按分项、施工区域或层次依次排列……	……	……	

卷 内 目 录

表 12-101

（例 12.3-82：房建工程——屋面分部）

序号	文件编号	责任者	文件材料题名	日期	页号	备注
1		××建筑公司 ××监理	××公路建设项目××－××标××服务区办公楼屋面分部工程质量验收记录	20170810	1	
2		××建筑公司 ××监理	××公路建设项目××－××标××服务区办公楼屋面分部卷材防水屋面子分部工程质量验收记录	20170726	3	
3		××建筑公司 ××监理	××公路建设项目××－××标××服务区办公楼屋面分部卷材防水屋面子分部保温层分项工程质量验收记录	20170718	5	
4		××建筑公司 ××监理	××公路建设项目××－××标××服务区办公楼屋面分部卷材防水屋面子分部保温层检验批质量验收记录、工序质量报验单及施工原始记录	20170716	6	
5		××建筑公司 ××监理	××公路建设项目××－××标××服务区办公楼屋面分部卷材防水屋面子分部找平层分项工程质量验收记录	20170720	9	
6		××建筑公司 ××监理	××公路建设项目××－××标××服务区办公楼屋面分部卷材防水屋面子分部找平层检验批质量验收记录、工序质量报验单及施工原始记录	20170719	10	
7		××建筑公司 ××监理	××公路建设项目××－××标××服务区办公楼屋面分部卷材防水屋面子分部卷材防水层分项工程质量验收记录	20170722	13	
8		××建筑公司 ××监理	××公路建设项目××－××标××服务区办公楼屋面分部卷材防水屋面子分部卷材防水层检验批质量验收记录、工序质量报验单及施工原始记录	20170721	14	
9		××建筑公司 ××监理	××公路建设项目××－××标××服务区办公楼屋面分部卷材防水屋面子分部细部构造分项工程质量验收记录	20170724	17	
10		××建筑公司 ××监理	××公路建设项目××－××标××服务区办公楼屋面分部卷材防水屋面子分部细部构造检验批质量验收记录、工序质量报验单及施工原始记录	20170723	18	
11		××建筑公司 ××监理	××公路建设项目××－××标××服务区办公楼屋面分部瓦屋面子分部工程质量验收记录	20170808	21	
12		××建筑公司 ××监理	××公路建设项目××－××标××服务区办公楼屋面分部瓦屋面子分部瓦屋面分项工程质量验收记录	20170728	23	
13		××建筑公司 ××监理	××公路建设项目××－××标××服务区办公楼屋面分部瓦屋面子分部瓦屋面检验批质量验收记录、工序质量报验单及施工原始记录	20170727	24	
14		××建筑公司 ××监理	××公路建设项目××－××标××服务区办公楼屋面分部瓦屋面子分部细部构造分项工程质量验收记录	20170806	27	
15		××建筑公司 ××监理	××公路建设项目××－××标××服务区办公楼屋面分部瓦屋面子分部细部构造检验批质量验收记录、工序质量报验单及施工原始记录	20170804	28－31	

分。第一部分的文件材料数量较少,一般可与第二部分组成一卷,也可以三个部分组成一卷。各文件材料的排序可按项目所在地区住建部门的有关规定执行。几个单体给排水与采暖工程合用同一份材料进场报验、复试报告的,整理、组卷时可归入体量最大的单体(办公楼或综合楼)的案卷中。其他体量小的单体(水泵房、维修间等)案卷中可不再归入该文件材料。

给排水与采暖(一)案卷题名拟写方式可参考如下示例:

××公路建设项目××－××标××服务区办公楼给排水与采暖分部工程质量控制资料核查记录、安全和功能检查记录、感观质量记录、材料进场报验表及附件、隐蔽验收记录、试验测试记录、报告等

《卷内目录》拟写方式见表12-102。

例12.3-84:房建工程——给排水与采暖(二)。

在整理给排水与采暖分部(第三部分文件材料)各子分部、分项工程质量验收记录、检验批质量验收记录时,应将子分部工程质量验收记录放在首位,各分项、检验批质量验收记录、工序质量报验单等依次排列,应将第1个子分部、分项工程的文件材料整理完成后,再整理第2个子分部工程。一般情况下,此部分文件材料应组成一卷,文件材料数量较多的,可组成数卷。组成数卷时,不要将一个子分部的文件材料分散在两个案卷中,并应在拟写案卷题名时注明本案卷所含子分部、分项工程的名称。体量小的单体(水泵房、维修间等)第三部分文件材料数量较少的,可与第一部分、第二部分合并组卷。

给排水与采暖(二)案卷题名拟写方式可参考如下示例:

××公路建设项目××－××标××服务区办公楼给排水与采暖分部、子分部、分项工程质量验收记录、检验批质量验收记录、工序质量报验单及施工记录

《卷内目录》拟写方式见表12-103。

如果单体体量较大,分项工程、检验批质量验收记录等须组成两卷时,案卷题名应分别将本卷内所含的分项工程名称逐一列出。可参照如下示例:

××办公楼给排水与采暖分部、室内给排水系统子分部、分项工程、检验批质量验收记录、工序质量报验单及施工记录

××办公楼卫生器具安装、消防系统子分部、分项工程、检验批质量验收记录、工序质量报验单及施工记录

例12.3-85:房建工程——建筑电气(一)。

建筑电气文件材料可分为"分部工程质量验收记录,材料进场报验、复试报告及现场试验检测记录、报告等,子分部、分项、检验批质量验收记录等"三个部分。第一部分"分部工程质量验收记录"文件材料数量较少的,一般可与第二部分组成一卷,也可将三个部分组成一卷。各文件材料的排序可按项目所在地区住建部门的有关规定执行。

建筑电气(一)案卷题名拟写方式可参考如下示例:

××公路建设项目××－××标××服务区办公楼建筑电气分部质量验收记录、材料进场报验表及附件、隐蔽验收记录、试验及测试记录等

《卷内目录》拟写方式见表12-104。

例12.3-86:房建工程——建筑电气(二)。

建筑电气子分部工程质量验收记录应放在首位,各分项、检验批质量验收记录、工序质量

卷 内 目 录

表 12-102

(例 12.3-83：房建工程——给排水与采暖一)

序号	文件编号	责任者	文件材料题名	日期	页号	备注
1		××建筑公司 ××监理	××公路建设项目××－××标××服务区办公楼给排水与采暖分部工程质量控制资料核查记录	20170908	1	
2		××建筑公司 ××监理	××公路建设项目××－××标××服务区办公楼给排水与采暖分部工程安全和功能检验资料核查及主要功能抽查记录	20170908	3	
3		××建筑公司 ××监理	××公路建设项目××－××标××服务区办公楼给排水与采暖分部工程观感质量检查记录	20170906	5	
4		××建筑公司 ××监理	××公路建设项目××－××标××服务区给排水与采暖分部给水管材料、配件出厂合格证书、检验报告汇总表	20170906	7	
5		××建筑公司 ××监理	××公路建设项目××－××标××服务区给排水与采暖分部 HDPE 给水管、PPR 给水管材料进场报验单及附件	20170807	9	
6		……	……下一种材料、配件出厂合格证书、检验报告汇总表、材料进场报验单及附件依次排列	……	……	
7		……	……各材料、构配件进场验收记录依次排列	……	……	
8		……	……各种试验、检测、复试报告等按住建部门的规定依次排列	……	……	
9		××建筑公司 ××监理	××公路建设项目××－××标××服务区办公楼给排水与采暖分部管道隐蔽记录及汇总表	20170901	56	
10		××建筑公司 ××监理	××公路建设项目××－××标××服务区办公楼给排水与采暖分部设备基础交接验收记录	20170806	75	
11		××建筑公司 ××监理	××公路建设项目××－××标××服务区办公楼给排水与采暖分部管道支、吊架安装记录	20170812	77	
12		××建筑公司 ××监理	××公路建设项目××－××标××服务区办公楼给排水与采暖分部钢管伸缩器预拉伸安装记录	20170814	81	
13		……	……各施工记录按照住建部门的要求依次排列	……	……	
14		……	……各试运行和调试记录按照住建部门的要求依次排列	……	……	
15		……	各第三方检测报告汇总表及检测报告	……	……	

卷 内 目 录 表 12-103

（例 12.3-84：房建工程——给排水与采暖二）

序号	文件编号	责任者	文件材料题名	日期	页号	备注
1		××建筑公司××监理	××公路建设项目××－××标××服务区办公楼给排水与采暖分部工程质量验收记录	20170908	1	
2		××建筑公司××监理	××公路建设项目××－××标××服务区办公楼给排水与采暖分部室内给水系统子分部工程质量验收记录	20170812	2	
3		××建筑公司××监理	××公路建设项目××－××标××服务区办公楼给排水与采暖分部室内给水系统子分部给水管道及配件安装分项工程质量验收记录	20170805	3	
4		××建筑公司××监理	××公路建设项目××－××标××服务区办公楼给排水与采暖分部室内给水系统子分部一层给水管道及配件安装检验批质量验收记录、工序质量报验单及施工原始记录	20170801	4	
5		……	……下一层次（或区域）给水管道及配件安装检验批质量验收记录、工序质量报验单及施工原始记录等依次排列	……	……	
6		××建筑公司××监理	××公路建设项目××－××标××服务区办公楼给排水与采暖分部室内给水系统子分部室内消火栓系统安装分项工程质量验收记录	20170805	12	
7		××建筑公司××监理	××公路建设项目××－××标××服务区办公楼给排水与采暖分部室内给水系统子分部一层室内消火栓系统安装检验批质量验收记录、工序质量报验单及施工原始记录	20170801	13	
8		……	……下一层次（或区域）室内消火栓系统安装检验批质量验收记录、工序质量报验单及施工原始记录等依次排列	……	……	
9		……	……室内给水系统子分部其他分项工程质量验收记录、检验批质量验收记录、工序质量报验单及施工原始记录等依次排列	……	……	
10		××建筑公司××监理	××公路建设项目××－××标××服务区办公楼给排水与采暖分部室内排水系统子分部工程质量验收记录	20170811	21	
11		××建筑公司××监理	××公路建设项目××－××标××服务区办公楼给排水与采暖分部室内排水系统子分部排水管道及配件安装分项工程质量验收记录	20170805	22	
12		××建筑公司××监理	××公路建设项目××－××标××服务区办公楼给排水与采暖分部室内排水系统子分部一层排水管道及配件安装检验批质量验收记录、工序质量报验单及施工原始记录	20170802	23	
13		……	……下一层次（或区域）排水管道及配件安装检验批质量验收记录、工序质量报验单及施工原始记录等依次排列	……	……	
14		……	……室内排水系统子分部其他分项工程质量验收记录、检验批质量验收记录、工序质量报验单及施工原始记录等依次排列	……	……	
15		……	……其他各子分部（室内热水、卫生器具安装等）的各分项工程质量验收记录、检验批质量验收记录及施工原始记录等依次排列……	……	……	

卷 内 目 录　　　　　　　　　　　　表 12-104

（例 12.3-85：房建工程——建筑电气一）

序号	文件编号	责任者	文件材料题名	日期	页号	备注
1		××建筑公司 ××监理	××公路建设项目××－××标××服务区办公楼建筑电气分部工程质量验收记录	20170910	1	
2		××建筑公司 ××监理	××公路建设项目××－××标××服务区办公楼建筑电气工程质量控制资料核查记录	20170910	3	
3		××建筑公司 ××监理	××公路建设项目××－××标××服务区办公楼建筑电气工程安全和功能检验资料核查及主要功能抽查记录	20170906	5	
4		××建筑公司 ××监理	××公路建设项目××－××标××服务区办公楼建筑电气工程观感质量检查记录	20170906	7	
5		××建筑公司 ××监理	××公路建设项目××－××标××服务区建筑电气材料、设备质量证明文件汇总表	20170816	8	
6		××建筑公司 ××监理	××公路建设项目××－××标××服务区建筑电气桥架材料进场报验单及附件	20170629	11	
7		……	……下一批次材料进场报验单及附件依次排列……	……	……	
8		××建筑公司 ××监理	××公路建设项目××－××标××服务区办公楼建筑电气分部工程成套灯具的绝缘电阻、内部接线性能抽样检测报告	20170707	33	
9		……	……其他检测报告（开关、插座电气和机械性能、电线、电缆绝缘性能、导电性能和阻燃性能等）依次排列	……	……	
10		××建筑公司 ××监理	××公路建设项目××－××标××服务区办公楼建筑电气分部工程电气设备交接试验记录	20170711	46	
11		……	……其他试验记录（空载试运行和负荷试运行、照明通电试运行、工序交接合格等施工安装记录、漏电保护装置模拟动作试验、电阻测试等记录）依次排列	……	……	
12		……	……各隐蔽工程验收记录（线槽、电导管安装、重复接地等）依次排列	……	……	
13		××建筑公司 ××监理	××公路建设项目××－××标××服务区办公楼建筑电气分部防雷接地系统布置简图	20170815	70	
14		……	……其他试验、测试记录（配线敷设隐蔽验收记录、照明全负荷试验、大型灯具牢固性试验、避雷接地电阻测试、线路、插座、开关接地检验等）依次排列	……	……	
15		××检测公司	××公路建设项目××－××标××服务区办公楼建筑电气分部工程系统功能及安全性检测报告	20170815	98－112	

报验单等依次排列。应将第1个子分部、分项工程的文件材料整理完成后,再整理第2个子分部工程。一般情况下,此部分文件材料应组成一卷;文件材料数量较多的,可组成数卷。组成数卷时,不要将一个子分部的文件材料分散在两个案卷中,并应在拟写案卷题名时注明本案卷所含子分部、分项工程的名称。

建筑电气(二)案卷题名拟写方式可参考如下示例:

××公路建设项目××－××标××服务区办公楼建筑电气子分部、分项工程、检验批质量验收记录、工序质量报验单、施工原始记录

《卷内目录》拟写方式见表12-105。

例12.3-87:房建工程——通风与空调。

通风与空调文件材料可参照建筑电气分为三个部分。其中,第一、二部分的整理、组卷方式参照建筑电气,第三部分"各子分部、分项工程、检验批质量的验收记录、工序质量报验单等"单独组卷,各文件材料可按照项目所在地住建部门的规定依次排列。应在第1个子分部的文件材料整理完成后,再整理第2个子分部。同一个子分部的文件材料不要分散在两个案卷中。如果第三部分文件数量较少的,可将所有子分部、分项工程、检验批质量验收记录等组成一卷,并在拟写案卷题名时将本案例案卷题名中的"送、排风、防排烟、除尘系统"删除。通风与空调子分部、分项、检验批质量验收记录、工序报验单案卷题名拟写方式参考案例:

××公路建设项目××－××标××服务区办公楼通风与空调分部送、排风、防排烟、除尘系统子分部、分项工程质量验收记录、检验批质量验收记录、工序质量报验单

《卷内目录》拟写方式见表12-106。

例12.3-88:房建工程——建筑节能(一)。

建筑节能文件材料可分为"分部工程质量控制资料核查记录、材料进场报验、复试报告及现场试验检测记录、报告等,隐蔽工程验收记录、现场试验检测记录,分部、分项、检验批质量验收记录等"三个部分。

第一部分"分部工程质量控制资料核查记录、材料进场报验、复试报告及现场试验检测记录、报告等"文件材料相对其他两个部分,数量较多,建议单独组卷。各文件材料的排序可按项目所在地区住建部门的有关规定执行。

建筑节能(一)案卷题名拟写方式可参考如下示例:

××公路建设项目××－××标××服务区办公楼建筑节能分部工程质量控制资料核查记录、材料进场报验、复试报告及现场试验检测记录、报告等

《卷内目录》拟写方式见表12-107。

例12.3-89:房建工程——建筑节能(二)。

建筑节能第二部分"隐蔽工程验收记录、现场试验检测记录"也可单独组卷。各文件材料的排序可按项目所在地区住建部门的有关规定执行。各材料的复试报告、现场检测及试验记录等由第三方检测单位形成,在编制《卷内目录》填写"责任者"一栏时应注意。

建筑节能(二)案卷题名拟写方式可参考如下示例:

××公路建设项目××－××标××服务区办公楼建筑节能分部工程隐蔽工程验收记录、现场试验检测记录

《卷内目录》拟写方式见表12-108。

卷 内 目 录

表 12-105

（例 12.3-86：房建工程——建筑电气二）

序号	文件编号	责任者	文件材料题名	日期	页号	备注
1		××建筑公司 ××监理	××公路建设项目××－××标××服务区办公楼建筑电气分部室外电气安装子分部工程质量验收记录	20170905	1	
2		××建筑公司 ××监理	××公路建设项目××－××标××服务区办公楼建筑电气分部室外电气安装子分部变压器箱式变电所安装分项工程质量验收记录	20170823	2	
3		××建筑公司 ××监理	××公路建设项目××－××标××服务区办公楼建筑电气分部室外电气安装子分部变压器箱式变电所安装检验批质量验收记录、工序质量报验单、施工原始记录	20170819	3	
4		××建筑公司 ××监理	××公路建设项目××－××标××服务区办公楼建筑电气分部室外电气安装子分部成套配电柜、控制柜（屏、台）和动力、照明配电箱（盘）安装分项质量验收记录	20170824	6	
5		××建筑公司 ××监理	××公路建设项目××－××标××服务区办公楼建筑电气分部室外电气安装子分部成套配电柜、控制柜（屏、台）和动力、照明配电箱（盘）安装检验批质量验收记录、工序质量报验单、施工原始记录	20170821	7	
6		××建筑公司 ××监理	××公路建设项目××－××标××服务区办公楼建筑电气分部室外电气安装子分部梯架、支架、托盘和槽盒安装分项工程质量验收记录	20170824	10	
7		××建筑公司 ××监理	××公路建设项目××－××标××服务区办公楼建筑电气分部室外电气安装子分部梯架、支架、托盘和槽盒安装检验批质量验收记录、工序质量报验单、施工原始记录	20170820	11	
8		××建筑公司 ××监理	××公路建设项目××－××标××服务区办公楼建筑电气分部室外电气安装子分部电导管敷设分项工程质量验收记录	20170825	14	
9		××建筑公司 ××监理	××公路建设项目××－××标××服务区办公楼建筑电气分部室外电气安装子分部电导管敷设检验批质量验收记录、工序质量报验单、施工原始记录	20170821	15	
10		××建筑公司 ××监理	××公路建设项目××－××标××服务区办公楼建筑电气分部室外电气安装子分部电缆敷设分项工程质量验收记录	20170827	18	
11		××建筑公司 ××监理	××公路建设项目××－××标××服务区办公楼建筑电气分部室外电气安装子分部电缆敷设检验批质量验收记录、工序质量报验单、施工原始记录	20170825	19	
12		××建筑公司 ××监理	××公路建设项目××－××标××服务区办公楼建筑电气分部室外电气安装子分部管内穿线和槽盒内敷线分项工程质量验收记录	20170828	22	
13		××建筑公司 ××监理	××公路建设项目××－××标××服务区办公楼建筑电气分部室外电气安装子分部管内穿线和槽盒内敷线检验批质量验收记录、工序质量报验单、施工原始记录	20170826	23	
14		……	……室外电气安装子分部电缆头制作、导线连接和线路绝缘测试、普通灯具安装、电气照明专用灯具等分项、检验批等验收记录依次排列……	……	……	
15		……	……变配电室、电气动力安装、电气照明安装、备用和不间断电源安装、防雷等子分部、分项、检验批等验收记录、施工原始记录等依次排列……	……	……	

卷 内 目 录

表 12-106

（例 12.3-87：房建工程——通风与空调）

序号	文件编号	责任者	文件材料题名	日期	页号	备注
1		××建筑安装公司××监理	××公路建设项目××-××标××服务区办公楼通风与空调分部送、排风系统子分部工程质量验收记录	20170919	1	
2		××建筑安装公司××监理	××公路建设项目××-××标××服务区办公楼通风与空调分部送、排风系统子分部风管与配件制作分项工程质量验收记录	20170901	3	
3		××建筑安装公司××监理	××公路建设项目××-××标××服务区办公楼通风与空调分部送、排风系统子分部一层风管（金属风管）与配件制作检验批质量验收记录、工序质量报验单、施工原始记录	20170821	4	
4		××建筑安装公司××监理	××公路建设项目××-××标××服务区办公楼通风与空调分部送、排风系统子分部一层风管（非金属、复合材料风管）与配件制作检验批质量验收记录、工序质量报验单、施工原始记录	20170829	8	
5		……	……下一层次或区域风管与配件制作检验批质量验收记录、工序质量报验单、施工原始记录依次排列	……	……	
6		××建筑安装公司××监理	××公路建设项目××-××标××服务区办公楼通风与空调分部送、排风系统子分部消声器制作与安装分项工程质量验收记录	20170830	15	
7		××建筑安装公司××监理	××公路建设项目××-××标××服务区办公楼通风与空调分部送、排风系统子分部一层消声器制作与安装检验批质量验收记录、工序质量报验单、施工原始记录	20170828	16	
8		……	……下一层次或区域消声器制作与安装检验批质量验收记录、工序质量报验单、施工原始记录依次排列	……	……	
9		……	……送、排风系统子分部其他分项（风管系统安装、通风机与空调处理设备安装、风管与设备防腐等）检验批质量验收记录、工序质量报验单、施工原始记录依次排列……	……	……	
10		××建筑安装公司××监理	××公路建设项目××-××标××服务区办公楼通风与空调分部送、排风系统子分部系统调试分项工程质量验收记录	20170919	31	
11		××建筑安装公司××监理	××公路建设项目××-××标××服务区办公楼通风与空调分部送、排风系统子分部系统调试检验批质量验收记录、工序质量报验单、施工原始记录	20170918	32	
12		……	其他各子分部（防排烟系统、除尘系统）等文件同上，按照分项工程质量验收记录、检验批质量验收记录、工序质量报验单、施工原始记录依次排列	……	……	

卷 内 目 录　　　　　　　　　　表 12-107

（例 12.3-88：房建工程——建筑节能一）

序号	文件编号	责任者	文件材料题名	日期	页号	备注
1		××建筑公司××监理	××公路建设项目××－××标××服务区办公楼建筑节能分部工程质量控制资料核查记录	20170918	1	
2		××建筑公司××监理	××公路建设项目××－××标××服务区办公楼建筑节能材料、设备和构件的质量证明文件、进场检验记录汇总表	20170910	3	
3		××建筑公司××监理	××公路建设项目××－××标××服务区办公楼建筑节能硬泡聚氨酯保温板材料进场报验单及附件	20170806	5	
4		……	……下一批次材料进场报验单及附件依次排列……	……	……	
5		××建筑公司××监理	××公路建设项目××－××标××服务区办公楼建筑节能材料、设备和构件进场复验报告、见证试验报告汇总表	20170922	78	
6		××建筑公司××监理	××公路建设项目××－××标××服务区办公楼建筑节能硬泡聚氨酯保温板复试检测报告	20170814	80	
7		……	……下一批次材料复试检测报告依次排列……	……	……	

卷 内 目 录

表 12-108

（例 12.3-89：房建工程——建筑节能二）

序号	文件编号	责任者	文件材料题名	日期	页号	备注
1		××建筑公司 ××监理	××公路建设项目××－××标××服务区办公楼建筑节能工程隐蔽工程墙体节能分项验收记录	20170810	1	
2		××建筑公司 ××监理	××公路建设项目××－××标××服务区办公楼建筑节能工程隐蔽工程被封闭的保温材料厚度和保温材料的固定验收记录	20170812	6	
3		××建筑公司 ××监理	××公路建设项目××－××标××服务区办公楼建筑节能工程隐蔽工程周边与墙体的接缝处保温材料的填充验收记录	20170813	15	
4		××建筑公司 ××监理	××公路建设项目××－××标××服务区办公楼建筑节能工程隐蔽工程构造缝、结构缝验收记录	20170813	21	
5		××建筑公司 ××监理	××公路建设项目××－××标××服务区办公楼建筑节能工程隐蔽工程隔气层验收记录	20170816	27	
6		××建筑公司 ××监理	××公路建设项目××－××标××服务区办公楼建筑节能工程隐蔽工程热桥部位、断桥节点验收记录	20170818	35	
7		××建筑公司 ××监理	××公路建设项目××－××标××服务区办公楼建筑节能工程隐蔽工程单元式幕墙板块间的接缝构造验收记	20170820	39	
8		……	……其他（幕墙、门窗、屋面、地面、通风与空调等）验收记录依次排列……	……	……	
9		××检测公司	××公路建设项目××－××标××服务区办公楼建筑节能工程隐蔽工程风管及系统严密性检验记录	20170825	61	
10		××检测公司	××公路建设项目××－××标××服务区办公楼建筑节能工程隐蔽工程现场组装的组合式空调机组的漏风量测试记录	20170827	66	
11		××建筑公司 ××监理	××公路建设项目××－××标××服务区办公楼建筑节能工程隐蔽工程系统联合试运转及调试记录	20170915	72	
12		××检测公司	××公路建设项目××－××标××服务区办公楼建筑工程隐蔽工程分部太阳能光伏系统检测记录	20170910	74	
13		××建筑公司 ××监理	××公路建设项目××－××标××服务区办公楼建筑节能工程隐蔽工程太阳能光伏系统试运行记录	20170910	78	
14		××检测公司	××公路建设项目××－××标××服务区办公楼建筑节能分部保温隔热材料厚度检测记录	20170912	83	
15		××检测公司	××公路建设项目××－××标××服务区办公楼建筑节能工程隐蔽工程结构实体安全与系统节能性能检测报告	20170921	90－98	

例 12.3-90：房建工程——建筑节能(三)。

建筑节能分部工程质量验收记录在放在首位,各子分部、分项、检验批质量验收记录单等依次排列。应将第 1 个子分部、分项工程的文件材料整理完成后,再整理第 2 个子分部工程。一般情况下,此部分文件材料组成一卷。

建筑节能(三)案卷题名拟写方式可参考如下示例：

××公路建设项目××－××标××服务区办公楼建筑节能分部、子分部、分项工程、检验批质量验收记录

《卷内目录》拟写方式见表 12-109。

文件材料数量较少的,可做并卷处理。建议第一部分单独组卷,第二部分与第三部分合并组成一卷,也可将三个部分组成一卷。在合并组卷拟写案卷题名时,应注明案卷所含文件材料的主要信息。

例 12.3-91：房建工程——钢结构(一)。

钢结构文件材料可分为三个部分。第一部分文件材料包括"工程观感质量检查记录、焊工合格证、材料进场报验及复试报告、隐蔽工程验收记录、施工记录"等,各文件材料可按照项目所在地住建部门的规定依次排列。材料进场报验、隐蔽工程验收记录、施工记录等应按批次分别拟写文件材料题名。文件材料数量较少的,可合并组成一卷(如本案例)；施工记录文件材料数量较多的,可组成数卷,组成数卷时,同一类型的施工记录尽量不要分散在两个案卷中。

房建工程——钢结构(一)案卷题名拟写方式可参考如下示例：

××公路建设项目××－××标××收费站收费大棚钢结构工程观感质量检查记录、焊工合格证、材料进场报验表及附件、隐蔽工程验收记录、施工记录等

《卷内目录》拟写方式见表 12-110。

例 12.3-92：房建工程——钢结构(二)。

钢结构第二部分文件材料为"检验及抽样检测报告、检查记录"。各文件材料可按照项目所在地住建部门的规定依次排列。文件材料数量少的,可组成一卷(如本案例)；文件材料数量多的,可组成数卷,组成数卷时,同一类型的检测报告(或记录)尽量不要分散在两个案卷中。在拟写案卷题名时应注明本卷所含文件材料的主要内容,不能使用"……报告、记录一""……报告、记录二"的方式拟写案卷题名。

房建工程——钢结构(二)案卷题名拟写方式可参考如下示例：

××公路建设项目××－××标××收费站收费大棚钢结构工程检验及抽样检测报告、检查记录等

《卷内目录》拟写方式见表 12-111。

例 12.3-93：房建工程——钢结构(三)。

钢结构子分部文件材料第三部分"子分部、分项、检验批质量验收记录",可单独组卷。应将子分部质量验收记录放在首位,其他文件材料按分项工程、检验批质量验收记录依次排列。应将第 1 个分项工程的文件材料整理完成后,再整理第 2 个分项工程相关文件材料。文件材料数量较少的可组成一卷,数量较多的可组成数卷,组成数卷时尽量不要将一个分项工程的文件材料分散到两个案卷中。

卷 内 目 录

表 12-109

（例 12.3-90：房建工程——建筑节能三）

序号	文件编号	责任者	文件材料题名	日期	页号	备注
1		××建筑公司 ××监理	××公路建设项目××－××标××服务区办公楼建筑节能分部工程质量验收记录	20170925	1	
2		××建筑公司 ××监理	××公路建设项目××－××标××服务区办公楼建筑节能分部太阳能热水系统子分部工程质量验收记录	20170823	2	
3		××建筑公司 ××监理	××公路建设项目××－××标××服务区办公楼建筑节能分部太阳能热水系统基座与支架分项工程质量验收记录	20170811	3	
4		××建筑公司 ××监理	××公路建设项目××－××标××服务区办公楼建筑节能分部太阳能热水系统基座与支架分项工程检验批质量验收记录	20170810	4	
5		××建筑公司 ××监理	××公路建设项目××－××标××服务区办公楼建筑节能分部太阳能热水系统集热器/集热循环水箱及贮热水箱分项工程质量验收记录	20170814	7	
6		××建筑公司 ××监理	××公路建设项目××－××标××服务区办公楼建筑节能分部太阳能热水系统集热器/集热循环水箱及贮热水箱分项工程检验批质量验收记录	20170813	8	
7		××建筑公司 ××监理	××公路建设项目××－××标××服务区办公楼建筑节能分部太阳能热水系统管道及附属系统分项工程质量验收记录	20170820	11	
8		××建筑公司 ××监理	××公路建设项目××－××标××服务区办公楼建筑节能分部太阳能热水系统管道及附属系统分项工程检验批质量验收记录	20170818	12	
9		××建筑公司 ××监理	××公路建设项目××－××标××服务区办公楼建筑节能分部太阳能光伏系统子分部工程质量验收记录	20170828	15	
10		××建筑公司 ××监理	××公路建设项目××－××标××服务区办公楼建筑节能分部太阳能光伏系统基础分项工程质量验收记录	20170816	16	
11		××建筑公司 ××监理	××公路建设项目××－××标××服务区办公楼建筑节能分部太阳能光伏系统基础分项工程检验批质量验收记录	20170815	17	
12		××建筑公司 ××监理	××公路建设项目××－××标××服务区办公楼建筑节能分部太阳能光伏系统支架分项工程质量验收记录	20170818	20	
13		××建筑公司 ××监理	××公路建设项目××－××标××服务区办公楼建筑节能分部太阳能光伏系统支架分项工程检验批质量验收记录	20170816	21	
14		……	……太阳能光伏系统光伏组件及方阵、逆变器、电气等分项、检验批等验收记录依次排列……	……	……	
15		……	……其他（地源热泵、门窗、屋面、地面、幕墙等）子分部、分项、检验批等验收记录依次排列……	……	……	

卷 内 目 录

表 12-110

（例 12.3-91：房建工程——钢结构一）

序号	文件编号	责任者	文件材料题名	日期	页号	备注
1		××建筑安装公司××监理	××公路建设项目××-××标××收费站收费大棚钢结构工程观感质量验收记录	20170829	1	
2		××建筑安装公司××监理	××公路建设项目××-××标××收费站收费大棚钢结构焊工合格证汇总表及焊工合格证	20170712	2	
3		××建筑安装公司××监理	××公路建设项目××-××标××收费站收费大棚钢结构钢材、焊接材料质量合格证明文件检查汇总表	20170712	15	
4		××建筑安装公司××监理	××公路建设项目××-××标××收费站收费大棚钢结构钢材、焊接材料进场报验单及附件	20170612	17	
5		……	其他原材料、成品质量合格证明文件汇总表及材料进场报验单及附件依次排列	……	……	
6		××建筑安装公司××监理	××公路建设项目××-××标××收费站收费大棚钢结构工程见证取样复验报告汇总表及见证取样复验报告	20170718	76	
7		××建筑安装公司××监理	××公路建设项目××-××标××收费站收费大棚钢结构工程隐蔽工程验收记录	20170725	85	
8		××建筑安装公司××监理	××公路建设项目××-××标××收费站收费大棚钢结构(1-11轴/G-M轴)高强度螺栓施工记录	20170719	100	
9		……	……下一施工区域高强度螺栓施工记录依次排列	……	……	
10		××建筑安装公司××监理	××公路建设项目××-××标××收费站收费大棚钢结构(1-11轴/G-M轴)钢结构矫正施工记录	20170722	110	
11		……	……下一施工区域钢结构矫正施工记录依次排列	……	……	
12		××建筑安装公司××监理	××公路建设项目××-××标××收费站收费大棚钢结构(1-11轴/G-M轴)钢零部件矫正成型施工记录	20170725	123	
13		……	……下一施工区域钢零部件矫正成型施工记录依次排列	……	……	
14		……	……焊缝的焊前预热、焊后热处理施工记录,钢零部件边缘加工记录,新技术、新设备、新材料、新工艺施工记录,焊接材料的烘焙记录等依次排列	……	……	

卷 内 目 录

表 12-111

（例 12.3-92：房建工程——钢结构二）

序号	文件编号	责任者	文件材料题名	日期	页号	备注
1		××建筑安装公司××监理	××公路建设项目××－××标××收费站收费大棚钢结构工程检验及抽样检测汇总表	20170828	1	
2		××检测公司	××公路建设项目××－××标××收费站收费大棚钢结构工程一、二级焊缝内部缺陷探伤报告	20170826	3	
3		××检测公司	××公路建设项目××－××标××收费站收费大棚钢结构工程高强度螺栓连接副施工扭矩检验报告	20170826	11	
4		××检测公司	××公路建设项目××－××标××收费站收费大棚钢结构工程桁架、钢梁等垂直度和侧向弯曲检测报告	20170821	21	
5		××检测公司	××公路建设项目××－××标××收费站收费大棚钢结构工程钢柱垂直度检测报告	20170821	25	
6		××检测公司	××公路建设项目××－××标××收费站收费大棚钢结构工程钢网架安装完成后及屋面工程完成后挠度检测报告	20170823	32	
7		××检测公司	××公路建设项目××－××标××收费站收费大棚钢结构工程单层(多层或高层)钢结构主体结构整体垂直度检测报告	20170824	39	
8		××建筑安装公司××监理	××公路建设项目××－××标××收费站收费大棚钢结构工程不合格项的处理记录及验收记录	20170822	48	
9		××检测公司	××公路建设项目××－××标××收费站收费大棚钢结构工程强制性条文检查记录	20170823	50	
10		××检测公司	××公路建设项目××－××标××收费站收费大棚钢结构工程高强度螺栓检查记录	20170824	59	
11		××建筑安装公司××监理	××公路建设项目××－××标××收费站收费大棚钢结构工程防腐涂料施工厚度检查记录	20170824	67	
12		××建筑安装公司××监理	××公路建设项目××－××标××收费站收费大棚钢结构工程防火涂料施工厚度检查记录	20170823	71	
13		××检测公司	××公路建设项目××－××标××收费站收费大棚钢结构工程扭矩扳手标定记录	20170825	75	
14		××检测公司	××公路建设项目××－××标××收费站收费大棚钢结构工程钢吊车梁(桁架)挠度检查记录	20170822	80	
15		……	……工艺评定报告汇总表、钢结构焊接工艺评定指导书、钢结构焊接工艺评定记录、新材料、新工艺应用的工艺评定报告等依次排列	……	……	

222

房建工程——钢结构(三)案卷题名拟写方式可参考如下示例:

××公路建设项目××－××标××收费站收费大棚钢结构子分部、分项工程、检验批质量验收记录、工序质量报验单、施工原始记录

《卷内目录》拟写方式见表12-112。

例12.3-94:房建工程——幕墙工程(一)。

幕墙工程文件材料可分为两大部分。第一部分为材料进场报验、材料复试检验报告、工程隐蔽验收记录、各种现场检测记录、报告等,可单独整理、组卷。卷内文件可按项目所在地住建部门的规定依次排列。此部分一般文件材料数量较少的,可组成一卷(本案例);文件材料数量较多的,"材料进场报验、材料复试检验报告""工程隐蔽验收记录""各种检测记录、报告"等可分别组成一卷或数卷,组成数卷时,同一种类型的文件材料(工程隐蔽验收记录、各种检测记录及报告等)尽量不要分散在两个案卷中。

幕墙工程(一)案卷题名拟写方式可参考如下示例:

××公路建设项目××－××标××服务区综合楼幕墙工程材料进场报验、材料复试检验报告、工程隐蔽验收记录、现场检测记录、报告等

《卷内目录》拟写方式见表12-113。

例12.3-95:房建工程——幕墙工程(二)。

幕墙工程第二部分文件材料为子分部、分项工程、检验批质量验收记录、施工记录等,可单独整理、组卷。卷内文件可按项目所在地住建部门的规定依次排列。应将子分部质量验收记录放在首位,其他文件材料按分项工程、检验批质量验收记录依次排列。应将第一个分项工程的文件材料整理完成后,再整理第2个分项工程相关文件材料。文件材料数量较少的可组成一卷(如本案例),数量较多的可组成数卷。组成数卷时尽量不要将一个分项工程的文件材料分散到两个案卷中。

幕墙工程(二)案卷题名拟写方式可参考如下示例:

××公路建设项目××－××标××服务区综合楼幕墙子分部、分项工程、检验批质量验收记录、施工原始记录

《卷内目录》拟写方式见表12-114。

金属幕墙文件材料的整理、组卷方式与之基本相同。

例12.3-96:房建工程——电梯工程(一)。

电梯工程文件材料可分为三个部分。第一分部为"分部工程质量验收记录";第二部分为"设备开箱检查记录、产品说明书、操作和维护手册、隐蔽工程验收记录、测试运营记录、监督检查报告等"。一般情况下,分部工程验收文件材料数量较少时可与第二部分文件材料组成一卷,卷内文件材料可按照项目所在地区住建部门的规定依次排列。其中的产品说明书、操作和维护手册、隐蔽工程验收记录、测试运营记录、监督检查报告等文件材料的形成者是不同的,在编制《卷内目录》填写"责任者"一栏时应注意。

电梯工程(一)案卷题名拟写方式可参考如下示例:

××公路建设项目××－××标××服务区综合楼电梯分部工程质量验收记录、设备开箱检查记录、产品说明书、操作和维护手册、隐蔽工程验收记录、测试运营记录、监督检查报告等

《卷内目录》拟写方式见表12-115。

卷 内 目 录　　　　　　　　　　表 12-112

（例 12.3-93：房建工程——钢结构三）

序号	文件编号	责任者	文件材料题名	日期	页号	备注
1		××建筑安装公司××监理	××公路建设项目××－××标××收费站收费大棚钢结构子分部工程质量验收记录	20170830	1	
2		××建筑安装公司××监理	××公路建设项目××－××标××收费站收费大棚钢结构焊接分项工程质量验收记录	20170803	3	
3		××建筑安装公司××监理	××公路建设项目××－××标××收费站收费大棚基础顶面(1－11轴/G－M轴)钢结构焊接检验批质量验收记录、工序质量报验单、施工原始记录	20170801	4	
4		……	……下一施工区域钢结构焊接检验批质量验收记录、工序质量报验单、施工原始记录依次排列	……	……	
5		××建筑安装公司××监理	××公路建设项目××－××标××收费站收费大棚钢结构紧固件连接分项工程质量验收记录	20170808	11	
6		××建筑安装公司××监理	××公路建设项目××－××标××收费站收费大棚基础顶面(1－11轴/G－M轴)钢结构紧固件连接检验批质量验收记录、工序质量报验单、施工原始记录	20170806	12	
7		……	……下一施工区域钢结构紧固件连接检验批质量验收记录、工序质量报验单、施工原始记录依次排列	……	……	
8		××建筑安装公司××监理	××公路建设项目××－××标××收费站收费大棚钢结构零件及钢部件加工分项工程质量验收记录	20170812	18	
9		××建筑安装公司××监理	××公路建设项目××－××标××收费站收费大棚基础顶面(1－11轴/G－M轴)钢结构零件及钢部件加工检验批质量验收记录、工序质量报验单、施工原始记录	20170810	19	
10		……	……下一施工区域钢结构零件及钢部件加工检验批质量验收记录、工序质量报验单、施工原始记录依次排列	……	……	
11		××建筑安装公司××监理	××公路建设项目××－××标××收费站收费大棚钢结构钢构件组装分项工程质量验收记录	20170818	26	
12		××建筑安装公司××监理	××公路建设项目××－××标××收费站收费大棚基础顶面(1－11轴/G－M轴)钢结构钢构件组装检验批质量验收记录、工序质量报验单、施工原始记录	20170816	27	
13		……	……下一施工区域钢结构钢构件组装检验批质量验收记录、工序质量报验单、施工原始记录依次排列	……	……	
14		……	……其他各分项工程、检验批质量验收记录等依次排列	……	……	

卷 内 目 录　　　　　　　　　　　　表 12-113

（例 12.3-94：房建工程——幕墙工程一）

序号	文件编号	责任者	文件材料题名	日期	页号	备注
1		××安装 公司××监理	××公路建设项目××－××标××服务区综合楼幕墙工程原材料、构配件、设备器具质量证明书文件汇总表	20171115	1	
2		××安装 公司××监理	××公路建设项目××－××标××服务区综合楼幕墙工程铝合金材料进场报验单及附件	20171009	3	
3		……	其他材料（五金、幕墙板材、保温、防火、钢材、结构胶及密封材料、后置件等）的进场报验单及附件依次排列	……	……	
4		××安装 公司××监理	××公路建设项目××－××标××服务区综合楼幕墙工程原材料、构配件、设备器具复试报告及施工试验报告汇总表	20171118	43	
5		××检测公司	××公路建设项目××－××标××服务区综合楼幕墙幕墙工程材料、五金配件、构件和组件等材料复验报告	20171018	45	
6		……	其他材料（铝塑复合板的剥离强度、石材弯曲强度、室内花岗岩放射性、结构密封胶的黏结强度、结构密封胶的污染性等）复验报告依次排列	……	……	
7		××安装 公司××监理	××公路建设项目××－××标××服务区综合楼幕墙预埋件或后置埋件或后置螺旋连接埋设隐蔽工程验收记录	20171029	62	
8		……	其他隐蔽工程（构件连接节点、构件与主体结构的连接安装、幕墙的伸缩缝、变形缝、沉降缝、防震缝及墙面转角处的构件节点等）的验收记录依次排列	……	……	
9		××检测公司	××公路建设项目××－××标××服务区综合楼幕墙避雷及接地装置接地电阻测试记录	20171124	77	
10		××检测公司	××公路建设项目××－××标××服务区综合楼幕墙淋水试验记录	20171126	80	
11		××检测公司	××公路建设项目××－××标××服务区综合楼幕墙后置埋件的现场拉拔强度检测报告	20171125	83	
12		××检测公司	××公路建设项目××－××标××服务区综合楼建筑幕墙的抗风压性能、气密性能、水密性能及平面位移性能检测报告	20171124	86	
13		××检测公司	××公路建设项目××－××标××服务区综合楼建筑幕墙防雷装置检测报告	20171128	90－92	

卷 内 目 录

表12-114

（例12.3-95：房建工程——幕墙工程二）

序号	文件编号	责任者	文件材料题名	日期	页号	备注
1		××安装公司 ××监理	××公路建设项目××－××标××服务区综合楼幕墙子分部工程质量验收记录	20171208	1	
2		××安装公司 ××监理	××公路建设项目××－××标××服务区综合楼石材幕墙分项工程质量验收记录	20171206	4	
3		××安装公司 ××监理	××公路建设项目××－××标××服务区综合楼A区石材幕墙分项工程检验批质量验收记录	20171203	6	
4		××安装公司 ××监理	××公路建设项目××－××标××服务区综合楼B区石材幕墙分项工程检验批质量验收记录	20171204	11	
5		……	……下一区域石材幕墙分项工程检验批质量验收记录同上，按区域或部位的编号依次排列	……	……	
6		××安装公司 ××监理	××公路建设项目××－××标××服务区综合楼玻璃幕墙分项工程质量验收记录	20171207	38	
7		××安装公司 ××监理	××公路建设项目××－××标××服务区综合楼A区玻璃幕墙分项工程检验批质量验收记录	20171201	40	
8		××安装公司 ××监理	××公路建设项目××－××标××服务区综合楼B区玻璃幕墙分项工程检验批质量验收记录	20171202	46	
9		……	……下一区域玻璃幕墙分项工程检验批质量验收记录同上，按区域或部位的编号依次排列	……	……	

例12.3-97：房建工程——电梯工程（二）。

电梯工程第三部分文件材料为"子分部工程质量验收、分项工程检验批质量验收记录等"，可单独组卷。在整理、组卷时，子分部工程质量验收记录、土建交接检验质量验收记录应放在前面，其他文件材料可按分项工程质量验收记录、检验批质量验收记录、施工原始记录的顺序排列。应在将第1个分项工程所有文件材料整理、组卷完成后，再整理第2个分项工程相关文件材料。

电梯工程（二）案卷题名拟写方式可参考如下示例：

卷 内 目 录

表 12-115

（例 12.3-96：房建工程——电梯工程一）

序号	文件编号	责任者	文件材料题名	日期	页号	备注
1		××安装公司 ××监理	××公路建设项目××－××标××服务区综合楼 电梯分部工程质量验收记录	20171201	1	
2		××安装公司 ××监理	××公路建设项目××－××标××服务区综合楼 电梯工程质量控制资料检查记录	20171128	3	
3		××安装公司 ××监理	××公路建设项目××－××标××服务区综合楼 电梯工程观感质量检查记录	20171129	6	
4		××安装公司 ××监理	××公路建设项目××－××标××服务区综合楼 电梯工程设备开箱检查记录	20171011	8	
5		××电梯公司	××公路建设项目××－××标××服务区综合楼 电梯工程设备产品说明书	20170801	16	
6		××电梯公司	××公路建设项目××－××标××服务区综合楼 电梯操作和维护手册	20170801	45	
7		××安装公司 ××监理	××公路建设项目××－××标××服务区综合楼 电梯隐蔽工程验收记录	20171113	80	
8		××检测公司	××公路建设项目××－××标××服务区综合楼 电梯线路(设备)绝缘电阻测试记录	20171117	88	
9		××检测公司	××公路建设项目××－××标××服务区综合楼 电梯接地电阻测试记录	20171117	93	
10		××检测公司	××公路建设项目××－××标××服务区综合楼 电梯负荷试验、安全装置检查记录	20171118	98	
11		××安装公司 ××监理	××公路建设项目××－××标××服务区综合楼 电梯运行记录	20171119	101	
12		××检测公司	××公路建设项目××－××标××服务区综合楼 电梯监督检查报告	20171126	105－132	

××公路建设项目××–××标××服务区综合楼液压电梯子分部工程质量验收记录、土建交接质量验收记录、分项工程检验批质量验收记录、工序质量报验单、施工原始记录、整机安装验收记录

《卷内目录》拟写方式见表12-116。

"例12.3-97：房建工程——电梯工程(二)"为液压电梯子分部、分项工程检验批质量验收记录等的案例。电力驱动拽引式或强制式电梯相关文件材料的整理、组卷方式与之基本相同。

房建电梯工程文件材料数量较少的，三个部分可合并组成一卷，在拟写案卷题名时，应注明卷内所含文件材料的主要信息。

例12.3-98：景观环保工程——绿化(一)。

绿化工程中间检验文件材料以分项工程为单位进行整理、组卷。《工程检验认可书》《工程报验单》(或《中间交工证书》)应放在首位。《施工放样报验单》《中间检验申请单》(或《检验申请批复单》)及附件应依次(按苗木品种或桩号、段落)排列。《施工放样报验单》《中间检验申请单》(或《检验申请批复单》)可以苗木品种为单位填报("例12.3-98")，也可以施工桩号、段落为单位填报("例12.3-99")。

景观环保工程——绿化(一)案卷题名拟写方式可参考如下示例：

××公路建设项目××–××标K1+342–K3+160绿化工程检验认可书、工程报验单及附件

或

××公路建设项目××–××标K1+342–K3+160绿化工程中间交工证书、开工报告、施工放样报验单、检验申请批复单及附件、分项工程质量评定表

《卷内目录》拟写方式见表12-117。

例12.3-99：景观环保工程——绿化(二)。

本例为绿化工程以施工桩号、段落为单位填报的案例。《施工放样报验单》《中间检验申请单》(或《检验申请批复单》)及附件应按桩号结合部位依次排列。参建单位在承担某一项目绿化工程并填报《中间检验申请单》(或《检验申请批复单》)时，只能采用本案例("例12.3-99")或上一个案例("例12.3-98")中的一种，不能同时采用两种方式。

景观环保工程——绿化(二)案卷题名拟写方式可参考如下示例：

××公路建设项目××–××标K1+342–K3+160绿化工程检验认可书、工程报验单及附件

或

××公路建设项目××–××标K1+342–K3+160绿化工程中间交工证书、开工报告、施工放样报验单、检验申请批复单及附件、分项工程质量评定表

例12.3-100：景观环保工程——声屏障。

声屏障中间检验文件材料以分项工程为单位进行整理、组卷。《工程检验认可书》《工程报验单》(或《中间交工证书》)应放在首位，《施工放样报验单》《中间检验申请单》(或《检验申请批复单》)及附件应按施工段落结合工艺流程依次排列。应在第1个施工段落声屏障中间检验文件材料整理、组卷完成后，再整理第2个施工段落声屏障的相关文件材料。一个施工段落声屏障文件材料数量较少的，可将几个施工段落声屏障合并组成一卷(如本案例)，合并时，不要将同一施工段落声屏障的文件材料分散在两个案卷中。

卷 内 目 录

表 12-116

（例 12.3-97：房建工程——电梯工程二）

序号	文件编号	责任者	文件材料题名	日期	页号	备注
1		××安装公司 ××监理	××公路建设项目××－××标××服务区综合楼液压电梯子分部工程质量验收记录	20171201	1	
2		××安装公司 ××监理	××公路建设项目××－××标××服务区综合楼电梯土建交接检验质量验收记录	20171002	5	
3		××安装公司 ××监理	××公路建设项目××－××标××服务区综合楼电梯驱动主机、液压电梯液压系统分项工程质量验收记录	20171011	8	
4		××安装公司 ××监理	××公路建设项目××－××标××服务区综合楼电梯驱动主机、液压电梯液压系统分项工程检验批质量验收记录、工序质量报验单、施工原始记录	20171013	10	
5		××安装公司 ××监理	××公路建设项目××－××标××服务区综合楼电梯导轨分项工程质量验收记录	20171016	14	
6		××安装公司 ××监理	××公路建设项目××－××标××服务区综合楼电梯导轨分项工程检验批质量验收记录、工序质量报验单、施工原始记录	20171017	16	
7		××安装公司 ××监理	××公路建设项目××－××标××服务区综合楼电梯门系统分项工程质量验收记录	20171018	18	
8		××安装公司 ××监理	××公路建设项目××－××标××服务区综合楼电梯门系统分项工程检验批质量验收记录、工序质量报验单、施工原始记录	20171020	23	
9		××安装公司 ××监理	××公路建设项目××－××标××服务区综合楼电梯轿厢(平衡重)、安全部件分项工程质量验收记录	20171023	26	
10		××安装公司 ××监理	××公路建设项目××－××标××服务区综合楼电梯轿厢(平衡重)、安全部件分项工程检验批质量验收记录、工序质量报验单、施工原始记录	20171024	28	
11		××安装公司 ××监理	××公路建设项目××－××标××服务区综合楼电梯悬挂装置、随行电缆、补偿装置分项工程质量验收记录	20171024	30	
12		××安装公司 ××监理	××公路建设项目××－××标××服务区综合楼电梯悬挂装置、随行电缆、补偿装置分项工程检验批质量验收记录、工序质量报验单、施工原始记录	20171026	35	
13		××安装公司 ××监理	××公路建设项目××－××标××服务区综合楼电梯电气装置分项工程质量验收记录	20171027	39	
14		××安装公司 ××监理	××公路建设项目××－××标××服务区综合楼电梯电气装置分项工程检验批质量验收记录、工序质量报验单、施工原始记录	20171024	41	
15		××安装公司 ××监理	××公路建设项目××－××标××服务区综合楼电梯电力驱动电梯整机安装验收记录	20171101	43－46	

卷 内 目 录　　　　　　　　　　表 12-117

（例 12.3-98：景观环保工程——绿化一）

序号	文件编号	责任者	文件材料题名	日期	页号	备注
1		××园林公司 ××监理	××公路建设项目×× – ××标 K1 +342 – K3 +160 绿化工程检验认可书、工程报验单及附件	20171028	1	
2		××园林公司 ××监理	××公路建设项目×× – ××标 K1 +342 – K3 +160 绿化工程施工放样报验单及附件	20170808	3	含监理抽检
3		××园林公司 ××监理	××公路建设项目×× – ××标 K1 +342 – K3 +160 绿化工程紫薇 A 中间检验申请单及附件	20170918	5	含监理抽检
4		××园林公司 ××监理	××公路建设项目×× – ××标 K1 +342 – K3 +160 绿化工程紫薇 B 中间检验申请单及附件	20170922	18	含监理抽检
5		××园林公司 ××监理	××公路建设项目×× – ××标 K1 +342 – K3 +160 绿化工程红叶石楠球 B 中间检验申请单及附件	20170928	37	含监理抽检
6		××园林公司 ××监理	××公路建设项目×× – ××标 K1 +342 – K3 +160 绿化工程红叶石楠球 E 中间检验申请单及附件	20171011	55	含监理抽检
7		××园林公司 ××监理	××公路建设项目×× – ××标 K1 +342 – K3 +160 绿化工程龙柏 D 中间检验申请单及附件	20171012	70	含监理抽检
8		××园林公司 ××监理	××公路建设项目×× – ××标 K1 +342 – K3 +160 绿化工程金叶女贞 G 中间检验申请单及附件	20171019	84	含监理抽检
9		××园林公司 ××监理	××公路建设项目×× – ××标 K1 +342 – K3 +160 绿化工程红叶石楠 A 中间检验申请单及附件	20171020	100	含监理抽检
10		××园林公司 ××监理	××公路建设项目×× – ××标 K1 +342 – K3 +160 绿化工程红叶金森女贞 B 中间检验申请单及附件	20171021	120	含监理抽检
11		××园林公司 ××监理	××公路建设项目×× – ××标 K1 +342 – K3 +160 绿化工程细叶麦冬中间检验申请单及附件	20171024	136 – 159	含监理抽检

230

声屏障中间检验文件案卷题名拟写方式可参考如下示例：

××公路建设项目××－××标K1＋342－K3＋160声屏障工程检验认可书、工程报验单及附件

或

××公路建设项目××－××标K1＋342－K3＋160声屏障中间交工证书、开工报告、施工放样报验单、检验申请批复单及附件、分项工程质量评定表

例12.3-98～例12.3-100《卷内目录》拟写方式见表12-117～表12-119。或将表12-117～表12-119中各文件材料题名依次调整为："……中间交工证书、……开工报告、……施工放样报验单及附件、……检验申请批复单及附件、……分项工程质量评定表"。

绿化、声屏障工程开工报告、建筑材料报验单及附件以合同段为单位分别单独组卷。开工报告的整理、组卷方法参见"例12.3-3"；《建筑材料报验单》及附件的整理、组卷方法参见"例12.3-8"。

例12.3-101：工程质量评定——路基土石方。

由于在实际施工过程中，经常会出现同一个单位工程或分部、分项工程由不同的施工单位来承建，而监理单位通常是同一个单位的情况。因此，我们建议工程质量评定表由监理单位收集、整理、组卷、归档。

路基土石方分项、分部工程质量评定表应按照分项、分部工程的编号依次排列。在一个分部工程内，应在第1个分项工程质量评定表整理完成后，再整理第2个分项工程质量评定表。应在第1个分部、分项工程质量评定表整理完成后，再整理第2个分部、分项工程质量评定表。路基工程中的排水分部、分项工程质量评定表的整理、组卷方式与之基本相同。文件材料数量较少的，路基土石方与排水的分部、分项工程质量评定表可合并组成一卷。

路基土石方工程质量评定案卷题名拟写方式可参考如下示例：

××公路建设项目××－××标K0＋950.543－K11＋750路基土石方分项、分部工程质量检验评定表

《卷内目录》拟写方式见表12-120。

例12.3-102：工程质量评定——通道（涵洞）。

通道、涵洞的分项、分部工程质量评定表的整理、组卷方式基本相同，本案例为通道质量评定，涵洞可参照执行。

通道（涵洞）的分项、分部工程质量评定表按照分部、分项工程的编号依次排列。在一个通道（涵洞）内，应在第1个分项工程质量评定表整理完成后，再整理第2个分项工程质量评定表；应在第1个通道（涵洞）分项、分部工程质量评定表整理完成后，再整理第2个通道（涵洞）分项、分部工程质量评定表。一个通道（涵洞）的分项、分部工程质量评定表的文件材料数量一般较少，可将几个通道（涵洞）合并组成一卷。在拟写案卷题名时，应将卷内所含的通道（涵洞）逐一列出。合并时，同一个通道（涵洞）的工程质量评定表不要分散在两个案卷中。

通道工程质量评定案卷题名拟写方式可参考如下示例：

××公路建设项目××－××标K3＋109、K5＋073、K6＋192通道分项、分部工程质量检验评定表

卷 内 目 录

表 12-118

（例 12.3-99：景观环保工程——绿化二）

序号	文件编号	责任者	文件材料题名	日期	页号	备注
1		××园林公司 ××监理	××公路建设项目××－××标 K1＋342－K3＋160 绿化工程检验认可书、工程报验单及附件	20171028	1	
2		××园林公司 ××监理	××公路建设项目××－××标 K1＋342－K3＋160 绿化工程施工放样报验单及附件	20170808	3	含监理抽检
3		××园林公司 ××监理	××公路建设项目××－××标 K1＋342－K2＋110 左侧边坡绿化工程中间检验申请单及附件	20170918	5	含监理抽检
4		××园林公司 ××监理	××公路建设项目××－××标 K1＋342－K2＋110 中分带绿化工程中间检验申请单及附件	20170922	19	含监理抽检
5		××园林公司 ××监理	××公路建设项目××－××标 K1＋342－K2＋110 右侧边坡绿化工程中间检验申请单及附件	20170928	38	含监理抽检
6		××园林公司 ××监理	××公路建设项目××－××标 K2＋110－K2＋660 左侧边坡绿化工程中间检验申请单及附件	20171011	54	含监理抽检
7		××园林公司 ××监理	××公路建设项目××－××标 K2＋110－K2＋660 中分带绿化工程中间检验申请单及附件	20171012	69	含监理抽检
8		××园林公司 ××监理	××公路建设项目××－××标 K2＋110－K2＋660 右侧边坡绿化工程中间检验申请单及附件	20171019	85	含监理抽检
9		××园林公司 ××监理	××公路建设项目××－××标 K2＋660－K3＋160 左侧边坡绿化工程中间检验申请单及附件	20171020	101	含监理抽检
10		××园林公司 ××监理	××公路建设项目××－××标 K2＋660－K3＋160 中分带绿化工程中间检验申请单及附件	20171021	122	含监理抽检
11		××园林公司 ××监理	××公路建设项目××－××标段 K2＋660－K3＋160 右侧边坡绿化工程中间检验申请单及附件	20171024	137－158	含监理抽检

（例 12.3-100：景观环保工程——声屏障）

序号	文件编号	责任者	文件材料题名	日期	页号	备注
1		××市政公司 ××监理	××公路建设项目××－××标K1＋342－K3＋160 声屏障工程检验认可书、工程报验单及附件	20180109	1	
2		××市政公司 ××监理	××公路建设项目××－××标K1＋343－K1＋234 右侧声屏障工程施工放样报验单及附件	20171108	3	含监理抽检
3		××市政公司 ××监理	××公路建设项目××－××标K1＋343－K1＋234 右侧声屏障基础开挖中间检验单及附件	20171110	5	含监理抽检
4		××市政公司 ××监理	××公路建设项目××－××标K1＋343－K1＋234 右侧声屏障工程基础钢管桩施工中间检验单及 附件	20171112	9	含监理抽检
5		××市政公司 ××监理	××公路建设项目××－××标K1＋343－K1＋234 右侧声屏障工程右侧声屏障工程基础模板安装中 间检验单及附件	20171113	13	含监理抽检
6		××市政公司 ××监理	××公路建设项目××－××标K1＋343－K1＋234 右侧声屏障工程基础钢筋加工及安装中间检验单 及附件	20171113	16	含监理抽检
7		××市政公司 ××监理	××公路建设项目××－××标K1＋343－K1＋234 右侧声屏障工程基础混凝土浇筑中间检验单及 附件	20171113	20	含监理抽检
8		××市政公司 ××监理	××公路建设项目××－××标K1＋343－K1＋234 右侧声屏障工程基础成品中间检验单及附件	20171211	26	含监理抽检
9		××市政公司 ××监理	××公路建设项目××－××标K1＋343－K1＋234 右侧声屏障工程立柱安装中间检验单及附件	20171214	30	含监理抽检
10		××市政公司 ××监理	××公路建设项目××－××标K1＋343－K1＋234 右侧声屏障工程路基段屏体安装中间检验单及 附件	20171218	38	含监理抽检
11		××市政公司 ××监理	××公路建设项目××－××标K1＋343－K1＋234 右侧声屏障工程桥梁段屏体安装中间检验单及 附件	20171219	46	含监理抽检
12		……	……K2＋480－K2＋660声屏障工程检验认可书、 工程报验单、施工放样报验单、中间检验申请单及 附件同上，按工艺流程依次排列	……	……	

卷 内 目 录　　　　　　　　　　　　　　　表 12-120

（例 12.3-101：质量评定——工程路基土石方）

序号	文件编号	责任者	文件材料题名	日期	页号	备注
1		××路桥公司 ××监理	××公路建设项目×× - ××标 K0 + 950. 543 - K3 +950 湿喷桩分项工程质量检验评定表	20170412	1	含监理复评
2		××路桥公司 ××监理	××公路建设项目×× - ××标 K0 + 950. 543 - K3 +950 土方路基分项工程质量检验评定表	20171115	8	含监理复评
3		××路桥公司 ××监理	××公路建设项目×× - ××标 K0 + 950. 543 - K3 +950 路基土石方分部工程质量检验评定表	20171116	39	含监理复评
4		××路桥公司 ××监理	××公路建设项目×× - ××标 K3 + 950 - K6 + 925.20 湿喷桩分项工程质量检验评定表	20170415	41	含监理复评
5		××路桥公司 ××监理	××公路建设项目×× - ××标 K3 + 950 - K6 + 925.20 土方路基分项工程质量检验评定表	20171117	49	含监理复评
6		××路桥公司 ××监理	××公路建设项目×× - ××标 K3 + 950 - K6 + 925.20 路基土石方分部工程质量检验评定表	20171118	80	含监理复评
7		××路桥公司 ××监理	××公路建设项目×× - ××标 K6 +925.20 - K9 + 900 湿喷桩分项工程质量检验评定表	20170413	83	含监理复评
8		××路桥公司 ××监理	××公路建设项目×× - ××标 K6 +925.20 - K9 + 900 土方路基分项工程质量检验评定表	20171116	90	含监理复评
9		××路桥公司 ××监理	××公路建设项目×× - ××标 K6 +925.20 - K9 + 900 路基土石方分部工程质量检验评定表	20171117	121	含监理复评
10		××路桥公司 ××监理	××公路建设项目×× - ××标 K9 + 900 - K11 + 750 湿喷桩分项工程质量检验评定表	20170414	124	含监理复评
11		××路桥公司 ××监理	××公路建设项目×× - ××标 K9 + 900 - K11 + 750 土方路基分项工程质量检验评定表	20171115	130	含监理复评
12		××路桥公司 ××监理	××公路建设项目×× - ××标 K9 + 900 - K11 + 750 路基土石方分部工程质量检验评定表	20171117	161 - 164	含监理复评

《卷内目录》拟写方式见表12-121。

施工单位自评与监理单位复评一起归档的(施工单位自评在前、监理单位复评在后),在编制《卷内目录》时,"责任者"应是"施工单位 + 监理单位",并在"备注"栏中注明"含监理复评"。

本书案例中分项、分部工程质量评定等单独组卷。如果与相应的中间质量控制文件材料一起组卷,建议将分项(分部)工程质量评定表放在该分项(分部)工程中间检验文件材料的最后,并在案卷题名中予以注明。如可将一个路基土石方分项工程质量评定表放在该分项最后一份工序报验文件材料的后面。

例12.3-103:工程质量评定——路基防护及路基单位工程。

路基工程单位工程质量评定表整理、组卷时应放在最后一个分部(桩号最大的砌筑防护)质量评定表后面,并在拟写案卷题名时予以注明。

交安设施、机电、绿化工程的分项、分部、单位工程质量评定表的整理、组卷方式可参照本案例。

路基防护、单位工程质量评定案卷题名拟写方式可参考如下示例:

××公路建设项目×× – ××标 K0 +950. 543 – K11 +750 砌筑防护分项、分部工程质量检验评定表,K0 +950. 543 – K11 +750 路基单位工程质量检验评定表

《卷内目录》拟写方式见表12-122。

例12.3-104:工程质量评定——路面。

路面工程分项、分部工程质量评定表整理、组卷时应按照分项、分部工程的编号依次排列。在一个分部工程内,应在第 1 个分项工程质量评定表整理完成后,再整理第 2 个分项工程质量评定表,应在第 1 个分部、分项工程质量评定表整理完成后,再整理第 2 个分部、分项工程质量评定表。文件材料数量较多的,可将一个分部、分项工程质量评定表组成一卷(如本案例);文件材料数量较少的,可将几个分部、分项工程质量评定表组成一卷,合并时,不要将一个分部、分项工程质量评定表分散在两个案卷中。

路面基底层由路基单位施工的,路基施工单位应将自评表移交监理单位,由监理单位复评后统一组卷归档。在拟写"责任者"时应注意区分(如本案例)。

路面工程质量评定案卷题名拟写方式可参考如下示例:

××公路建设项目×× – ××标 K0 +000 – K2 +430. 111 路面分项、分部工程质量检验评定表

《卷内目录》拟写方式见表12-123。

路面单位工程质量评定表在整理、组卷时,应放在路面最后一个分部工程质量评定表的后面,可参照"例12.3-103"。案卷题名可参考如下示例:

××公路建设项目×× – ××标 K8 +456. 180 – K11 +750 路面分项、分部工程质量检验评定表,K0 +000 – K11 +750 路面单位工程质量检验评定表

本书案例中分项、分部工程质量评定等为单独组卷。如果与相应的中间质量控制文件材料一起组卷,建议将分项(分部)工程质量评定表放在该分项(分部)工程中间检验文件材料的最后,并在案卷题名中予以注明。如可将一个路面基层分项工程质量评定表放在该分项桩号最大施工段落的工序报验文件材料后面。

卷 内 目 录 　　　　　　　　　　　　　　　　　　表 12-121

（例 12.3-102：工程质量评定——通道涵洞）

序号	文件编号	责任者	文件材料题名	日期	页号	备注
1		××路桥公司 ××监理	××公路建设项目××－××标 K3＋109 通道基础分项工程质量检验评定表	20170511	1	含监理复评
2		××路桥公司 ××监理	××公路建设项目××－××标 K3＋109 通道浇筑分项工程质量检验评定表	20170715	8	含监理复评
3		××路桥公司 ××监理	××公路建设项目××－××标 K3＋109 通道台背回填分项工程质量检验评定表	20170816	18	含监理复评
4		××路桥公司 ××监理	××公路建设项目××－××标 K3＋109 通道总体分项工程质量检验评定表	20170817	26	含监理复评
5		××路桥公司 ××监理	××公路建设项目××－××标 K3＋109 通道分部工程质量检验评定表	20170819	32	含监理复评
6		××路桥公司 ××监理	××公路建设项目××－××标 K5＋073 通道基础分项工程质量检验评定表	20170507	34	含监理复评
7		××路桥公司 ××监理	××公路建设项目××－××标 K5＋073 通道浇筑分项工程质量检验评定表	20170711	41	含监理复评
8		××路桥公司 ××监理	××公路建设项目××－××标 K5＋073 通道台背回填分项工程质量检验评定表	20170812	51	含监理复评
9		××路桥公司 ××监理	××公路建设项目××－××标 K5＋073 通道总体分项工程质量检验评定表	20170813	60	含监理复评
10		××路桥公司 ××监理	××公路建设项目××－××标 K5＋073 通道分部工程质量检验评定表	20170815	67	含监理复评
11		××路桥公司 ××监理	××公路建设项目××－××标 K6＋192 通道基础分项工程质量检验评定表	20170415	70	含监理复评
12		××路桥公司 ××监理	××公路建设项目××－××标 K6＋192 通道浇筑分项工程质量检验评定表	20170617	78	含监理复评
13		××路桥公司 ××监理	××公路建设项目××－××标 K6＋192 通道台背回填分项工程质量检验评定表	20170809	88	含监理复评
14		××路桥公司 ××监理	××公路建设项目××－××标 K6＋192 通道总体分项工程质量检验评定表	20170814	96	含监理复评
15		××路桥公司 ××监理	××公路建设项目××－××标 K6＋192 通道分部工程质量检验评定表	20170816	104－106	含监理复评

表 12-122

卷内目录

（例 12.3-103：工程质量评定——路基防护及路基单位工程）

序号	文件编号	责任者	文件材料题名	日期	页号	备注
1		××路桥公司 ××监理	××公路建设项目××－××标 K0＋950.543－K3＋950 预制块防护分项工程质量检验评定表	20180311	1	含监理复评
2		××路桥公司 ××监理	××公路建设项目××－××标 K0＋950.543－K3＋950 浆砌片石护坡分项工程质量检验评定表	20180311	8	含监理复评
3		××路桥公司 ××监理	××公路建设项目××－××标 K0＋950.543－K3＋950 砌筑防护分部工程质量检验评定表	20180313	18	含监理复评
4		××路桥公司 ××监理	××公路建设项目××－××标 K3＋950－K6＋925.20 预制块防护分项工程质量检验评定表	20180307	20	含监理复评
5		××路桥公司 ××监理	××公路建设项目××－××标 K3＋950－K6＋925.20 浆砌片石护坡分项工程质量检验评定表	20180307	27	含监理复评
6		××路桥公司 ××监理	××公路建设项目××－××标 K3＋950－K6＋925.20 砌筑防护方分部工程质量检验评定表	20180308	37	含监理复评
7		××路桥公司 ××监理	××公路建设项目××－××标 K6＋925.20－K9＋900 预制块防护分项工程质量检验评定表	20180313	39	含监理复评
8		××路桥公司 ××监理	××公路建设项目××－××标 K6＋925.20－K9＋900 浆砌片石护坡分项工程质量检验评定表	20180313	41	含监理复评
9		××路桥公司 ××监理	××公路建设项目××－××标 K6＋925.20－K9＋900 砌筑防护方分部工程质量检验评定表	20180314	51	含监理复评
10		××路桥公司 ××监理	××公路建设项目××－××标 K9＋900－K11＋750 预制块防护分项工程质量检验评定表	20180415	53	含监理复评
11		××路桥公司 ××监理	××公路建设项目××－××标 K9＋900－K11＋750 浆砌片石护坡分项工程质量检验评定表	20180315	60	含监理复评
12		××路桥公司 ××监理	××公路建设项目××－××标 K9＋900－K11＋750 砌筑防护方分部工程质量检验评定表	20180317	70	含监理复评
13		××路桥公司 ××监理	××公路建设项目××－××标 K0＋950.543－K11＋750 路基单位工程质量检验评定表	20180321	72－91	含监理复评

卷 内 目 录　　　　　　　　表 12-123

（例 12.3-104：工程质量评定——路面）

序号	文件编号	责任者	文件材料题名	日期	页号	备注
1		中铁××公司 ××监理	××公路建设项目××－××标 K0＋000－K2＋430.111 路面底基层分项工程质量检验评定表	20170711	1	含监理复评
2		××路桥公司 ××监理	××公路建设项目××－××标 K0＋000－K2＋430.111 路面基层分项工程质量检验评定表	20170830	32	含监理复评
3		××路桥公司 ××监理	××公路建设项目××－××标 K0＋000－K2＋430.111 路面面层分项工程质量检验评定表	20171017	71	含监理复评
4		××路桥公司 ××监理	××公路建设项目××－××标 K0＋000－K2＋430.111 路缘石分项工程质量检验评定表	2071018	112	含监理复评
5		××路桥公司 ××监理	××公路建设项目××－××标 K0＋000－K2＋430.111 路肩分项工程质量检验评定表	2071018	124	含监理复评
6		××路桥公司 ××监理	××公路建设项目××－××标 K0＋000－K2＋430.111 路面边缘排水系统分项工程质量检验评定表	2071018	130	含监理复评
7		××路桥公司 ××监理	××公路建设项目××－××标 K0＋000－K2＋430.111 路面分部工程质量检验评定表	20171021	138－142	含监理复评

例 12.3-105：工程质量评定——桥梁基础及下部构造。

桥梁分项、分部工程质量评定表整理、组卷时应按照分项、分部工程的编号依次排列。在一个分部工程内，应将第 1 个分项工程质量评定表整理完成后，再整理第 2 个分项工程质量评定表；应将第 1 个分部、分项工程质量评定表整理完成后，再整理第 2 个分部、分项。桥梁的基础及下部构造可将几个分部、分项工程质量评定表组成一卷(如本案例),斜拉桥、悬索桥的主塔除外。在拟写案卷题名时应予以注明,合并时,不要将一个分部(一个台墩)、分项工程质量评定表分散在两个案卷中。

桥梁基础及下部构造评定案卷题名拟写方式可参考如下示例:

××公路建设项目××－××标 K×× －××大桥0#～2#台基础及下部构造分项、分部工程质量检验评定表

《卷内目录》拟写方式见表12-124。

例12.3-106:工程质量评定——桥梁上部预制与安装。

桥梁上部预制与安装分项、分部工程质量评定表文件材料数量较多,通常可将一个分部(一联)组成一卷,也可以将一联箱(板)梁预制的"预制、钢筋加工及安装"及"预应力筋加工和张拉、预应力管道压浆、安装、分部评定"分别组成两卷,在拟写案卷题名时应予以区分。板梁预制评定的整理、组卷方式与箱梁基本相同。现浇梁无箱梁安装,其他的与之基本相同。

桥梁上部预制与安装评定案卷题名拟写方式可参考如下示例:

××公路建设项目××－××标 K×× －××大桥第一联箱梁预制与安装分项、分部工程质量检验评定表

《卷内目录》拟写方式见表12-125。

例12.3-107:工程质量评定——桥梁附属工程、单位工程质量评定。

桥梁单位工程质量评定整理、组卷时放在该桥梁最后一个分部(总体、桥面系和附属)工程质量评定表后面,在拟写案卷题名时应予以注明。桥头搭板、伸缩缝施工单位应将自评表移交监理单位,由监理单位复评后统一组卷归档,在拟写"责任者"一栏时应注意区分(如本案例)。桥梁附属工程、单位工程质量评定案卷题名拟写方式可参考如下示例:

××公路建设项目××－××标 K×× －××大桥桥梁总体、桥面系和附属分项、分部工程质量检验评定表,K×× －××大桥单位工程质量检验评定表

《卷内目录》拟写方式见表12-126。

本书案例中分项、分部工程质量评定等为单独组卷。如果与相应的中间质量控制文件材料一起组卷,建议将分项(分部)工程质量评定表放在该分项(分部)工程中间检验文件材料的最后,并在案卷题名中予以注明。如可将一个墩桩基分项工程质量评定表归在该墩编号最大(或右幅)的桩基工序报验文件材料后面。

在整理分项、分部、单位工程质量评定表时,本书建议各文件材料的排列顺序依次为:分项工程质量评定、分部工程质量评定、单位工程质量评定。这样便于实际操作,有利于实施同步收集、整理、组卷。项目所在地上级行政主管部门或建设单位规定质量评定表的排序为:"单位工程质量评定、分部工程质量评定、分项工程质量评定"的,则按其规定执行。

例12.3-108:施工单位管理文件——管理制度、措施等。

施工单位(项目经理部)制定的与质量、进度、费用、环保、安全等有关的各项管理制度、措施等以合同段为单位按问题结合时间组卷,(本案例是与质量有关的各项制度、措施)。文件材料数量较多的,可组成数卷。在拟写文件材料题名时,应注明本卷所含文件主要内容。不能采用"……管理文件一""……管理文件二"的方法。

卷 内 目 录

表 12-124

（例 3-105：桥梁质量评定一）

序号	文件编号	责任者	文件材料题名	日期	页号	备注
1		×路桥公司 ×× 监理	××公路建设项目×× - ××标×× - ××大桥0#台桩基分项工程质量检验评定表	20170511	1	含监理复评
2		×路桥公司 ×× 监理	××公路建设项目×× - ××标×× - ××大桥0#台桩基桩底压浆分项工程质量检验评定表	20170511	11	含监理复评
3		×路桥公司 ×× 监理	××公路建设项目×× - ××标×× - ××大桥0#台桩基钢筋加工及安装分项工程质量检验评定表	20170413	21	含监理复评
4		×路桥公司 ×× 监理	××公路建设项目×× - ××标×× - ××大桥0#台承台分项工程质量检验评定表	20170617	30	含监理复评
5		×路桥公司 ×× 监理	××公路建设项目×× - ××标×× - ××大桥0#台承台钢筋加工及安装分项工程质量检验评定表	20170519	41	含监理复评
6		×路桥公司 ×× 监理	××公路建设项目×× - ××标×× - ××大桥0#台台帽分项工程质量检验评定表	20170718	50	含监理复评
7		×路桥公司 ×× 监理	××公路建设项目×× - ××标×× - ××大桥0#台台帽钢筋加工及安装分项工程质量检验评定表	20170620	61	含监理复评
8		×路桥公司 ×× 监理	××公路建设项目×× - ××标×× - ××大桥0#台支座垫石及挡块分项工程质量检验评定表	20170815	70	含监理复评
9		×路桥公司 ×× 监理	××公路建设项目×× - ××标×× - ××大桥0#台台背回填分项工程质量检验评定表	20170915	78	含监理复评
10		×路桥公司 ×× 监理	××公路建设项目×× - ××标×× - ××大桥0#台基础及下部构造分部工程质量检验评定表	20170916	84	含监理复评
11		×路桥公司 ×× 监理	××公路建设项目×× - ××标×× - ××大桥1#墩桩基分项工程质量检验评定表	20170512	86	含监理复评
12		×路桥公司 ×× 监理	××公路建设项目×× - ××标×× - ××大桥1#墩桩基桩底压浆分项工程质量检验评定表	20170512	96	含监理复评
13		×路桥公司 ×× 监理	××公路建设项目×× - ××标×× - ××大桥1#墩桩基钢筋加工及安装分项工程质量检验评定表	20170414	105	含监理复评
14		……	……1#墩立柱、盖梁（墩帽）、支座垫石及挡块的分项工程质量检验评定表、1#墩基础及下部构造分部工程质量检验评定表依次排列	……	……	
15		……	……2#墩各分项工程质量检验评定表、基础及下部构造分部工程质量检验评定表依次排列	……	……	

卷 内 目 录

表 12-125

（例 3-106：桥梁质量评定二）

序号	文件编号	责任者	文件材料题名	日期	页号	备注
1		×路桥公司 ××监理	××公路建设项目××－××标××－××大桥第一联箱梁预制分项工程质量检验评定表	20170812	1	含监理复评
2		×路桥公司 ××监理	××公路建设项目××－××标××－××大桥第一联箱梁预制钢筋加工及安装分项工程质量检验评定表	20170714	28	含监理复评
3		×路桥公司 ××监理	××公路建设项目××－××标××－××大桥第一联箱梁预制预应力筋加工和张拉分项工程质量检验评定表	20170817	86	含监理复评
4		×路桥公司 ××监理	××公路建设项目××－××标××－××大桥第一联箱梁预制预应力管道压浆分项工程质量检验评定表	20170817	96	含监理复评
5		×路桥公司 ××监理	××公路建设项目××－××标××－××大桥第一联箱梁安装分项工程质量检验评定表	20170919	154	含监理复评
6		×路桥公司 ××监理	××公路建设项目××－××标××－××大桥第一联箱梁预制与安装分部工程质量检验评定表	20170920	160－168	含监理复评

卷 内 目 录

表 12-126

（例 12.3-107：桥案质量评定三）

序号	文件编号	责任者	文件材料题名	日期	页号	备注
1		××路桥公司 ××监理	××公路建设项目××－××标××－××大桥桥梁总体分项工程质量检验评定表	20170912	1	含监理复评
2		××路桥公司 ××监理	××公路建设项目××－××标××－××大桥桥面铺装分项工程质量检验评定表	20170718	10	含监理复评
3		××路桥公司 ××监理	××公路建设项目××－××标××－××大桥支座安装分项工程质量检验评定表	20170602	24	含监理复评
4		××路桥公司 ××监理	××公路建设项目××－××标××－××大桥混凝土护栏分项工程质量检验评定表	20170805	30	含监理复评
5		××路桥公司 ××监理	××公路建设项目××－××标××－××大桥混凝土护栏钢筋加工及安装分项工程质量检验评定表	20170707	45	含监理复评
6		××路桥公司 ××监理	××公路建设项目××－××标××－××大桥桥面防水分项工程质量检验评定表	20170812	61	含监理复评
7		中铁××公司 ××监理	××公路建设项目××－××标××－××大桥桥头搭板分项工程质量检验评定表	20170917	70	含监理复评
8		中铁××公司 ××监理	××公路建设项目××－××标××－××大桥混桥头搭板钢筋加工及安装分项工程质量检验评定表	20170819	78	含监理复评
9		××公司 ××监理	××公路建设项目××－××标××－××大桥伸缩缝分项工程质量检验评定表	20170912	89	含监理复评
10		××路桥公司 ××监理	××公路建设项目××－××标××－××大桥桥梁总体、桥面系和附属分部工程质量检验评定表	20170913	98	含监理复评
11		××路桥公司 ××监理	××公路建设项目××－××标××－××大桥单位工程质量检验评定表	20170922	102－108	含监理复评

在拟写《卷内目录》中的文件材料题名时,对部分文件应适当加以补充、完善。如施工单位质量管理制度原文件材料的标题为"质量管理制度",拟写文件材料题名时应为"××公路建设项目×× - ××标质量管理制度"。

施工日志应归入管理性文件,整理、组卷方式可参照"例12.4-7:监理日志"。

施工单位管理制度、措施等案卷题名拟写方式可参考如下示例:

××公路建设项目×× - ××标质量责任制、岗位及部门质量管理职责、质量管理制度、质量管理工作流程、质量保证措施等

《卷内目录》拟写方式见表12-127。

卷 内 目 录   表12-127

(例12.3-108:施工单位管理文件管理制度、措施等)

序号	文件编号	责任者	文件材料题名	日期	页号	备注
1		××路桥公司	××公路建设项目×× - ××标质量责任制	20161211	1	
2		××路桥公司	××公路建设项目×× - ××标岗位及部门质量管理职责	20161212	19	
3		××路桥公司	××公路建设项目×× - ××标质量管理制度	20161214	38	
4		××路桥公司	××公路建设项目×× - ××标质量管理工作流程	20161215	102	
5		××路桥公司	××公路建设项目×× - ××标质量保证措施	20161221	135 - 162	

例 12.3-109：施工单位管理文件——与监理单位的往来性文件。

施工单位与监理单位一对一的往来性文件(一份监理指令或监理工程师通知单只发给一个施工单位的)由施工单位组卷,监理单位只整理一对多的监理工程师通知单(一份通知单发给两个及两个以上施工单位的,由监理单位归档,见"例 12.4-5")。卷内文件按监理指令(或通知单)的编号依次排列,顺序为施工单位回复单在前、监理指令单(或通知单)在后。

在拟写文件材料题名时,应注明指令(通知单)的编号及主要内容(一个指令或通知单涉及多个问题的,应进行适当的提炼、概括),不能只简单地注明"……第××号监理指令回复单及监理指令"。

监理指令回复及监理指令文件材料数量较少的,则组成一卷(如本案例);文件材料数量较多的,可组成数卷,在拟写文件材料题名时应注明通知单的主要内容。在拟写案卷题名时,应注明"第×号~第×号监理指令回复单及监理指令",不能采用"……监理指令回复单及监理指令一""……监理指令回复单及监理指令二"的方法。

施工单位与监理单位的往来性文件案卷题名拟写方式可参考如下示例：

××公路建设项目××-××标关于对××总监办(或监理组)监理指令的回复单及监理指令

《卷内目录》拟写方式见表 12-128。

本书建议在整理监理指令(或通知)及回复时,"施工单位回复单在前、监理指令单(或通知单)在后"。项目所在地上级行政管理部门或建设单位规定"监理指令单(或通知单)在前、施工单位回复单在后"的,则按其规定执行。"例 12.3-109"的案卷题名应调整为：

××公路建设项目××总监办(或监理组)对××-××标监理指令及回复单

"表 12-128"中"××公路建设项目××-××标对××总监办(或监理组)关于××的第××号监理指令回复单及监理指令"字样替换为"××公路建设项目××总监办(或监理组)对××-××标关于××的第××号监理指令及回复单"

卷 内 目 录　　　　　　　　　　　　　　表 12-128

(例 12.3-109：施工单位管理文件与监理单位的往来性文件)

序号	文件编号	责任者	文件材料题名	日期	页号	备注
1	JL-002	××路桥公司 ××监理	××公路建设项目××-××标对××总监办(或监理组)关于春节后施工准备工作存在问题的第 JL-002 号监理指令回复单及监理指令	20170105	1	
2	JL-004	××路桥公司 ××监理	××公路建设项目××-××标对××总监办(或监理组)关于路基、三改施工巡查中发现问题的第 JL-004 号监理指令回复单及监理指令	20170108	5	
3	JL-006	××路桥公司 ××监理	××公路建设项目××-××标对××总监办(或监理组)关于路基施工复压不放灰线不打网格问题的第 JL-006 号监理指令回复单及监理指令	20170114	12	
4	JL-008	××路桥公司 ××监理	××公路建设项目××-××标对××总监办(或监理组)关于路基回填高程不符合图纸要求的第 JL-008 号监理指令回复单及监理指令	20170303	17	

序号	文件编号	责任者	文件材料题名	日期	页号	备注
5	JL-009	××路桥公司 ××监理	××公路建设项目××-××标对××总监办(或监理组)关于石灰料场石灰抽检钙镁不符合消石灰要求的第JL-009号监理指令回复单及监理指令	20170310	22	
6	JL-012	××路桥公司 ××监理	××公路建设项目××-××标对××总监办(或监理组)关于模板表面有石灰粉末清理不到位的第JL-012号监理指令回复单及监理指令	20170318	26	
7	JL-013	××路桥公司 ××监理	××公路建设项目××-××标对××总监办(或监理组)关于架桥队伍擅自割除锚栓钢筋的第JL-013号监理指令回复单及监理指令	20170320	31	
8	JL-014	××监理 ××路桥公司	××公路建设项目××-××标对××总监办(或监理组)关于三改水渠施工段落存在问题的第JL-014号监理指令回复单及监理指令单	20170322	36	
9	JL-019	××路桥公司 ××监理	××公路建设项目××-××标对××总监办(或监理组)关于××大桥箱梁架设现场存在问题的第JL-019号监理指令回复单及监理指令	20170402	41	
10	JL-021	××路桥公司 ××监理	××公路建设项目××-××标对××总监办(或监理组)关于板梁、箱梁施工现场存在问题的第JL-021号监理指令回复单及监理指令	20170411	46	
11	JL-028	××监理 ××路桥公司	××公路建设项目××-××标对××总监办(或监理组)关于采购的浆砌片石存在不规则问题的第JL-028号监理指令回复单及监理指令	20170418	50	
12	JL-033	××路桥公司 ××监理	××公路建设项目××-××标对××总监办(或监理组)关于桥梁上部结构施工张拉压浆现场存在问题的第JL-033号监理指令回复单及监理指令	20170427	56	
13	JL-036	××路桥公司 ××监理	××公路建设项目××-××标对××总监办(或监理组)关于桥梁上部结构钢筋网每平方米实测重量不符合规范要求的第JL-036号监理指令回复单及监理指令	20170502	61	
14	JL-039	××监理 ××路桥公司	××公路建设项目××-××标对××总监办(或监理组)关于兴东枢纽××作业队伍施工上跨高速护栏时存在的安全隐患的第JL-039号监理指令回复单及监理指令	20170512	66	
15	……	……	……下一个监理指令回复单及监理指令按指令单的编号依次排列	……	……	

12.4　工程监理类文件材料

　　"例12.4-1～12.4-10"分别为监理概述、监理计划,监理实施细则,会议纪要,单位、分部、分项工程单元划分,监理工程师通知单,监理月报、监理日志、监理日记、案卷编制说明及审核意见、监理旁站记录的案例。

　　一对多的监理工程师通知单(一份通知单发给两个及两个以上施工单位的),由监理单位整理、组卷;一对一的通知单(一份通知单只发给一个施工单位的)由施工单位组卷,归入施工单位管理性文件。

　　监理指令及回复单,一般是一对一的,由施工单位组卷。

　　建设单位、施工单位的各种会议纪要等文件材料均可参照"例12.4-3 会议纪要"进行整理、组卷。

　　施工单位的施工月报、日志、日记等文件材料可参照"例12.4-6 监理月报、例12.4-7 监理日志、例12.4-8 监理日记"进行整理、组卷。

　　本书案例中将监理抽检文件材料附在相应的施工单位自检文件材料后面,一起组卷。项目所在地上级行政管理部门或项目建设单位规定监理抽检文件材料由监理单位单独组卷归档的,其整理、组卷方式可参照本书第6.2.3章节、第12.3章节所提供的整理、组卷方法及施工类案例。由于监理抽检文件材料中没有《施工放样报验单》《中间检验申请单》(或《检验申请批复单》)等工序报验表格,且此部分报验表格已由施工单位归档,因此在拟写文件材料题名、案卷题名时应直接拟写相应抽检表格的名称,如××高程测量记录表、××混凝土抗压强度试验检测报告。同时在编制《卷内目录》填写"责任者"一栏时,应根据实际情况进行调整。

　　本书案例中将分项、分部、单位工程质量监理复评与相应的施工单位质量自评文件材料一起组卷。项目所在地上级行政管理部门或项目建设单位规定监理质量复评文件材料由监理单位单独组卷归档的,其整理、组卷方式可参照本书第12章"例12.3-101～12.3-107"的案例,在编制《卷内目录》填写"责任者"一栏时,应只填写监理单位。

　　例12.4-1:监理概述、监理计划。

　　监理概述、监理计划等文件材料以总监办(或监理组)为单位进行整理、组卷。文件材料数量少的,可合并组成一卷;文件材料数量较多的,应分别组卷。

　　监理概述、监理计划案卷题名拟写方式可参考如下示例:

　　××公路建设项目××－××总监办(或监理组)监理概述、监理计划

　　《卷内目录》拟写方式见表12-129。

　　例12.4-2:监理实施细则

　　监理实施细则以总监办(或监理组)为单位单独组卷,文件材料数量多的可组成数卷。在拟写文件材料题名、案卷题名时,应注明监理实施细则的主要内容,不能采用"……监理实施细则一""……监理实施细则二"的提法。

　　监理实施细则案卷题名拟写方式可参考如下示例:

　　××公路建设项目××－××总监办(或监理组)创优、环境保护、桥梁钻孔灌注桩、桥梁承台等监理实施细则

卷 内 目 录

表 12-129

（例 12.4-1：监理概述、监理计划）

序号	文件编号	责任者	文件材料题名	日期	页号	备注
1		××监理	××公路建设项目××－××总监办（或监理组）监理概述	20170301	1	
2		××监理	××公路建设项目××－××总监办（或监理组）监理计划	20170303	60	
3		××监理	××公路建设项目××－××总监办（或监理组）环境保护监理计划	20170312	82	
4		××监理	××公路建设项目××－××总监办（或监理组）质量创优计划	20170322	110－145	

《卷内目录》拟写方式见表12-130。

例12.4-3：会议纪要。

由总监办(或监理组)组织召开的各种会议的通知、会议纪要、签到表等文件材料以总监办(或监理组)为单位按照会议的类型(工地例会、安全专题会议等)分别进行整理、组卷,卷内文件材料可按时间顺序依次排列。一种类型会议相关文件材料数量多的,可组成数卷(如工地例会);一种类型会议相关文件材料数量较少的,可将几种会议相关文件材料合并组卷,合并时不要将同一类型的会议文件材料分散在两个案卷中。

在收集整理时应以某次会议为单位将会议通知(如有)、会议纪要、签到表、汇报材料等文件材料放在一起。会议签到表应收集原件归档。在拟写文件材料题名、案卷题名时,应注明会议的类型、次数等信息,不能采用"……会议纪要一""……会议纪要二"的提法。

会议纪要案卷题名拟写方式可参考如下示例:

××公路建设项目××－××总监办(或监理组)第一次至第十五次工地例会会议通知、会议纪要、签到表及汇报材料

《卷内目录》拟写方式见表12-131。

例12.4-4：单位、分部、分项工程单元划分。

各施工单位的单位、分部、分项工程质量创优单元划分可用《承包人申报表》来申报,由监理单位整理归档(如本案例)。监理单位在整理所监理的各施工单位的单位、分部、分项工程质量创优单元划分《承包人申报表》及附件时,应按照标段的编号从路基、路面、交安、照明、绿化等依次排列。

单位、分部、分项工程单元划分案卷题名拟写方式可参考如下示例:

××公路建设项目××－1标、××－2标等单位、分部、分项工程质量创优单元划分承包人申报表及附件

《卷内目录》拟写方式见表12-132。

施工单位的单位、分部、分项工程质量创优单元划分以正式公文形式来申报的,监理单位应以正式公文予以批复。整理、组卷时,批复在前、请示在后;编制《卷内目录》时,应在"文件编号"栏标注相应的文号。

本书将"各合同段单位、分部、分项工程质量创优单元划分"交由监理单位组卷归档,项目所在地上级行政管理部门或项目建设单位规定其由施工单位组卷归档的,按其规定执行。

例12.4-5：监理工程师通知单。

监理单位只整理一对多的监理工程师通知单(一份通知单发给两个及两个以上施工单位的),一对一的通知单(一份通知单只发给一个施工单位的)由施工单位组卷(归入"施工单位管理文件",见"例12.3-109"),卷内文件按通知单的编号依次排列。在拟写文件材料题名时,应注明通知单的主要内容。在拟写案卷题名时,应注明"……第×号~第×号监理工程师通知单"或"×年×月×日~×年×月×日监理工程师通知单"。文件材料题名、案卷题名均不能采用"……监理工程师通知单一""……监理工程师通知单二"的提法。

监理工程师通知单案卷题名拟写方式可参考如下示例:

××公路建设项目××总监办(或监理组)第×号~第×号监理工程师通知单

《卷内目录》拟写方式见表12-133。

卷 内 目 录

表 12-130

（例 12.4-2：监理实施细则）

序号	文件编号	责任者	文件材料题名	日期	页号	备注
1		××监理	××公路建设项目××-××总监办（或监理组）创优监理实施细则	20170319	1	
2		××监理	××公路建设项目××-××总监办（或监理组）环境保护监理实施细则	20170321	50	
3		××监理	××公路建设项目××-××总监办（或监理组）桥梁钻孔灌注桩监理实施细则	20170322	89	
4		××监理	××公路建设项目××-××总监办（或监理组）桥梁承台监理实施细则	20170325	123-165	

卷 内 目 录

表 12-131

（例 12.4-3：会议纪要）

序号	文件编号	责任者	文件材料题名	日期	页号	备注
1		××监理	××公路建设项目××－××总监办（或监理组）第一次工地例会会议通知、会议纪要、签到表及汇报材料	20170305	1	
2		××监理	××公路建设项目××－××总监办（或监理组）第二次工地例会会议通知、会议纪要、签到表及汇报材料	20170314	10	
3		××监理	××公路建设项目××－××总监办（或监理组）第三次工地例会会议通知、会议纪要、签到表及汇报材料	20170323	21	
4		××监理	××公路建设项目××－××总监办（或监理组）第四次工地例会会议通知、会议纪要、签到表及汇报材料	20170401	33	
5		××监理	××公路建设项目××－××总监办（或监理组）第五次工地例会会议通知、会议纪要、签到表及汇报材料	20170407	42	
6		××监理	××公路建设项目××－××总监办（或监理组）第六次工地例会会议通知、会议纪要、签到表及汇报材料	20170414	54	
7		××监理	××公路建设项目××－××总监办（或监理组）第七次工地例会会议通知、会议纪要及签到表及汇报材料	20170421	66	
8		××监理	××公路建设项目××－××总监办（或监理组）第八次工地例会会议通知、会议纪要、签到表及汇报材料	20170428	78	
9		××监理	××公路建设项目××－××总监办（或监理组）第九次工地例会会议通知、会议纪要、签到表及汇报材料	20170505	91	
10		××监理	××公路建设项目××－××总监办（或监理组）第十次工地例会会议通知、会议纪要、签到表及汇报材料	20170512	104	
11		××监理	××公路建设项目××－××总监办（或监理组）第十一次工地例会会议通知、会议纪要、签到表及汇报材料	20170519	116	
12		××监理	××公路建设项目××－××总监办（或监理组）第十二次工地例会会议通知、会议纪要、签到表及汇报材料	20170526	128	
13		××监理	××公路建设项目××－××总监办（或监理组）第十三次工地例会会议通知、会议纪要、签到表及汇报材料	20170605	139	
14		××监理	××公路建设项目××－××总监办（或监理组）第十四次工地例会会议通知、会议纪要、签到表及汇报材料	20170612	142	
15		××监理	××公路建设项目××－××总监办（或监理组）第十五次工地例会会议通知、会议纪要、签到表及汇报材料	20170619	152－166	

卷 内 目 录

表 12-132

（例 12.4-4：单位、分部、分项工程单元划分）

序号	文件编号	责任者	文件材料题名	日期	页号	备注
1		××路桥公司 ××监理	××公路建设项目××－1标等单位、分部、分项工程质量创优单元划分承包人申报表及附件	20161011	1	
2		××公司 ××监理	××公路建设项目××－2标等单位、分部、分项工程质量创优单元划分承包人申报表及附件	20161012	12	
3		……	……路基桥梁施工单位按标段的编号依次排列	……	……	
4		××公司 ××监理	××公路建设项目××－21标等单位、分部、分项工程质量创优单元划分承包人申报表及附件	20171101	33	
5		……	……路面施工单位按标段的编号依次排列	……	……	
6		××公司 ××监理	××公路建设项目××－31－1标等单位、分部、分项工程质量创优单元划分承包人申报表及附件	20171214	45	
7		……	……交安施工单位按标段的编号依次排列	……	……	
8		××公司 ××监理	××公路建设项目××－81标等单位、分部、分项工程质量创优单元划分承包人申报表及附件	20180128	66	
9		……	……绿化施工单位按标段的编号依次排列	……	……	

卷 内 目 录

表 12-133

（例 12.4-5：监理工程师通知单）

序号	文件编号	责任者	文件材料题名	日期	页号	备注
1	JL－001	××监理××路桥公司	××公路建设项目××总监办（或监理组）关于要求各标段加强安全防护的第 JL－001 号监理工程师通知单	20170103	1	
2	JL－004	××监理××路桥公司	××公路建设项目××总监办（或监理组）关于对施工现场安全管理控制的第 JL－004 号监理工程师通知单	20170109	6	
3	JL－005	××监理××路桥公司	××公路建设项目××总监办（或监理组）关于对施工现场进行扬尘控制的第 JL－005 号监理工程师通知单	20170111	10	
4	JL－007	××监理××路桥公司	××公路建设项目××总监办（或监理组）关于对施工现场安全人员进行考核的第 JL－007 号监理工程师通知单	20170301	13	
5	JL－010	××监理××路桥公司	××公路建设项目××总监办（或监理组）关于近期做好安全生产文明施工相关措施的第 JL－010 号监理工程师通知单	20170311	16	
6	JL－015	××监理××路桥公司	××公路建设项目××总监办（或监理组）关于加强试验室管理的第 JL－015 号监理工程师通知单	20170321	20	
7	JL－018	××监理××路桥公司	××公路建设项目××总监办（或监理组）关于加强安全文明生产管理的第 JL－018 号监理工程师通知单	20170402	25	
8	JL－021	××监理××路桥公司	××公路建设项目××总监办（或监理组）关于临时用电专项整治情况的第 JL－021 号监理工程师通知单	20170416	31	
……	……	……	……	……	……	

本案例为不需要施工单位书面回复的监理工程师通知单的案例。如果监理工程师通知单需要多个施工单位回复的,整理、组卷时可参考"例12.1-8",顺序为施工单位回复在前、监理工程师通知单在后。

本书建议"施工单位回复在前、监理工程师通知单在后"。项目所在地上级行政管理部门或项目建设单位规定"监理工程师通知单在前、施工单位回复在后"的,则按其规定执行,在拟写文件材料题名、案卷题名时参照"例12.1-8、例12.3-109"的说明。

由监理单位组织的对两个及两个以上施工单位的质量、安全等检查通报及整改回复等文件材料,由监理单位负责整理、组卷,具体方法可参考"例12.1-8"。如果只对一个施工单位检查所形成的通报、回复,则由施工单位负责整理、组卷,归入"施工单位管理文件"。整理、组卷方法可参考"例12.3-109"。

例12.4-6:监理月报。

监理月报以总监办(或监理组)为单位单独组卷,文件材料数量多的可组成数卷。卷内文件按照监理月报的期数依次排列。如果月报分为几种类型(安全监理月报、质量监理月报等)的,应按监理月报的类型分别组卷。在拟写文件材料题名、案卷题名时,应注明监理月报的期数(分类型的还要注明类型),不能采用"……监理月报一""……监理月报二"的提法。

监理月报案卷题名拟写方式可参考如下示例:

××公路建设项目××总监办(或监理组)第一期至第十期监理月报

《卷内目录》拟写方式见表12-134。

例12.4-7:监理日志。

监理日志以总监办(或监理组)为单位单独组卷,文件材料数量多的可组成数卷。卷内文件材料按时间顺序依次排列。在拟写文件材料题名、案卷题名时,应注明监理日志的起止时间,不能采用"……监理日志一""……监理日志二"的提法。施工单位的施工日志整理、组卷方法与监理日志基本相同。

监理日志可以采用激光打印机打印,但签字栏必须手签或使用电子签名,施工单位的施工日志同样采用此方法。

监理日志案卷题名拟写方式可参考如下示例:

××公路建设项目××总监办(或监理组)2017年3月1日至2017年8月31日监理日志

《卷内目录》拟写方式见表12-135。

例12.4-8:监理日记。

各专业监理工程师的监理日记以某监理工程师(个人)为单位按原有装订形式单独组卷,文件材料数量多的可组成数卷。卷内文件材料按照时间顺序依次排列。"责任者"栏应填写某监理工程师的姓名,不要填写监理单位。在拟写文件材料题名、案卷题名时应注明该监理工程师的姓名、专业、监理日记起止时间等信息,不能采用"……监理日记一""……监理日记二"的提法。

原监理日记幅面较小且装订成册的,归档时可不装订。可在每本监理日记上加盖档号章并填写"档号""序号"后,按《卷内目录》所列顺序依次装入档案盒。《案卷封面》《卷内目录》应放在首位,《卷内备考表》应放在末尾。监理日记案卷题名拟写方式可参考如下示例:

××公路建设项目××总监办(或监理组)××结构监理工程师2017年3月1日至2017年8月31日监理日记

卷 内 目 录

表 12-134

（例 12.4-6：监理月报）

序号	文件编号	责任者	文件材料题名	日期	页号	备注
1		××监理	××公路建设项目××总监办（或监理组）第一期监理月报	20170225	1	
2		××监理	××公路建设项目××总监办（或监理组）第二期监理月报	20170325	21	
3		××监理	××公路建设项目××总监办（或监理组）第三期监理月报	20170425	42	
4		××监理	××公路建设项目××总监办（或监理组）第四期监理月报	20170525	65	
5		××监理	××公路建设项目××总监办（或监理组）第五期监理月报	20170625	67	
6		××监理	××公路建设项目××总监办（或监理组）第六期监理月报	20170725	80	
7		××监理	××公路建设项目××总监办（或监理组）第七期监理月报	20170825	102	
8		××监理	××公路建设项目××总监办（或监理组）第八期监理月报	20170925	122	
9		××监理	××公路建设项目××总监办（或监理组）第九期监理月报	20171025	143	
10		××监理	××公路建设项目××总监办（或监理组）第十期监理月报	20171125	167－193	

《卷内目录》拟写方式见表12-136。

卷 内 目 录

表12-136

（例12.4-8：监理日记）

序号	文件编号	责任者	文件材料题名	日期	页号	备注
1		××	××公路建设项目××总监办（或监理组）××结构监理工程师2017年3月1日至2017年5月31日监理日记	20170531	1	
2		××	××公路建设项目××总监办（或监理组）××结构监理工程师2017年6月1日至2017年8月31日监理日记	20170831	93－193	

例12.4-9：案卷编制说明及审核意见。

施工单位案卷编制说明及监理单位审核意见由监理单位以总监办（或监理组）为单位进行整理、组卷。

各施工单位的《合同段案卷编制说明》应在本合同段所有文件材料完成整理、组卷、归档后分别填写，并移交监理单位，由监理单位整理归档。监理单位在整理所监理各施工单位的《合同段案卷编制说明》时，应按照标段的编号从路基、路面、交安、照明、绿化等依次排列。

同时，监理单位在收集齐各施工单位的《合同段案卷编制说明》后，应填写《监理单位对项目档案质量审核意见》，组卷时，将其排在所有施工单位的《合同段案卷编制说明》的后面。

施工单位案卷编制说明及监理单位审核意见案卷题名拟写方式可参考如下示例：

××公路建设项目××－1标、××－2标等合同段案卷编制说明及××总监办（或监理组）对项目档案的质量审核意见

《卷内目录》拟写方式见表12-137。

卷 内 目 录

表12-137

（例12.4-9：案卷编制说明及审核意见）

序号	文件编号	责任者	文件材料题名	日期	页号	备注
1		××路桥公司	××公路建设项目××－1标等合同段案卷编制说明	20180311	1	
2		××公司	××公路建设项目××－2标等合同段案卷编制说明	20180312	6	
3			……路基桥梁施工单位按标段的编号依次排列	……	……	
4		××公司	××公路建设项目××－21标合同段案卷编制说明	20180314	15	
5			……路面施工单位按标段的编号依次排列			
6		××公司	××公路建设项目××－31－1标合同段案卷编制说明	20180315	25	
7			……交安施工单位按标段的编号依次排列	……	……	
8		××公司	××公路建设项目××－81标合同段案卷编制说明	20180316	35	
9			……绿化等施工单位合同段案卷编制说明，按标段的编号依次排列			
10		××监理	××公路建设项目××总监办（或监理组）对项目档案质量的审核意见	20180320	51－59	

例 12.4-10：监理旁站记录。

监理旁站记录由监理单位以单位工程或总监办(或监理组)为单位进行整理、组卷。在整理、组卷时,应尽可能按照结构部位或里程桩号重新整理(按时间顺序整理不便于查询)。在拟写文件材料题名、案卷题名,应注明相应的结构部位、里程桩号或时间段,不能采用"……监理旁站记录一""……监理旁站记录二"的提法。

本案例为"××大桥0#台至8#墩"的监理旁站记录。先将"××大桥0#台"桩基(按编号)的旁站记录整理完成后,再整理承台(按编号)的旁站记录,台身、台帽等(按编号)的旁站记录依次排列。"××大桥0#台"的旁站记录整理完成后,再整理"××大桥1#墩"的旁站记录,其他墩台的旁站记录依次排列。

监理旁站记录案卷题名拟写方式可参考如下示例:

××公路建设项目××标××大桥0#台至8#墩××总监办(或监理组)监理旁站记录

《卷内目录》拟写方式见表12-138。

卷 内 目 录   表12-138

(例12.4-10:监理旁站记录)

序号	文件编号	责任者	文件材料题名	日期	页号	备注
1		××监理	××公路建设项目××标××大桥0#台××总监办(或监理组)监理旁站记录	20170430	1	
2		××监理	××公路建设项目××标××大桥1#墩第××总监办(或监理组)监理旁站记录	20170430	17	
3		××监理	××公路建设项目××标××大桥2#墩第××总监办(或监理组)监理旁站记录	20170431	36	
4		××监理	××公路建设项目××标××大桥3#墩第××总监办(或监理组)监理旁站记录	20170428	55	
5		××监理	××公路建设项目××标××大桥4#墩第××总监办(或监理组)监理旁站记录	20170521	72	
6		××监理	××公路建设项目××标××大桥5#墩第××总监办(或监理组)监理旁站记录	20170421	89	
7		××监理	××公路建设项目××标××大桥6#墩第××总监办(或监理组)监理旁站记录	20170630	106	
8		××监理	××公路建设项目××标××大桥7#墩第××总监办(或监理组)监理旁站记录	20170722	124	
9		××监理	××公路建设项目××标××大桥8#墩第××总监办(或监理组)监理旁站记录	20170428	141–160	

如果旁站记录正反页都有文字或一页纸上记载有多个结构部位旁站信息的,也可按时间顺序整理。案卷题名可调整为:

××公路建设项目××总监办(或监理组)×年×月×日至×年×月×日监理旁站记录

12.5 竣工图表类文件材料

例12.5-1:竣工图。

竣工图由施工单位按单位、分部工程为单位进行整理、组卷。竣工图编制说明应放在首位,图纸则须按图号依次排列。有图号的,应在《卷内目录》“文件编号”一栏填写相应的图号。竣工图原则上一个图号拟写一个文件材料题名,同一图号有多张图纸时,可只拟写一个文件材料题名。

竣工图案卷题名拟写方式可参考如下示例:

××公路建设项目××－××标××大桥竣工图

《卷内目录》拟写方式见表12-139。

一个单位工程的竣工图文件材料数量较多的,可组成数卷。在拟写案卷题名时,应注明本案卷竣工图的主要内容,不能采用“……竣工图一”“……竣工图二”的提法。

如果文件材料数量较多,组成两卷时,案卷题名可分别拟写为:

第一卷:

××公路建设项目××－××标××大桥竣工图编制说明、全桥工程数量表、基础及下部构造竣工图

第二卷:

××公路建设项目××－××标××大桥上部构造、桥面及附属工程竣工图

使用原施工设计图编制竣工图时,应将原设计图纸中的“设计说明”抽出,替换成竣工图编制单位编制的“竣工图编制说明”。

原施工设计图的图名一般为“××设计图”,在拟写竣工图文件材料题名时应将“设计图”改为“竣工图”。

本例为大桥工程竣工图的案例,其他各专业的竣工图在整理、组卷时可参考此例执行。

竣工图图纸幅面大于A3的可不装订,折叠成A4或A3幅面,在每张图纸加盖档号章并填写“档号”“序号”后,按照《卷内目录》所列顺序依次装入档案盒。应将编制完成的《案卷封面》《卷内目录》置于卷内文件材料之前,将《卷内备考表》置于卷内文件材料之后。

例12.5-2:设计变更(一)。

设计变更文件材料一般由建设单位档案管理部门负责收集、整理、组卷,也可指定各施工单位或监理单位在收集、整理、组卷后移交建设单位档案管理部门统一归档。

设计变更文件材料以合同段为单位组卷,卷内文件材料按变更令的编号依次排列。文件材料数量较多的,一个合同段的变更可组成数卷;文件数量较少的,可将几个合同段的变更令合并组成一卷。在拟写文件材料题名时,应注明标段号、变更的主要内容、变更令编号等主要信息,不要只拟写变更令的编号。

设计变更(一)案卷题名拟写方式可参考如下示例:

卷 内 目 录

表 12-139

（例 12.5-1：竣工图）

序号	文件编号	责任者	文件材料题名	日期	页号	备注
1		××路桥公司 ××监理	××公路建设项目××－××标××大桥竣工图编制说明	20180301	1	
2	SV－4－1	××路桥公司 ××监理	××公路建设项目××－××标××大桥全桥工程数量表	20180303	6	
3	SV－4－2	××路桥公司 ××监理	××公路建设项目××－××标××大桥桥位平面图	20180303	7	
4	SV－4－3	××路桥公司 ××监理	××公路建设项目××－××标××大桥桥型布置图	20180303	8	
5	SV－4－4	××路桥公司 ××监理	××公路建设项目××－××标××大桥桩位坐标表图	20180303	9	
6	SV－4－5	××路桥公司 ××监理	××公路建设项目××－××标××大桥桥墩一般构造竣工图	20180303	11	
7	SV－4－6	××路桥公司 ××监理	××公路建设项目××－××标××大桥桥墩立柱及桩基钢筋构造竣工图	20180303	12	
8	SV－4－7	××路桥公司 ××监理	××公路建设项目××－××标××大桥桥台一般构造竣工图	20180303	14	
9	SV－4－8	××路桥公司 ××监理	××公路建设项目××－××标××大桥桥台桩基钢筋构造竣工图	20180303	16	
10	SV－4－9	××路桥公司 ××监理	××公路建设项目××－××标××大桥桥台锥坡、防护、踏步构造竣工图	20180303	18	
11	SVI－3－2－1	××路桥公司 ××监理	××公路建设项目××－××标××大桥桥面径流收集工程数量表	20180303	19	
12	SVI－3－2－2	××路桥公司 ××监理	××公路建设项目××－××标××大桥桥面径流收集处理平面布置图	20180303	20	
13	SVI－3－6	××路桥公司 ××监理	××公路建设项目××－××标××大桥竖向PVC－U管固定扣件大样竣工图	20180303	21	
14	SVI－3－7－1	××路桥公司 ××监理	××公路建设项目××－××标××大桥桥面径流收集处理池竣工图	20180303	22	
……	……	……	……	……	……	

××公路建设项目××－××标××－××－001#～××－××－006#变更令

《卷内目录》拟写方式见表12-140。

卷 内 目 录

表 12-140

（例 12.5-2：设计变更一）

序号	文件编号	责任者	文件材料题名	日期	页号	备注
1	××－××－001	××路桥公司×指挥部	××公路建设项目××－××标关于为与地方原有水系衔接将K××＋××圆管涵调整至K××＋××的××－××－001#三类变更令	20170830	1	
2	××－××－002	××路桥公司×指挥部	××公路建设项目××－××标关于根据地方政府要求为满足地方引排水要求将改沟尺寸变更的××－××－002#三类变更令	20170913	25	
3	××－××－003	××路桥公司×指挥部	××公路建设项目××－××标关于根据现场施工实际将水稳变更为二灰土的××－××－003#三类变更令	20170926	57	
4	××－××－004	××路桥公司×指挥部	××公路建设项目××－××标关于××河中桥增加清淤、拆除浆砌片石、砌筑浆砌片石及混凝土底板的××－××－004#三类变更令	20171015	80	
5	××－××－005	××路桥公司×指挥部	××公路建设项目××－××标关于为满足当地生产需要在K××＋××处增加倒虹吸沟通地方水系的××－××－005#三类变更令	20171030	101	
6	××－××－006	××路桥公司×指挥部	××公路建设项目××－××标关于根据现场实际对砍伐树木和挖除树根数量进行调整的××－××－006#三类变更令	20171115	128－151	

例 12.5-3：设计变更(二)。

以正式公文形式进行设计变更申报的，通常一次变更的文件材料数量较多，建议由监理单位整理、组卷。一般情况下，主要分为立项与费用申报两大部分。

变更立项：首先由施工单位向监理单位提出变更立项申请，待监理单位收到变更立项申请并通过审核后向建设单位转发，建设单位在收到监理单位转发的变更立项申请并通过审核后向监理单位下达批复，监理单位在收到建设单位的变更立项批复后再向施工单位转发。

变更费用：施工单位在提出的变更立项申请被批准后，向监理单位提出变更费用申请，监理单位收到变更费用申请并通过审核后向建设单位转发，建设单位收到监理单位转发的变更费用申请并通过审核后向监理单位下达批复，监理单位收到建设单位的变更费用批复后再向施工单位转发。

在整理一次变更的多个文件材料时，各文件材料的排列顺序应按照"批复在前、请示在后"的原则。由于各文件材料分别由施工、监理、建设单位分别形成，在编制《卷内目录》填写"责任者"一栏时应注意区分，同时要在"文件编号"一栏填写各文件材料的文号。

设计变更(二)案卷题名拟写方式可参考如下示例：

关于××公路建设项目××－××标××、××设计变更的批复及请示

《卷内目录》拟写方式见表 12-141。

由于设计变更文件与竣工图的编制关系密切，因此本书将设计变更(由施工单位上报、监理及建设单位审批)归入竣工图表类。项目所在地上级行政管理部门或项目建设单位对其归档办法有具体规定的，按其规定执行。

卷 内 目 录　　　　　　　　　　　　表 12-141

（例 12.5-3：设计变更二）

序号	文 件 编 号	责任者	文件材料题名	日期	页号	备注
1	××监办〔2017〕88 号	××监理	关于转发××公路建设项目××－××标××变更增加费用的批复	20170630	1	
2	××指〔2017〕78 号	××指挥部	关于××公路建设项目××－××标××变更增加费用的批复	20170626	6	
3	××监〔2017〕71 号	××监理	关于转发××公路建设项目××－××标××变更增加费用的请示	20170619	10	
4	××标〔2017〕60 号	××路桥公司	关于××公路建设项目××－××标××变更费用的请示	20170618	18	
5	××监办〔2017〕69 号	××监理	关于转发××公路建设项目××－××标××变更立项申请批复	20170609	33	
6	××指〔2017〕61 号	××指挥部	关于××公路建设项目××－××标××变更立项申请的批复	20170605	37	
7	××监办〔2017〕53 号	××监理	关于转发××公路建设项目××－××标××变更立项申请的请示	20170521	42	

序号	文 件 编 号	责任者	文件材料题名	日期	页号	备注
8	××标〔2017〕38 号	×× 路桥公司	关于××公路建设项目××－××标××变更立项的请示	20170520	46	
9	……	……	……下一个变更各文件材料排序同上	……	……	

12.6　资金管理类文件材料

"例 12.6-1 ~ 例 12.6-3"为计量支付的案例。一般情况下,每期的计量支付文件材料(财务支付月报)是装订成册的。为了方便计算机检索,在编制《卷内目录》时,可将其中的主要内容逐一列出。在拟写文件材料题名时,应将原文件材料的基本信息(如中期财务支付证书、付款申请、清单支付月报表等)予以保留。

例 12.6-1:资金管理—计量支付(一)。

一期计量支付文件数量较少的,可组成一卷,拟写案卷题名比较简单(如本案例)。文件数量很少的,可将几期计量支付组成一卷,在拟写案卷题名时,应注明本案卷所含计量支付的期数。

计量支付(一)案卷题名拟写方式可参考如下示例:

××公路建设项目××－××标2017 年7 月第8 期财务支付月报

《卷内目录》拟写方式见表 12-142。

例 12.6-2:资金管理——计量支付(二)。

一期计量支付文件数量较多的,可组成数卷。在拟案卷题名时,应注明本案卷所含的主要内容,不能采用"……计量支付一""……计量支付二"的提法。例 12.6-2、例 12.6-3 为一期计量支付文件组成两卷(或两卷以上)时的案卷题名拟写方法。

卷 内 目 录　　　　　　　　　　表 12-142

（例 12.6-1：资金管理——计量支付一）

序号	文件编号	责任者	文件材料题名	日期	页号	备注
1		××路桥公司 ××监理	××公路建设项目××－××标 2017 年 7 月第 8 期财务支付月报	20170725	1	
2		××路桥公司 ××监理	××公路建设项目××－××标 2017 年 7 月第 8 期中期财务支付证书	20170725	2	
3		××路桥公司 ××监理	××公路建设项目××－××标 2017 年 7 月第 8 期付款申请	20170725	3	
4		××路桥公司 ××监理	××公路建设项目××－××标 2017 年 7 月第 8 期清单支付月报表	20170725	4	
5		××路桥公司 ××监理	××公路建设项目××－××标 2017 年 7 月第 8 期合同材料月底到达现场计量表	20170725	18	
6		××路桥公司 ××监理	××公路建设项目××－××标 2017 年 7 月第 8 期中间计量支付汇总表	20170725	19	
7		××路桥公司 ××监理	××公路建设项目××－××标 2017 年 7 月第 8 期开工预付款支付、扣回一览表	20170725	30	
8		××路桥公司 ××监理	××公路建设项目××－××标 2017 年 7 月第 8 期材料设备预付款支付、扣回一览表	20170725	31	
9		××路桥公司 ××监理	××公路建设项目××－××标 2017 年 7 月工程进度表	20170725	32	
10		××路桥公司 ××监理	××公路建设项目××－××标 2017 年 7 月第 8 期合同人工及主要设备报表	20170725	33	
11		××路桥公司 ××监理	××公路建设项目××－××标 2017 年 7 月第 8 期优质优价、劳动竞赛考核奖金明细表	20170725	34	
12		××路桥公司 ××监理	××公路建设项目××－××标 2017 年 7 月第 8 期计量支付汇总表	20170725	35	
13		××路桥公司 ××监理	××公路建设项目××－××标 2017 年 7 月第 8 期工程计量表	20170725	41－155	

计量支付(二)案卷题名拟写方式可参考如下示例：

××公路建设项目××－××标2017年8月第9期财务支付月报、中期支付证书、付款申请、清单支付月报表、计量支付汇总表、路基土石方工程计量表

《卷内目录》拟写方式见表12-143。

卷 内 目 录

表12-143

(例12.6-2：资金管理——计量支付二)

序号	文件编号	责任者	文件材料题名	日期	页号	备注
1		××路桥公司 ××监理	××公路建设项目××－××标2017年8月第9期财务支付月报	20170825	1	
2		××路桥公司 ××监理	××公路建设项目××－××标2017年8月第9期中期财务支付证书	20170825	2	
3		××路桥公司 ××监理	××公路建设项目××－××标2017年8月第9期付款申请	20170825	3	
4		××路桥公司 ××监理	××公路建设项目××－××标2017年8月第9期清单支付月报表	20170825	4	
5		××路桥公司 ××监理	××公路建设项目××－××标2017年8月第9期合同材料月底到达现场计量表	20170825	22	
6		××路桥公司 ××监理	××公路建设项目××－××标2017年8月第9期中间计量支付汇总表	20170825	23	
7		××路桥公司 ××监理	××公路建设项目××－××标2017年8月第9期开工预付款支付、扣回一览表	20170825	35	
8		××路桥公司 ××监理	××公路建设项目××－××标2017年8月第9期材料设备预付款支付、扣回一览表	20170825	36	
9		××路桥公司 ××监理	××公路建设项目××－××标段2017年8月份工程进度表	20170825	37	
10		××路桥公司 ××监理	××公路建设项目××－××标2017年8月第9期合同人工及主要设备报表	20170825	38	
11		××路桥公司 ××监理	××公路建设项目××－××标2017年8月第9期优质优价、劳动竞赛考核奖金明细表	20170825	39	
12		××路桥公司 ××监理	××公路建设项目××－××标2017年8月第9期计量支付汇总表	20170825	40	
13		××路桥公司 ××监理	××公路建设项目××－××标2017年8月第9期路基土石方工程计量表	20170825	51－161	

例 12.6-3:资金管理——计量支付(三)。

本期计量支付文件材料中的财务支付月报、中期支付证书、付款申请、清单支付月报表、计量支付汇总表等已归入上一个案卷,本案卷中只有桥梁工程计量表,拟写案卷题名时应注意。一般情况下,主要是工程计量表文件材料数量多,在整理时,可适当调整原计量表的排序(按照清单章节进行分卷)。

计量支付(三)案卷题名拟写方式可参考如下示例:

××公路建设项目×× - ××标2017年8月第9期桥梁工程计量表

《卷内目录》拟写方式见表12-144。

建设单位档案管理部门应指定建设单位、监理单位、施工单位中的一方负责计量支付文件材料的收集、整理、组卷工作。

审计、决算文件材料通常由建设单位负责收集、整理、组卷、归档。

表 12-144
卷 内 目 录
(例 12.6-3:资金管理——计量支付三)

序号	文件编号	责任者	文件材料题名	日期	页号	备注
1		××路桥公司 ××监理	××公路建设项目×× - ××标2017年8月第9期桥梁工程计量表	20170825	1 - 148	

12.7 交竣工验收类文件材料

交、竣工验收文件材料一般由建设单位档案管理部门收集,以"事由"为单位进行整理、组卷。"例12.7-1~例12.7-3"为交工验收的案例,竣工验收相关文件材料的整理、组卷方式与之基本相同。应注意收集交、竣工验收阶段所形成的各种检测报告。此部分文件材料一般由第三方检测单位形成且已装订成册,其整理、组卷方式相对简单。

例12.7-1:交工验收(一)。

交工验收会议所形成的会议通知、验收意见(或报告)等文件材料可与交工验收的项目执行报告、设计工作报告、施工总结报告、监理工作报告等组成一卷(如本案例)。各报告文件材料数量较多的,可组成数卷。

交工验收(一)案卷题名拟写方式可参考如下示例:

××公路建设项目交工验收会议的通知、交工验收意见(或交工验收报告)、项目执行报告、设计工作报告、施工总结报告、监理工作报告

《卷内目录》拟写方式见表12-145。

卷内目录

表12-145

(例12.7-1:交工验收一)

序号	文件编号	责任者	文件材料题名	日期	页号	备注
1	××传〔2018〕××号	××建设指挥部	关于召开××公路建设项目交工验收会议的通知	20180412	1	
2		××交工验收委员会	××公路建设项目交工验收意见(或交工验收报告)	20180418	3	
3		××建设指挥部	××公路建设项目项目执行报告	20180418	15	
4		××设计院	××公路建设项目设计工作报告	20180418	76	
5		××路桥公司	××公路建设项目施工总结报告	20180418	103	
6		××监理	××公路建设项目监理工作报告	20180418	155 – 199	

例 12.7-2：交工验收（二）。

各专项交工验收（房建、机电、档案等）会议所形成的会议通知、验收意见（或报告）、汇报材料等文件材料应单独组卷。各验收意见（或报告）后面应附上相应的验收组成员签字表。文件材料数量较多的，可组成数卷。一个专项验收的文件材料不要分散在两个案卷中。

交工验收（二）案卷题名拟写方式可参考如下示例：

××公路建设项目房建工程专项交工验收会议的通知、交工验收意见（或交工验收报告）及工作报告、总结

《卷内目录》拟写方式见表 12-146。

卷 内 目 录　　　　　　　　　　　　表 12-146

（例 12.7-2：交工验收二）

序号	文 件 编 号	责任者	文件材料题名	日期	页号	备注
1	××传〔2018〕××号	××建设指挥部	关于召开××公路建设项目房建工程专项交工验收会议的通知	20180408	1	
2		××交工验收组	××公路建设项目房建工程专项交工验收意见（或交工验收报告）	20180412	3	
3		××建设指挥部	××公路建设项目房建工程工作报告	20180412	12	
4		××设计院	××公路建设项目房建工程设计工作报告	20180412	46	
5		××监理	××公路建设项目房建工程监理工作报告	20180412	65	
6		××建筑公司	××公路建设项目房建工程施工工作总结	20180412	88－122	

例 12.7-3：交工验收（三）。

上一个案卷（"例 12.7-2"）为房建工程专项交工文件材料，本案卷为机电、档案专项交工验收的文件材料，在拟写案卷题名时应予以注明。

交工验收（三）案卷题名拟写方式可参考如下示例：

××公路建设项目机电工程及档案专项交工验收会议的通知、交工验收意见（或交工验收报告）及工作汇报

《卷内目录》拟写方式见表 12-147。

卷 内 目 录   表 12-147

（例 12.7-3：交工验收三）

序号	文件编号	责任者	文件材料题名	日期	页号	备注
1	××传〔2018〕××号	××建设指挥部	关于召开××公路建设项目机电工程专项交工验收会议的通知	20180408	1	
2		××交工验收组	××公路建设项目机电工程交工验收意见（或验收报告）	20180411	3	
3		××建设指挥部	××公路建设项目机电工程工作汇报	20180411	11	
4		××设计院	××公路建设项目机电工程设计工作汇报	20180411	38	
5		××监理	××公路建设项目机电工程监理工作汇报	20180411	51	
6		××公司	××公路建设项目机电工程施工工作汇报	20180411	65	
7	××传〔2018〕××号	××建设指挥部	关于召开××公路建设项目档案专项交工验收会议的通知	20180407	91	
8		××交工验收组	××公路建设项目档案交工验收意见（或验收报告）	20180410	93	
9		××建设指挥部	××公路建设项目建设单位档案管理工作汇报	20180410	96	
10		××监理	××公路建设项目监理单位档案管理工作汇报	20180410	107	
11		××路桥公司	××公路建设项目施工单位档案管理工作汇报	20180410	116－121	

12.8 科研文件材料

科研类、新技术、新工艺等文件材料应按照每个课题(或每个新技术、新工艺)为单位进行整理、组卷。一个课题(或新技术、新工艺)文件材料数量较多的,可组成数卷。科研依据(包括开题报告、任务书、批准书、合同协议书、委托书等)、科研实施(包括科研试验与观测、科研分析、科研管理、科研声像等)、科研总结(包括科研报告、科研成果鉴定、科研成果及效益分析等)等文件材料应以课题为单位分别进行整理、组卷。在拟写文件材料题名、案卷题名时应注明其原文件材料的基本信息,不能采用"……科研项目文件材料一""……科研项目文件材料二"的提法。

例 12.8-1:科研。

科研文件材料案卷题名拟写方式可参考如下示例。

××公路建设项目××科研项目的开题报告、任务书、批准书、合同协议书

《卷内目录》拟写方式见表12-148。

卷 内 目 录

表 12-148
(例 12.8.1:科研)

序号	文件编号	责任者	文件材料题名	日期	页号	备注
1		××研究所	××公路建设项目××科研项目的开题报告	20170316	1	
2		××建设指挥部	××公路建设项目××科研项目的任务书	20170401	69	
3		××建设指挥部	××公路建设项目××科研项目的批准书	20170402	89	
4		××建设指挥部××研究所	××公路建设项目××科研项目的合同协议书	20170411	94-110	

12.9 特殊载体——照片

照片、声像文件材料由建设单位、监理单位、施工单位等分别进行收集、整理、组卷。各参建单位的照片电子文件、视频文件应刻录成光盘,并及时移交建设单位档案管理部门,由建设单位档案管理部门统一整理、归档(装入光盘盒并编制相应的目录)。各参建单位可选择一部分优质照片(一般不少于60张)冲洗归档(建议尺寸为6英寸,约15.24cm),装入照片档案盒。

例12.9-1:特殊载体——照片。

在对照片进行整理、组卷时,应尽量给每一张照片设置照片号,照片号可由"本案卷档号+00×"构成,建设单位档案管理部门可设置统一的照片编号规则。在编制《册内照片目录》(格式与《卷内目录》不同)时,应尽可能注明每张照片的详细信息。同一事件有多张照片时,只需拟写一个题名。在拟写案卷题名时,应注明本卷照片的主要内容,不能采用"……照片一""……照片二"的提法。

照片冲洗并装入照片档案盒后案卷题名拟写方式可参考如下示例:

××公路建设项目××－××标K××＋××大桥基础及下部构造照片

《照片册内目录》拟写方式见表12-149。

一般情况下,编制完的《照片册内目录》应打印成A4纸,在做适当的裁剪后,粘贴在照片档案盒原目录上。

册内照片目录

表12-149

（例9:照片）

照片号	题　　名	时间	页号	底片号	备注
××－001	××公路建设项目××－××标K××＋××大桥0#台－1桩基钢筋笼照片	20170512	1		
××－002	××公路建设项目××－××标K××＋××大桥0#台－3桩基钢筋笼照片	20170514	2		
××－003	××公路建设项目××－××标K××＋××大桥0#台左幅承台钢筋加工及安装照片	20170517	3		
××－004	××公路建设项目××－××标K××＋××大桥0#台左幅承台混凝土浇筑照片	20170522	4		
××－005	××公路建设项目××－××标K××＋××大桥1#墩－2桩基钢筋笼照片	20170530	5		
××－006	××公路建设项目××－××标K××＋××大桥1#墩－2立柱钢筋加工及安装照片	20170605	6		
××－007	××公路建设项目××－××标K××＋××大桥1#墩－2立柱混凝土浇筑照片	20170609	7		

续上表

照片号	题　名	时间	页号	底片号	备注
××－008	××公路建设项目××－××标 K××＋××大桥 2#墩－3 桩基钢筋笼照片	20170615	8		
××－009	××公路建设项目××－××标 K××＋××大桥 2#墩－3 立柱钢筋加工及安装照片	20170617	9		
××－010	××公路建设项目××－××标 K××＋××大桥 2#墩－3 立柱混凝土浇筑照片	20170618	10		
××－011	××公路建设项目××－××标 K××＋××大桥 3#墩－2 桩基钢筋笼照片	20170618	11		
××－012	××公路建设项目××－××标 K××＋××大桥 3#墩－2 立柱钢筋加工及安装照片	20170620	12		
××－013～015	××公路建设项目××－××标 K××＋××大桥 3#墩－4 立柱混凝土浇筑照片	20170620	13		
××－016	××公路建设项目××－××标 K××＋××大桥 4#墩－2 桩基钢筋笼照片	20170622	16		
……	……其他施工照片按部位结合工艺流程依次排列	……	……		

附件 图例

编制单位			7
竣工图			13
编制人	技术负责人	编制日期	10
			10
监理单位名称		监理负责人	10
			10
25	25	30	
80			

60

尺寸单位：mm

图1 竣工图章格式

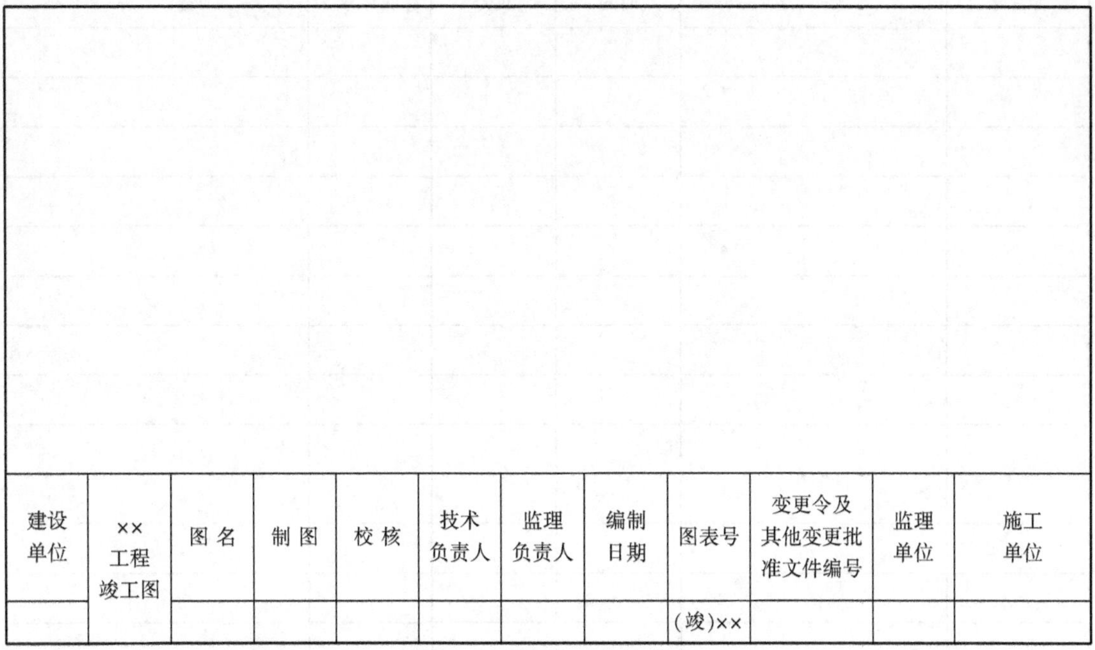

建设单位	××工程竣工图	图名	制图	校核	技术负责人	监理负责人	编制日期	图表号	变更令及其他变更批准文件编号	监理单位	施工单位
								(竣)××			

图2 重新绘制竣工图图框格式

设计变更文件与竣工图档号对应一览表

标段名称：

序号	变更依据文件			对应竣工图		备　注
	变更内容	文号	所在案卷号	竣工图号	所在案卷号	

填表日期：　年　月　日　　　　填表人：(签字、盖章)＿＿＿＿＿　　　　监理审核人：(签字、盖章)＿＿＿＿＿

图3　设计变更文件与竣工图档号对应一览表格式

照 片 目 录

照片号	题　名	时间	页号	底片号	备　注

图4　照片档案册内目录格式

档　号＿＿＿＿＿＿＿

案卷题名

立卷单位 ＿＿＿＿＿＿＿＿＿＿＿＿＿＿＿＿＿

起止日期 ＿＿＿＿＿＿＿＿＿＿＿＿＿＿＿＿＿

保管期限 ＿＿＿＿＿＿＿＿＿＿＿＿＿＿＿＿＿

密　级 ＿＿＿＿＿＿＿＿＿＿＿＿＿＿＿＿＿

单位尺寸：mm

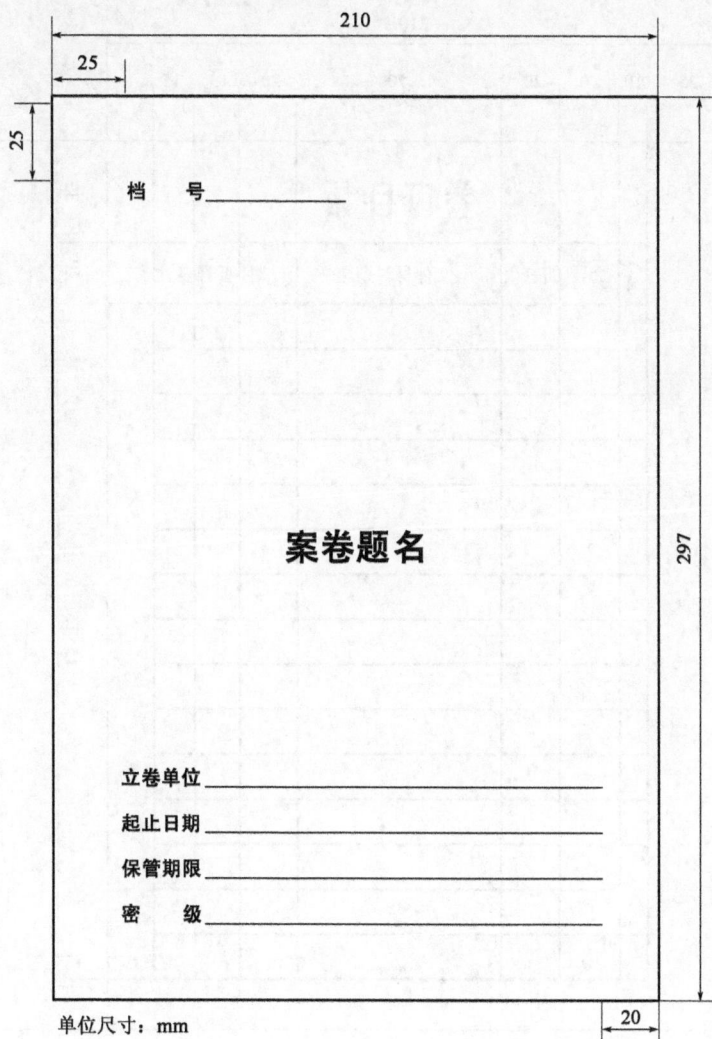

图5　案卷封面格式

序号	文件编号	责任者	文件材料题名	日期	页号	备注
			卷内目录			

尺寸单位：mm

图6 卷内目录格式

276

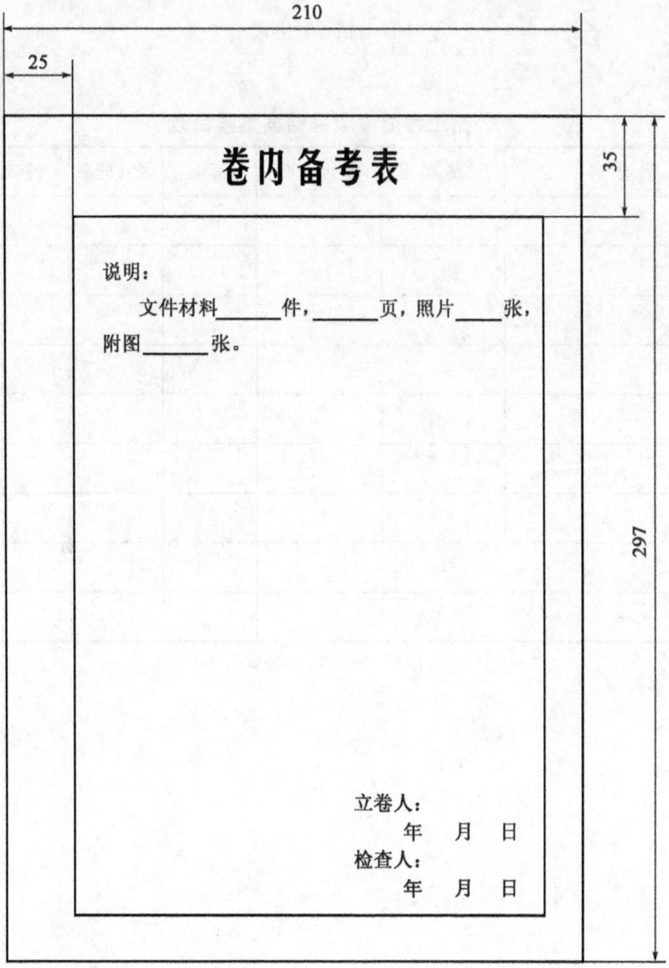

210

25

35

卷内备考表

说明:
　　文件材料_____件,_____页,照片____张,
附图_____张。

立卷人:
　　　　年　月　日
检查人:
　　　　年　月　日

297

尺寸单位:mm

图7　卷内备考表格式

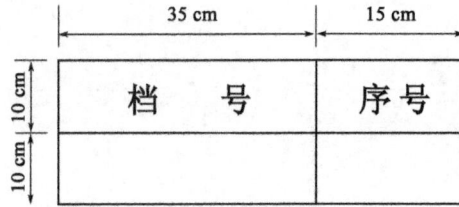

图 8　档号章格式

公路工程建设项目档案案卷目录

档　号	案卷题名	立卷单位	起止日期	密级	保管期限	件数	页数	备注

图 9　案卷目录格式